当代世界学术名著

Journalism and Society

新闻与传播学
译丛
大师经典系列

[英] 丹尼斯·麦奎尔
Denis McQuail
陶文静 / 译

中国人民大学出版社
·北京·

新闻与社会

新闻与传播学译丛·大师经典系列　　　　　展江　何道宽 /主编

"当代世界学术名著"
出版说明

中华民族历来有海纳百川的宽阔胸怀，她在创造灿烂文明的同时，不断吸纳整个人类文明的精华，滋养、壮大和发展自己。当前，全球化使得人类文明之间的相互交流和影响进一步加强，互动效应更为明显。以世界眼光和开放的视野，引介世界各国的优秀哲学社会科学的前沿成果，服务于我国的社会主义现代化建设，服务于我国的科教兴国战略，是新中国出版工作的优良传统，也是中国当代出版工作者的重要使命。

中国人民大学出版社历来注重对国外哲学社会科学成果的译介工作，所出版的"经济科学译丛""工商管理经典译丛"等系列译丛受到社会广泛欢迎。这些译丛侧重于西方经典性教材；同时，我们又推出了这套"当代世界学术名著"系列，旨在迻译国外当代学术名著。所谓"当代"，一般指近几十年发表的著作；所谓"名著"，是指这些著作在该领域产生巨大影响并被各类文献反复引用，成为研究者的必读著作。我们希望经过不断的筛选和积累，使这套丛书成为当代的"汉译世界学术名著丛书"，成为读书人的精神殿堂。

由于本套丛书所选著作距今时日较短，未经历史的充分淘洗，加之判断标准见仁见智，以及选择视野的局限，这项工作肯定难以尽如人意。我们期待着海内外学界积极参与推荐，并对我们的工作提出宝贵的意见和建议。我们深信，经过学界同仁和出版者的共同努力，这套丛书必将日臻完善。

中国人民大学出版社

"新闻与传播学译丛·大师经典系列"
总　　序

　　新闻与大众传播事业在现当代与日俱增的影响与地位，呼唤着新闻学与传播学学术研究的相应跟进和发展。而知识的传承，学校的繁荣，思想的进步，首先需要的是丰富的思想材料的积累。"新闻与传播学译丛·大师经典系列"的创设，立意在接续前辈学人传译外国新闻学与传播学经典的事业，以一定的规模为我们的学术界与思想界以及业界人士理解和借鉴新闻学与传播学的精华，提供基本的养料，以便于站在前人的肩膀上作进一步的探究，则不必长期在黑暗中自行摸索。

　　百余年前，梁启超呼吁："国家欲自强，以多译西书为本；学子欲自立，以多读西书为功。"自近代起，许多学人倾力于西方典籍的迻译，为中国现代社会科学和自然科学的建立贡献至伟。然而，由于中国新闻学与传播学的相对年轻，如果说梁任公所言西学著述"今之所译，直九牛之一毛耳"，那么新闻学与传播学相关典籍的译介比其他学科还要落后许多，以至于我们的学人对这些经典知之甚少。这与处在社会转型过程中的中国的社会经济文化发展的要求很不协调，也间接造成了新闻与传播"无学"观点的盛行。

　　从1978年以前的情况看，虽然新闻学研究和新闻教育在中国兴起已有半个世纪，但是专业和学术译著寥寥无几，少数中译本如卡斯珀·约斯特的《新闻学原理》和小野秀雄的同名作等还特别标注"内部批判版"的字样，让广大学子避之如鬼神。一些如弥尔顿的《论出版自由》等与本学科有关的经典著作的翻译，还得益于其他学科的赐福。可以说，在经典的早期译介方面，比起社会学、政治学、经济学、法学、心理学等现代社会科学门类来，新闻学与传播学显然先天不足。

　　1978年以后，尤其是20世纪90年代中期以来，新闻与传播教育和大众传播事业在中国如日中天。但是新闻学与传播学是舶来品，我们必须承认，到目前为止，80%的学术和思想资源不在中国，而日见人多势众的研究队伍将80％以上的精力投放到虽在快速发展但是仍处在"初级阶段"的国内新闻与大众传播事业的研究上。这两个80％倒置的现实，导致了学术资源配置的严重失衡和学术研究在一定程度上的肤浅化、泡沫化。专业和学术著作的翻译虽然在近几年渐成气候，但是其水准、规模和系统性不足以摆脱"后天失调"的尴尬。

我们知道，新闻学产生于新闻实践。传播学则是社会学、政治学、心理学、社会心理学等学科以及新闻学相互融合的产物。因此，"新闻与传播学译丛·大师经典系列"选择的著作，在反映新闻学研究的部分代表性成果的同时，将具有其他学科渊源的传播学早期经典作为重点。我们并不以所谓的"经验学派/批判学派"和"理论学派/务实学派"划线，而是采取观点上兼容并包、国别上多多涵盖（大致涉及美、英、德、法、加拿大、日本等国）、重在填补空白的标准，力争将20世纪前期和中期新闻学的开创性著作和传播学的奠基性著作推介出来，让读者去认识和关注其思想的原创性及其内涵的启迪价值。

法国哲学家保罗·利科（Paul Ricoeur）认为，对于文本有两种解读方式：一种是高度语境化（hypercontextaulisation）的解读，另一种是去语境化（decontextaulisation）的解读。前者力图从作者所处的具体社会语境中理解文本，尽可能将文本还原成作者的言说，从而领会作者的本意；后者则倾向于从解读者自身的问题关怀出发，从文本中发现可以运用于其他社会语境的思想资源。本译丛的译者采用的主要是第一种解读方式，力图通过背景介绍和详加注释，为读者从他们自身的语境出发进行第二种解读打下基础。

"译事之艰辛，惟事者知之。"从事这种恢宏、迫切而又繁难的工作，需要几代人的不懈努力，幸赖同道和出版社大力扶持。我们自知学有不逮，力不从心，因此热忱欢迎各界读者提出批评和建议。

"新闻与传播学译丛·大师经典系列"
编委会

关于作者

丹尼斯·麦奎尔（1935—2017）是国际著名新闻传播学理论家，"欧洲传媒研究小组"成员，《欧洲传播学刊》（*European Journal of Communication*）三位创始人之一。1958年于英国牛津大学获历史学学位，后改学社会学，并于英国利兹大学获得博士学位。曾先后在英国南安普顿大学、利兹大学，美国宾夕法尼亚大学和荷兰阿姆斯特丹大学等学府任教，获阿姆斯特丹大学终身教授职位。先后出版了《传播学》（*Communication*）、《媒介表现》（*Media Performance*）、《麦奎尔大众传播理论》（*McQuail's Mass Communication Theory*）、《大众传播模式论》（*Communication Models for the Study of Mass Communications*）等多部经典著作。《大众传播模式论》《受众分析》和《麦奎尔大众传播理论》先后在中国翻译出版。

与本书相关的研究缘起于20世纪70年代麦奎尔受英国皇家新闻委员会委托，对英国新闻规范标准问题进行的研究项目，随后相继展开的媒介规范研究成为麦奎尔中后期的学术重点，部分前期成果编入与其他几位学者合著的《传媒规范理论》（*Normative Theories of the Media：Journalism in Democratic Societies*）一书（英文版于2009年出版，中译本由中国人民大学出版社2022年推出）。此后鉴于公共传播的核心构成、世界范围的新闻业发生的剧烈变化，麦奎尔被建议专门撰写一部关于新闻（业）的社会理论专著。为此麦奎尔投入了巨大的精力和热情，并着重讨论了新技术和社会条件变迁下新闻规范理论所遭遇的诸多挑战。站在社会总体的立场上，麦奎尔为互联网时代的新闻业乃至公共传播整体现状和未来提供了积极的评估和审慎的建议。

2017年6月25日，丹尼斯·麦奎尔因病逝世。他的一生时刻保持着旺盛的研究热情，据IAMCR官方消息转述，麦奎尔教授直到生命最后一刻仍在信封的背面和便签上记录着自己最新的学术思考。

多方赞誉

每个认真学习新闻学的学生都应该读读这本书。结合复杂的分析与深入浅出的写作风格,丹尼斯·麦奎尔已经成功地完成了这项学术成就——呈现出新闻人做了什么,以及他们应该做什么。

——斯蒂芬·科尔曼(Stephen Coleman)
英国利兹大学传播学研究所政治传播学教授

这部熠熠生辉的作品为教科书写作树立了新标准。内容精妙、每句话都清晰精准、思维严谨,并适用于全世界。半个世纪以来,我们一直在真切地提倡新闻业对社会而不是对企业和政府的责任。现在,麦奎尔这位同代中最杰出的学者将这一理念推向顶峰。

——克利福德·克里斯琴斯(Clifford Christians)
美国伊利诺伊大学

这将是新闻和传播类课程的必读材料。我们信赖麦奎尔的学术质量。

——克里斯蒂娜·霍尔茨-巴恰(Christina Holtz-Bacha)
德国埃尔兰根-纽伦堡大学

新闻作为一项职业,正在不断进化,变得越来越复杂和多样化。尤其是现在,我们需要被提醒它来自哪里,它是如何运作的,以及它在社会中的位置。丹尼斯·麦奎尔提供了不可或缺的入口。

——马克·迪兹(Mark Deuze)
荷兰阿姆斯特丹大学

当新闻职业从根本上受到技术变革和新的商业模式的挑战时,丹尼斯·麦奎尔提醒我们,新闻对民主社会的健康运行仍具有重要的社会和政治意义。这位传播理论大师提出了一套全面系统的新闻社会理论,它超越了常见的盎格鲁-美国视野,发展出了真正的全球框架,既包含自己此前的工作,也纳入了许多其他学者的成果。卓越的综合能力提供了一个优秀的综述,阐明了新闻业在信息社会中的地位和使命,从而为学者和学生们开启了新闻实践和新闻研究的新领域。

——乔·巴尔多尔(Jo Bardoel)
荷兰阿姆斯特丹大学和奈梅亨大学新闻与传媒教授

在《新闻与社会》一书中,丹尼斯·麦奎尔状态极佳。对既有的对新闻与社会的社会学思想提出了卓有见地的评述,并讨论了新传播技术对21世纪的新闻业的重要影响。这本书公开宣称的目标是确认和描述最广为人知的新闻规范原则,但麦奎尔的贡献远不止于此,他为处于深度变革的媒介和信息环境中的公共传播提出一套新的社会学研究范式打下了坚实的理论基础。同时,这本书对于理解新闻专业——这一现代社会的核心活动——的专业原则提供了有力指导,是学生、学者和新闻人的必读书籍。

——吉安皮特罗·马佐莱尼(Gianpietro Mazzoleni)
意大利米兰大学传播社会学教授

这本书探讨的是一个恒久的主题,即新闻如何与社会联系在一起。它用九章涵盖了新闻的所有相关方面,包括新闻自由和责任,以及诸如新闻的权力和新闻在互联网时代作为一种社会制度的未来等问题。《麦奎尔大众传播理论》百科全书式的权威性为上述分析提供了洞察力的支撑。同时,从教学角度来说,它是一本模范教材,每一章都包含总结要点的方框、结论式的结尾,以及精选的进一步阅读材料用于课后学习。我想不出有什么比这更适合所有年级的新闻系学生的核心教材了。

——卡尔·诺登斯特伦(Kaarle Nordenstreng)
芬兰坦佩雷大学新闻与大众传播荣誉教授

译者序
认真对待新闻学术翻译

在一个跨国知识获取已如此便捷的时代，为何还要做学术翻译？这是译者着手《新闻与社会》一书翻译工作时曾反复思考的问题。在这篇手记中，译者尝试从翻译此书的重要性、必要性和技术要求三个方面给出初步回应，亦希望以之增强此番翻译工作的"透明性"，向读者发出讨论的邀请。

一、重要性：后期麦奎尔的思想精华

作为跨文化交流的"中间人"，学术翻译不仅是内容的搬运工，对译介对象的选择更参与到目标语言文化学术框架的构建中（李红涛，黄顺铭，2020a），这在我国新闻传播学科的成长历程中曾有明显体现（刘海龙，2006）。鉴于译本质量和多元化对于拓展整体学术视野至今任重道远（黄旦，丁未，2005），推介优秀的域外成果便成为开启一项翻译工作的首要理由。

于2013年出版的专著《新闻与社会》凝聚了丹尼斯·麦奎尔教授后期主攻研究方向的思想精华和最新进展，其学术和推介价值值得重视。在我国新闻传播学界引用量最高的前十五本著作中，麦奎尔教授一人就有三部作品入选（周蔚华，杨石华，2019）。其中《麦奎尔大众传播理论》是当今世界流传最广的传播学教材之一，也成为改革开放后首批译著之一（中译本于1980年首次出版），随后被翻译出版的《大众传播模式论》《受众分析》皆是国内传播研究的引路书（唐绪军，2010：708-711）。有学者评价"如果说拉斯韦尔教授是大众传播学的奠基者，施拉姆教授是大众传播学的集大成者；那么，麦奎尔教授可以说是大众传播学体系的建构者"（崔保国，2017）。麦奎尔教授深厚的理论素养和明晰的阐释能力为新闻传播学的发展做出过巨大贡献。但除了这些整合工作，许多西方学者还提醒，不应忽视麦奎尔在传媒规范领域所作的许多原创性工作（Volko，2017），对"传播如何有利于公共利益"的追问是终其一生的研究志趣（默多克，2019）。

麦奎尔教授的童年经历过二战，深刻体会过大众传媒与风云激变的社会局势的紧密关联。青年时期受欧洲改良主义影响，麦奎尔在牛津大学获得历史学士学位后改学社会学，因为认为后者是建设美好社会的助推器（McQuail，2006）。此后麦奎尔师承约瑟夫·特里纳曼（Joseph Trenaman），采用统计方法研究电视对于英国政治的影响。虽然他对当时以美国为代表的应用量化方法的适用性曾提出许多质疑（McQuail，1969：1，36，78，96），但其发表的部分成果还是被打上"抽象经验主义"的标签，卷入到20世纪六七十年代英国的学术论争中，遭到不少攻击。1974年7月，麦奎尔受邀担任英国皇家新闻委员会的研究顾问，主要负责新闻内容和标准方面的评估，这才让他得以从学术政治的旋涡中抽离，继而将童年以来对新闻的兴趣转变为重点研究方向。

1977年，麦奎尔转到荷兰阿姆斯特丹大学任教，获得了更宽松的学术环境和国际化的学术视野，他的一系列传媒规范研究也大都在此后完成。1982年，麦奎尔参与创办了"欧洲媒介研究小组"（Euro Media Research Group），积极推动欧洲范围内的跨国媒体政策比较研究，这一学术网络至今仍然充满活力。20世纪90年代后，麦奎尔和同仁们为国际大众传播研究会（IAMCR）的"公共媒体政策分会"做出了重要贡献，并在媒体表现和新闻问责制等方面展开了多项研究。其中部分思想成果发表于他与克利福德·G. 克里斯琴斯等教授合著的《传媒规范理论》中，该书在2003年一经出版就受到了西方学界的高度重视。一定程度上说，《新闻与社会》是麦奎尔对前书在理论路径上的修正，并结合互联网时代的许多新问题展开的推进与拓展。

写作《新闻与社会》的直接动因是应邀为叶卡捷琳堡大学的学生编写一个有关当代新闻社会学理论的简短介绍，但此后麦奎尔将其拓展为一本专著。相比于《传媒规范理论》撰写期间（主要集中于1993—2003年）的民主政治衰落以及媒体所有权集中、过度商业化等问题，此后的十多年新闻业和新闻制度还遭遇了社会和技术变迁所带来的冲击。虽然自从20世纪70年代麦奎尔着手媒体规范研究时就保持着对技术变化的关注，但他认为许多"新媒体研究"太简单化、公式化，容易逐渐失去其理论价值和现实意义。无论如何，传播的影响是在与社会互动中产生的，因而仍需从现代媒体系统的本质出发，建立独立的、批判性的规范框架来明确分析的标准，才能进行相应的研究及对其社会贡献的判断（张皓，郑驭，2013）。

不同于《传媒规范理论》自上而下地推衍出媒体所应承担的责任，麦奎尔认为需要更多关注的反而是导致规范理想未能实现的诸多现实因素。在他为《传媒规范理论》撰写的总结中，麦奎尔（2022：280）指出接下来的工作应是对新闻生产者的权利和义务之间的张力进行更为细致的分析。此后倾力十余年完成的《新闻与社会》正是在这些方向上的深化，其所转向的"社会理论"更有助于揭示在一个多元变化的时代新闻对于公共生活的广泛意义及其实践可能。

二、必要性："社会理论"路径下的新闻研究

翻译工作的必要性首先是要在跨文化语言符号间搭建沟通的桥梁。季羡林（2007：10）先生曾指出，"只要语言文字不同，不管是在一个国家或民族内，还是在众多的国家或民族间，翻译都是必要的。否则思想就无法沟通，文化就难以交流，人类也就难以前进。"进一步来说，学术翻译工作不仅要实现跨语言符号上的对应，还要尽可能实现学术思想上的对接，协助读者更透彻地理解作品的原意。由于《新闻与社会》所采用的社会理论尚未在国内新闻研究领域得到充分系统的阐述，对这一学术路径的

有效转达同样构成了展开本次翻译工作的必要动因。

1. 另一种新闻社会学研究

新闻可以从不同视野被研究（比如经济学、文学、政治学等），以盖伊·塔奇曼、赫伯特·甘斯等学者在1970年前后开启的关于新闻生产的经验社会学研究被认为构成了当代新闻研究的主导框架，但这并不能涵盖新闻社会学的全部（Waisbord，2014：1-21）。有学者就指出麦奎尔所处的研究体系可称为相对于生产社会学的另一种新闻社会学研究（李红涛，黄顺铭，2020b）。在麦奎尔教授看来，社会学领域大体有两种不同的传媒理论：一种侧重描述分析现状；另一种则试图为传媒指出规范导向。然而新闻从根本上说是一套规范性活动（原书第220页①），新闻研究的关键问题不仅是新闻的社会角色是什么，更重要的是它应该扮演什么角色。

在社会学关注新闻之初，规范研究曾是重要指向，但在近三十年学科建制日益完备、追求"社会科学"身份的新闻研究领域却一度走低。已有不少学者批评当代新闻研究过于关注职业和操作层面，忽视经营模式和社会结构等宏观、深层的背景因素（Lewis，2020），并指出规范研究的不足会导致学科内卷化等一系列陷阱（Nielsen，2018）。麦奎尔教授采用的"社会理论"则为衔接经验与规范提供了更多可能。

这套"社会理论"在欧洲有着深厚的学术传统，其主要思想可见于多位法国和德国学者的著作中，特别是埃米尔·涂尔干、加布里埃尔·塔尔德、格奥尔格·齐美尔、马克斯·韦伯、尤尔根·哈贝马斯等人，但对新闻的思考常散落在他们对社会运行机制的整体论述中，麦奎尔教授则致力将其收拢、整合，充分体系化并用以分析错综复杂的当代问题。与《传媒规范理论》及其力求修正的《传媒的四种理论》等从政治哲学出发的规范理论不同，麦奎尔认为政治分类不能解释所有差异，根源上还是历史文化和社会问题。新闻社会理论以"社会"作为整体视野，将民主模式提炼为一种社会文化特征，进而关注更广泛的公共生活等有关人类深层境遇的问题。

而相比于新闻生产社会学，"社会理论"更多秉持一种结构主义的新

---

① 原书页码即本书边码。

闻观，认为新闻业的特性及其与社会的关系有着比其作为职业群体的角色选择和迄今为止所讨论过的各种影响因素更为深层的渊源——它们受所处特定社会条件的强烈影响，并受不容易被改变的社会结构的根本性制约。研究新闻是由于它是现代社会现实的中介体系，并越来越多地对其他领域施加影响。由此引出的对新闻权力（power）和新闻义务等议题的关注，用于确保社会的基本规范价值得以有效运行。这些价值观主要来源于西方"现代"社会的历史，而非新闻业自身。它们被称为"出版价值规范"，是因为它们与公开表达和广泛传播信息、意见和观点的特定行为和过程有关。当然每种"关于新闻界的社会理论"往往有各自的侧重，麦奎尔的"新闻社会理论"更强调新闻对公共利益的潜在贡献（原书第54页），但对何为"公共利益"还需进一步界定。

广义的公共利益概念由来已久，由社会体系为了满足自身的基本需要而产生。但一个反复出现的问题是很难以任何一致的或客观的方式确定与新闻界相关的公共利益究竟是什么，清晰的界限往往很难划出。对此，麦奎尔教授认为首先需从现实出发，一些不同的价值和标准需要被体认（包括不同团体和个人的权利以及长期的影响等），但最好将问题"放在满足公众传播需要的整体框架安排中来考虑，并独立于任何具体的应用"（原书第32～33页）。这种辩证思维贯穿于麦奎尔新闻社会理论的始终，也为如何搭建新闻规范研究的理论框架提供了优质范例。

2. 追求规范平衡的学术实践

规范理论的重要价值在于能够在缺少共识的当今世界为各说各话的竞争性价值和社会冲突提供共享的道德基础，但这也构成了规范理论搭建和实施中的种种难题。针对规范理论的操作化问题，麦奎尔教授在早期对新闻评价标准的调查中就已着手弥合理想与现实间的断裂。其所采用的"社会理论"讲求描述和规范的融合，既将新闻看作"本质上符合某种理想型的目标和实践，但会因其所处的具体时间和空间不同而呈现出差异"（原书第9～10页）。在《新闻与社会》中，麦奎尔明确表示此书的目的不是裁定出应遵守的规则（rules），而是找出新闻业内部和外部都已广泛认可的指导原则（guiding principles），同时寻求在经验或规范层面可以用于描述的理论，并尽量做到两者兼顾（原书第10页）。

麦奎尔新闻社会理论的搭建自第一章从考察新闻的社会生成轨迹入手，纳入更多情境因素。第二章则回顾既有社会理论中与新闻相关的论述，从中辨别出基本的价值主张——这些价值主张为从不同角度定义新闻"为公共利益服务"的潜在责任提供了必要的参考框架，也塑造了当代对于这些责任的基本看法。第三章提取世界范围内主要新闻系统和新闻制度中的一些共通性，并将其"翻译"成"真实、自由、平等、团结与秩序"等指导原则。在第四章，作者提出新闻分析的四个层次：社会层面、媒体系统层面、职业或专业层面以及个体层面，分别对应不同的规范情境。第五章又回到社会公共利益，向新闻业提出了监督、促进、激进等角色要求，并强调新闻的信息告知与监督功能尤为核心的重要性。第六章进一步考察媒体系统间的差异，呈现媒体系统的结构化特征，同时也承认新闻的权力（或影响力），尤其是通过"媒介化"的进程发挥着自身的作用，从而引出第七章新闻权利义务和新闻问责等议题。

这些不同的层次以垂直和连续的形式相互关联，但之间并不是决定关系，而总是存在差异和抵抗的空间。在最广泛的社会层面存在许多价值体系，且往往各自伴有许多相互竞争的变体，反映着政治、宗教、意识形态、文化、人道主义等不同信仰；在媒体系统层面，新闻工作既受到系统基本原则的把控，也被要求发挥多种角色功能，但提出这些角色要求的初始视角（社会公益的、盈利的、专业的等等）间往往存在潜在的张力；而在新闻人层面，无论是作为个体还是集体，虽然对自己在面对受众和更广泛的社会时所能做出的选择大都有着清楚的认识，但也存在一个认同和阐释的维度，从而形成了不同的价值序列和新闻表现。

通过对规范和现实进行不断的比照和串联，麦奎尔的新闻社会理论充满了对互动的关注和辩证的概念关系——新闻界的责任和义务与其可能拥有的影响力相呼应；新闻自由和新闻问责机制间的张力构成特定媒体系统的制度肌理。在考虑有哪些切实可行的保护或改进新闻业的方案时，麦奎尔同样考虑到适用层次的差异。在媒体系统层面，实际上需要来自公共甚至政府等外部力量的一定介入，以保障多样性原则能够有效贯彻。在媒体机构层面，存在来自社会的压力并接受一定程度的问责也往往是有益的。何况在新闻自由原则的协调之下，现行问责体系中的强制遵守可能较少，更多取决于特定新闻机构自愿接受某些公共责任的程度，而且对公众的回应还能给新闻界带来合作的好处（原书第 168 页）。不过从总体而言，由于新闻对当代社会具有重要意义，麦奎尔教授认为新闻的未来不能简单地任其随机发展或由当下的生产者决定。当然，任何试图维护或改善新闻的努力，都首先取决于实际想要和需要什么，以及由谁来实施，且任何上述变革都需要面对可行性的质疑，并需要相应的社会理论和公共政策的支持（原书第 197 页）。

在上述比照分析的基础上，麦奎尔建立起了其新闻社会理论的基本框架，接下来的两章，作者对互联网等新媒体技术变化所可能产生的影响进行了细致评估，并给出了部分应对建议。虽然国内外许多学者热衷讨论"研究范式的变革"，但是麦奎尔教授的态度则相对审慎。他首先承认在媒体和新闻实践的发展历程中，曾经出现过一些相对重要的转折（例如印刷媒体的工业化、新闻传播的电气化等），每一次重大转折都会扩增新闻界的活动范围和规模，也会改变各种社会期待与新闻界的社会影响之间的既有平衡（原书第 171 页）。但在评估了互联网的兴起对新闻行业、媒体产业和媒体系统、新闻制度，进而对民主政治、公共领域以及表达自由和新闻自由等方面的实际影响后，麦奎尔教授对这场变化的前景更为担忧。

互联网在早期被寄予了大量的乐观主义期许，认为它可以解放和提升社会组织、丰富公共领域。但纵观全球，各国的媒体系统在所有制和结构上没有发生根本变化，大多数现代社会结构的基本特征，尤其是政治和经济方面也没有太大改变，总体价值原则存在一定的延续性，新闻业对于社会实际或者被期待发挥的作用也没有太大变化（原书第 196 页）。新媒体已经发展出的所有权结构并没有鼓励"解放的"趋势，虽然它确实有助于扩大使用规模并创造了受众对新传播渠道的依赖，但这套系统的逻辑是寻找最终有利可图的应用，而不是增强自由和民主（原书第 178 页）。此后会发生什么还有待观察，但低估同样强大的既得利益者以新方式为其既有目标利用新媒体的能力，肯定是不安全的（原书第 193 页）。在已有证据的支持下，麦奎尔教授认为，新闻社会理论的基本原则和分析框架对于互联网时代的新闻现象依然有其适用性。

三、技术要求：概念译法的动态审定

技术要求上，新闻传播的学术翻译既要遵守一般质量准则，又需依循本学科自身的语义脉络和阐释习惯，特别是在学术概念的翻译中，须在准确理解的基础上斟酌特定语境进行动态审定，力求切实有效的跨文化转达。关于跨文化翻译之一般准则，严复先生的"信达雅"，是广泛认可的行业追求。但在社会科学学术翻译中，"信"和"达"相对于"雅"可能更为重要，以避免因翻译问题而给学术研究带来不必要的误导，类似的弯路在我国新闻传播学中也并不少见（陈力丹，2001）。

社会科学学术翻译的特殊性还在于概念术语翻译的重要性和复杂性。概念术语不仅是学术交流的重要"媒介"，对其的理解和阐释方式还会因研究范式、流派或"学者圈子"不同而呈现或显或隐的差异，直接查阅词典往往很难传达这些细微之处（Heim，Tymowski，2006：6-16）。即便是某些被广泛使用的学术概念被收录词典并有丰富的可选词条，也未必能实现"所指"和"能指"的充分对应，译法的选择和意义的协商在所难免。

在每部学术著作的翻译中，概念审定都往往是一个反复求索的过程。新闻传播学界著名译者何道宽先生就曾提到，他之所以重译《无声的语言》和《超越文化》是因为需要对关键概念进行修订，尤其是对"communication"的再理解。经过几个月的斟酌，最终决定舍弃"传播"，以"交流""交际""通讯"的排序给"communication"选择三个译名，但动物的行为则译为"互动"或"交流"（李思乐，2022）。这种在概念译法上的动态调整既出于译者的严谨求真，也时常受到潜在解读情境和阐释习惯变迁的驱动。译者在《新闻与社会》的工作中也遇到了类似的"术语难题"——本书的核心概念，也是书名中的术语"journalism"在各章节频繁出现，但其"所指"却存在诸多差异。为保障译法的准确并能实现一定程度的连贯性，译者在全书完成后又投入将近两个月的时间对这一概念进行逐一审定。接下来译者会将审定过程中的主要难题和处理依据呈现给读者，以供参考和批评。

1. 语法:"新闻"还是"新闻业"

英语世界中,"journalism"一词含义十分丰富。牛津字典中作为名词的"journalism"既可以指新闻行业(profession),也可指新闻工作(work);柯林斯词典中,"journalism"是一种职位(job),主要职责为"收集信息和为报纸、杂志、广播电视等机构撰写报道";朗文词典中,"journalism"被界定为"为报纸、杂志、广播电视写作的工作或活动(activity)"。在社会层面的使用中,"journalism"的语义更加复杂多变。学者巴比·泽利泽(Zelizer,2016:11-33)梳理出用于界定"journalism"的12种隐喻,分别是第六感、容器、镜子、故事、自己的孩子、服务、参与、专业、机构/制度、文本、群体、实践方式等,不同新闻从业者、研究者和公众对此都可能有各自的理解和表述。参照上述词条和使用习惯,"journalism"的中文译法可暂定为名词性的"新闻"或"新闻业",或作为名词性定语"新闻的"或"新闻业的",具体译法还需根据具体所指和相应的语法规则酌情裁定。

当"journalism"的所指为某种"活动"时,一般译为"新闻"。例如本书中"新闻常指那些专业从事采集、分析和出版'新闻报道'的活动和产出""新闻是新闻界的核心活动"(原书第2页)。当"journalism"用于指涉某项职业或行业时,则应译为"新闻业",例如"新闻业的职业角色"(journalism as occupation,原书第74页)。而当"journalism"所指的是某些"行为主体"时,也常译为"新闻业",例如"由于会产生社会影响,新闻业需要在实践中遵守的规范和标准"(原书第10页)、"新闻业的潜在责任"(potential responsibility of journalism,原书第152页等)。有时作为名词性定语,但偏正关系中涉及特定的行为,也可能译为"新闻业的",例如"新闻业的对抗式角色"(adversarial role of journalism,原书第90页)等。

当所指既可能是活动,也可能是职业、群体时,为了有助于读者理解,并尽量保障术语译法的连贯性,还可以通过融入一定量的"冗余"(redundancy),即某些不必要的信息或重复的信息来提高译法的包容性(Shuttleworth, Cowie,2004:47,141)。在本书中可以"新闻"作为统摄译法,这种处理方式尤其适用于用作名词性定语的情况,例如"新闻规制"(regulation of journalism,第七章各处)、"新闻规范理论"(normative theory of journalism，第二章各处）等。

但一个需要注意的问题是中文语境中的新闻还可能包含"news"的含义，但英文中的"news"和"journalism"具有显著的内涵区别（潘忠党，2006），本书中作者也曾表示他所使用的新闻不仅为某种报道文体（news，原书第2页）。因此本书使用"报道"作为"news"的一般译法，用以区别于核心概念"新闻"（journalism）。同时需要注意的是译法的选择还需服从所处句式的基本语法规则。例如表述"新闻作为一项职业"，此时译为"新闻业"，就形成了语义重复，即便所指与"职业"相关，也应译为"新闻"。

2. 语篇：顺应作者的原意

由于"journalism"一词可有多种译法，即便符合一般语法规则，在不同学者的论述中也需根据其具体指涉而选定译文。而在麦奎尔教授本人的不同时期甚至在《新闻与社会》一书的不同章节中，"journalism"也可能有差异化的内涵，需参照具体语篇中作者的原意选择最适合的译法。

在开篇，作者就承认核心概念"journalism"在书中可能具有不同含义：

> 本书所说的新闻……有时是指"媒体"（the media）或"大众媒体"（mass media），或者可能是"新闻媒体"（news media），也可能是指整个"媒体系统"（media system）或其中的很大一部分。"新闻界"（press）一词也常会被作为一个替代性称谓（会在下文中说明），用于对几乎是同一系列活动的更抽象或更正式的描述。此外，新闻也经常被当作新闻报道（news）甚至报纸（newspaper）的同义词来使用。（原书第1页）

在前三章回顾历史、辨析社会公共利益及其需求时，"journalism"被界定为一种社会和文化现象（原书第11页），与特定类型的活动或文体相连，通常译为"新闻"。到了第四章至第七章，讨论的已经是一类职业、媒体甚至媒体系统，考察其相应的位置、角色和问责机制，"journalism"在这四章中更多译为"新闻业"，例如"将新闻业描述为一种'公共职业'"（describe journalism as 'public occupation'，原书第93页）。即使没有作为明确的行为主体，也可能译为"新闻业"，例如"新闻业的第二定律"（Second Law of Journalism，原书第125页）、"新闻业的'专业意识形态'"（'professional ideology' of journalism，原书第 157 页）、"市场新闻业"（market journalism，原书第 77 页）等。

第八章、第九章，讨论新技术和社会条件的变化以及新闻制度的未来，"journalism"与特定行业间的关联再次变得不确定。麦奎尔教授更倾向于将新闻作为一套社会制度（institution）①，这里的讨论范围也不仅仅是新闻职业的构成和状态，还涉及传统报纸、新闻制度、新闻人的工作、新闻媒体在媒体系统中的位置及其社会影响等一些关键问题的转变。因此在这两章，需要回归"新闻"这一更具包容性的译法。

3. 语境——"新闻"与"journalism"的"功能对等"

学术翻译还要关注语境的变化。如果说"语篇分析"涉及的是文本形成中的学术语境；语境分析则需考虑语言的动态性，即语言使用以及语言社会文化意义的演变。由于时代和阐释社群的变化，某些看似对应的概念实际上经常会成为困扰学术翻译的"假朋友"——某一个语境中有效的关联在另一个语境中可能失效（Heim，Tymowski，2006：6-16）。这里更多讨论的是读者的接受语境，读者理解到的意义在其中建构和再生成。孙周兴（2013）先生所谓"母语优先原则"，用于强调要顺应目标语言接受社群的理解习惯。翻译学家尤金·奈达（Eugene Nida）则提出"动态对等"（dynamic equivalence）、"功能对等"（functional equivalence）原则来应对语境变化。在奈达看来，所谓翻译就是"从语义到文体在译语中用最贴切而又最自然的对等语再现原语的信息"（Nida，2004：12），为了追求"译文读者对译文的理解和领会与原文读者理解和领会原文的方式一致"（奈达，1998：118），可选择与原文"动态对等"或者"功能对等"的不同译法，以帮助读者更好地理解原著。以此为指引，翻译《新闻与社会》所需处理的语境问题主要由"跨文化差异"和"时代差异"两方面构成。

跨文化方面，许多国外著作中舶来的概念术语会在不同时期不同学者的理解下采用不同译法处理，并会对后续研究起到各自的引导（邵书锴，

---

① 本书中他将社会制度定义为"一系列行为和实践的综合体，这些活动和实践受到同一套具有广泛目的和经年形成的公认的行为准则的正式或非正式的管理。新闻制度在很大程度上塑造了更广泛的社会及其机构对新闻媒体的期望，也提供了相互信任的基础，只要具体的经验符合理想的要求"（原书第 16 页）。

2009）。虽然"新闻"这一词语在中国古代就已出现，但广泛的社会使用还是在19世纪以后，作为舶来词语（源自英美，转译自日语）用于指称日成气候的报业，尤其是其刊载的某些文体。当时欧美的新闻教育也以技能培训为主。密苏里大学1904年开设第一所独立的新闻学院，逐渐将培训重点从实践技能拓展至新闻史和新闻事业研究，学生被要求接受更为广泛的人文教育，并理解其行业的社会价值（埃默里，埃默里，2001：603 - 605）。而在此时引入中国的新闻教育和新闻研究也大体与"学习欧美办报经验"相关。戈公振（1955：259）曾指出引入英美新闻学说的三个历史因素："近来我国留学欧美之对报纸有研究者，日有归国"；来华考察的外国记者日益增多，"足迹所至，必有关于报纸之演讲及种种讨论"；"报馆因营业上之发展，亦渐有改良之倾向"。这些因素共同构成了当时国人对"新闻"这一术语的理解和使用语境。

毕业于密歇根大学的徐宝璜（2016：8）1919年对"新闻"一词做如下定义，"新闻者，乃多数阅者所注意之最近事实也"。同时期的定义还有邵飘萍（2008：80）所作之"新闻者，最近时间内所发生的，认识一切关系社会人生的兴味实益之事物现象也"等，大都强调了新闻的时效性和事实性，看似关于技法，但也有意以此来改良当时报业的不良风气（徐宝璜，2016：12，133）。延安整风时期，陆定一的定义"新闻是新近发生的事实的报道"，已经从文体形态拓展至新闻活动的工作操守、报纸的政治功能等一系列"制度"类的内涵，目的是改造资产阶级的新闻操作理念（童兵，2001）。范长江（1981：314 - 321）在1961年提出的"新闻就是广大群众欲知、应知而未知的重要的事实"，考虑的则是解放后"人民内部办报"的形势变化，从而确立了"从群众中来，到群众中去"的办报宗旨。再到改革开放后，随着传播学的引入，一系列以"信息""传播"等术语对"新闻"的重新定义纷至沓来。王中（1981）提出"新闻是新近变动的事实的传布"；陆云帆（1983：22）提出"新闻是最近发生或新近发现的事实的传播"；宁树藩（1984）提出"新闻是向公众传播新近事实的信息"等。这些定义推动"新闻"必须向社会传播"信息"成为新的时代共识。

从"新闻"这一术语在当代中国被不断定义的过程及其内涵演变上看，在当代中国，"新闻"并不仅指某一类型文体的特征（news），还包括新闻活动的操作流程、新闻媒体运作模式、管理原则和角色理念乃至新闻业的社会价值等一系列对应（Journalism）的内涵（黄旦，2003），可以大致实现与"journalism"的功能对等。

时代差异方面，英语中的"journalism"一词的出现晚于"news"，消息传布的工作起初也并不为哪个行业所独享，大多是邮政人员、公职人员和行游艺人的个人行为（Splichal, Dahlgren, 2016）。19 世纪后，报业逐渐发展为成熟的行业，"journalism"也成为覆盖性术语，用于统合性地指代在早期新闻工作中分工差异较大的编辑、记者和通讯员，并逐渐发展成一种具有规范性的"主义"（ism）（Vos, 2018：19-28）。这场专业化历程在 1970 年前后达到顶峰，也引来更多学者的关注。受后现代左翼思潮影响，新闻专业的意识形态属性遭到批判，其对新闻活动的垄断也逐渐被消解。学界开始尝试用职业以外的属概念重新定义新闻，例如詹姆斯·凯瑞（Carey, 1996：14-33）将其定义为一种"实践活动"，是"民主的技艺"；迈克尔·舒德森（Schudson, 2003：11）更倾向将其界定为"一系列定期把关于当下事务的信息和观点公之于众的制度机制"。在数字技术深入发展的新媒体生态中，新兴的行动者和竞争性价值都在重新定义新闻生产者的版图，有学者认为当下西方尤其是美国新闻业遭遇的不仅是政治和经济危机，还有本体论上的危机，以职业群体来界定新闻（journalism）的方式越发遭遇挑战（Ryfe, 2019）。

与之类似，国内学者也要求关注新技术的影响（黄旦，2018）。有学者指出"新闻应是一个集成的概念，是一个过程的概念，需要以新媒体为语境重新定义"（谭天，刘云飞，丁卯，2012）；也有学者认为"新闻定义必须与时俱进，并与国际接轨"（尹连根，2011）。当下的中外学界对"应如何理解新闻"形成一些基本共识，即它已经不再为专业新闻人所垄断，但后者所服务的公共目标仍然重要（Zelizer, 2019）。从这个意义上说，如果说"journalism"与"新闻业"的对应关系是对特定历史阶段的具体描述，今天的"journalism"则涉及行业、活动、实践、制度机制等一系列指涉，与其对等的中文译语需要尽量包容这些拓展意涵，而中文词语"新闻"恰好也满足了这些要求，可作为本书核心概念的首选译法。

需要强调的是，虽然在本书写作时期，至少到 2010 年，麦奎尔教授所依据的调研数据显示在欧盟的27个成员国新闻的主要来源仍是电视,报刊业也仍然出色,远超过网络媒体(原书第127页),但他仍然认为互联网新媒体已经给传统新闻业带来了挑战,专业新闻人显然已不能独占新闻(原书第92页)。他所认可的"journalism"的社会价值以及主张支持的"journalism",不仅仅是某个行业,而更应该被理解为其所服务的公共价值和规范角色(原书第93页)。他更珍视的是经过几个世纪好不容易建立起来的新闻制度,以及其所建立起来的公众、新闻业、权力部门间的双向问责体系。这是"新闻工作与更广泛的社会诉求之间相当脆弱且通常只是偶然出现的协定安排(arrangements)"(原书第186页),曾为寻求公共生活中一种规范的平衡建立了可能。

然而网络新媒体的发展确实带来新的问责难题。很多网络媒体不仅绕开了此前对大多数本土和卫星广播都相当有效的许可和监督的规制安排(原书第173页),其内部问责机制以及工作人员的角色和地位也存在很多不确定性(原书第50页)。麦奎尔教授认为需要警惕的是,互联网的"可监管性"(或不"可监管性")的基本问题仍然悬而未决,"尽管这越来越显得无关紧要,因为当局倾向于按照自己的意愿行事,而且现有法律或习俗中也缺乏充足的抵制理由"(原书第180页)。

四、余论与致谢

以上是译者在《新闻与社会》翻译工作中的一些体会,虽然已经竭力追求译文的准确通顺,但由于学识所限,一定还存在许多不足之处,亦可能随着后续语境变化作重新调整,凡此种种,还请读者指正。

本书的翻译出版工作中,中国人民大学出版社的翟江虹、汤慧芸、陈丹丹三位编辑老师给予了译者极大的帮助,为书稿的质量和出版流程的实施提供了强有力的支持。在此,着重向三位老师表达诚挚的感谢。

当然,最需要致敬的还是本书的作者,丹尼斯·麦奎尔教授。在此番翻译工作的始终,笔者都为麦奎尔教授饱满的学术热情所感动。他始终如一的公共情怀、宽广的理论视野、对现实差异和变化的密切跟踪以及严谨评估共同成就了这部《新闻与社会》，亦可视为其对自身学术生涯的一次阶段性的回顾与展望。即使在本书最后一章，麦奎尔教授还在不断讨论最新的变化，但他坚持认为，目前尚没有足够的证据说明出版自由的基本原则以及新闻在社会中相应的角色需要进行根本性的修订或扩展（原书第 194 页）。技术和产业变化的影响既可能是积极的，也可能是消极的，哪一面将占主导并非是随机的，因此我们需密切关注公共政策和新闻专业所面临的挑战（原书第 215 页）。

而针对有读者对"西方的新闻规范研究对我国的应用价值"这一问题可能提出的质疑，译者想要给出一些如何"使用"本书的建议。无论是《传媒的四种理论》还是《传媒规范理论》，这些规范研究长期受到"过于盎格鲁-撒克逊化"的批评。对此麦奎尔教授确实保有警惕，他所主张的"社会理论"路径，以及他在阿姆斯特丹大学所推进的一系列跨国比较研究都在努力获取更为全球化的视野，尝试从各国现行的实践和制度层面识别共通的价值原则。但麦奎尔教授也承认，国别的差异总是存在的，而且仍然很重要，尤其是在全球危机和局势紧张时（原书第 100 页）。因此，对本书中所举例的他国（值得反思的是"西方"这个范畴本身也充满的复杂的内涵和模糊的边界）新闻政策或问责机制进行直接取用，显然并不合适。

麦奎尔教授所提供的，是对根植于特定历史和社会条件中的新闻系统及其运作原则的理解和改进思路。知其所来，方能知其所往。对于中国读者来说，理解这些规范价值的根植性，辨析和借鉴吸收这种着重从媒体系统层面评估和改良新闻表现的理论路径，更符合麦奎尔教授的初衷，也更有利于开展适用于我国历史条件和技术、社会前景的新闻研究。

"为了更好的公共生活。"

——丹尼斯·麦奎尔，《新闻与社会》

译者[①]

2022 年 6 月

[①] 本文为"上海市哲学社会科学规划课题一般项目"阶段性成果，项目编号为 2020BXW007。

参考文献

中文文献

埃默里 M，埃默里 E. 美国新闻史：大众传播媒介解释史：第八版[M]. 展江，殷文，主译. 北京：新华出版社，2001.

陈力丹. 关于新闻传播学中的翻译问题[J]. 新闻与传播评论辑刊，2001（1）：133-137.

崔保国. 大众传播学的终结者：致敬一代宗师丹尼斯·麦奎尔[EB/OL]. (2017-07-01) [2022-10-30]. https://mp.weixin.qq.com/s/alEMo-DeP015YE-5veYyRA2017-07-01.

范长江. 通讯与论文[M]. 北京：新华出版社，1981.

郜书锴. "公共舆论"还是"公众意见"：兼对 Public Opinion 术语不同翻译的商榷[J]. 国际新闻界，2009（10）：22-26.

戈公振. 中国报学史[M]. 北京：三联书店，1955.

黄旦，丁未. 传播学科"知识地图"的绘制和建构：20世纪80年代以来中国大陆传播学译著的回顾[J]. 现代传播，2005（2）：23-30.

黄旦. 新闻传播学科化历程：媒介史角度[J]. 新闻与传播研究，2018（10）：60-82.

黄旦. 中国新闻传播的历史建构：对三个新闻定义的解读[J]. 新闻与传播研究，2003（4）：24-37.

季羡林. 季羡林谈翻译[M]. 北京：当代中国出版社，2007.

李红涛，黄顺铭. "驯化"媒介社会学：理论旅行、文化中间人与在地学术实践[J]. 国际新闻界，2020a（3）：129-154.

李红涛，黄顺铭. 从"十字路口"到"中间地带"：英美媒介社会学的边界工作与正当性建构[J]. 新闻与传播研究，2020b（4）：39-57.

李思乐. 跨文化传播中国化的历史钩沉与中国跨文化传播的现实镜鉴：何道宽教授访谈录[J]. 新闻界，2022（4）：23-31，75.

刘海龙. 被经验的中介和被中介的经验：从传播理论教材的译介看传播学在中国[J]. 国际新闻界，2006（5）：5-11.

陆定一. 我们对于新闻学的基本观点[M]//中国社会科学院新闻研究所. 中国共产党新闻工作文件汇编：下册. 北京：新华出版社，1980：187-196.

陆云帆. 新闻采访学[M]. 长春：吉林人民出版社，1983.

麦奎尔. 第十章：面临挑战的媒体角色［M］//克里斯琴斯，格拉瑟，麦奎尔，等. 传媒规范理论. 黄典林，陈世华，译. 北京：中国人民大学出版社，2022：255-280.

默多克. 一场丰富多彩的人生历程：纪念丹尼斯·麦奎尔［J］. 陈思博，译. 全球传媒学刊，2019（1）：146-150.

奈达. 语言文化与翻译［M］. 严久生，译. 呼和浩特：内蒙古大学出版社，1998.

宁树藩. 论新闻的特性［J］. 新闻大学，1984（2）：1-5.

潘忠党. 新闻与传播之别：解读凯里《新闻教育错在哪里》［J］. 国际新闻界，2006（4）：12-16.

邵飘萍. 邵飘萍新闻学论集［M］. 北京：北京大学出版社，2008.

孙周兴. 学术翻译的几个原则：以海德格尔著作之汉译为例证［J］. 中国翻译，2013（4）：70-73.

谭天，刘云飞，丁卯. 新媒体语境下的"新闻"界定［J］. 新闻界，2012（12）：6-9.

唐绪军. 渐渐清晰的道路［M］//王怡红，胡翼青. 中国传播学30年（1978—2008）. 北京：中国大百科全书出版社，2010.

童兵. 中国共产党和中国的新闻学研究［J］. 新闻与传播研究，2001（3）：9-16.

王中. 论新闻［J］. 新闻大学，1981（1）：11-16.

徐宝璜. 新闻学［M］. 北京：中国传媒大学出版社，2016.

尹连根. 现实权力关系的建构性呈现：新闻定义的再辨析［J］. 国际新闻界，2011（4）：55-61.

张皓，郑讴. 丹尼斯·麦奎尔：经典大众传播理论仍有巨大的潜在影响［N］. 中国社会科学报，2013-10-23.

周蔚华，杨石华. 新中国70年来国外新闻传播学图书的引进及其影响［J］. 国际新闻界，2019（9）：127-146.

英文文献

Carey J. The Chicago School and the History of Mass Communication Research［M］//Munson E S, Warren C A. James Carey：A Critical Reader. London：University of Minnesota Press，1996.

Heim M, Tymowski A. Guidelines for the Translation of Social Science Texts［M］. New York：American Council of Learned Societies，2006.

Lewis S C. The Objects and Objectives of Journalism Research During the Coronavirus

Pandemic and Beyond [J]. Digital Journalism, 2020, 8 (5): 681 - 689.

McQuail D. Reflections on the Field, Its Relevance for Public Interest and Its Methodlogical Divisions, Based on Personal Experience [J]. Keio Communication Review, 2006 (28): 39 - 44.

McQuail D. Towards a Sociology of Mass Communications [M]. London: Collier-Macmillan, 1969.

Nida E A. Toward a Science of Translating [M]. Shanghai: Shanghai Foreign Language Education Press, 2004.

Nielsen R K. No One Cares What We Know: Three Responses to the Irrelevance of Political Communication Research [J]. Political Communication, 2018, 35 (1): 145 - 149.

Ryfe D. The Ontology of Journalism [J]. Journalism, 2019, 20 (1): 206 - 209.

Schudson M. The Sociology of News [M]. New York: W. W. Norton & Company, 2003.

Shuttleworth M, Cowie M. Dictionary of Translation Studies [M]. Shanghai: Shanghai Foreign Language Education Press, 2004.

Splichal S, Dahlgren P. Journalism between De-Professionalisation and Democratization [J]. European Journal of Communication, 2016, 31 (1): 5 - 18.

Vos T P. Journalism History [M]. Boston/Berlin: de Gruyter, 2018.

Volko L. Denis McQuail 1935 - 2017 [J]. European Journal of Communication, 2017, 32 (6): 511 - 534.

Waisbord S. Introduction: Reappraising Media Sociology [M]//Waisbord S. Media Sociology: A Reappraisal. Cambridge: Polity Press, 2014.

Zelizer B. What Journalism Could Be? [M]. Cambridge: Polity Press, 2016.

Zelizer B. Why Journalism Is about More than Digital Technology [J]. Digital Journalism, 2019, 7 (3): 343 - 350.

献给汉斯·克莱因斯图伯（Hans Kleinsteuber，1943—2012）
一位自由、慷慨的好朋友、好同事。

前　言

　　本书旨在介绍关于新闻的社会理论，它涵盖了广泛的议题，重点关注社会对新闻业的期望，以及新闻业自身对其公共角色和责任的看法，并考察了多种在促进或限制新闻业的目标、规模和影响等方面起到塑造作用的社会因素。总体上，本书认为新闻业对社会有很大的贡献，尤其是在追求真实、正义和自由等方面。但这些正向效用并未得到保障，也并不总是能够实现。不过，权衡之下，新闻业潜在的价值还是优先于一些特定机构中遭遇的失败，这些机构并不总是利他的，而且必须靠自己的努力生存下去。也许正是因为如此，我们才不得不去冒犯新闻业或批评其中经常发生的失范或引发的伤害，来确保其能够带来良性的社会贡献。本书进一步的规范意图是通过自愿被问责的方式支持新闻业能够履行其核心的公共角色，并保护其免于遭受来自市场和政治压力的侵害。

　　这本书起源于一个小型项目，在德米特里·斯特罗夫斯基（Dmitri Strovsky）的建议下，为叶卡捷琳堡大学的学生撰写一篇有关当代新闻社会理论的简短介绍文章。不幸的是，该项目无法按计划完成，但我还是很高兴此事激发了后续的工作，并感谢日本同志社大学（Doshisha University）的渡边武里（Takesato Watanabe）先生，进一步鼓励我开展这个项目。接下来，我有太多的人要一一感谢，在从事媒介规范研究的这些年中，许多同事和朋友给予了我很大帮助，其中包括杰伊·布鲁姆勒（Jay Blumler）、扬·范·库伦堡（Jan van Cuilenburg）和阿姆斯特丹大学的许多其他人，不能忘记我的"灵魂兄弟"们［他们分别是克里夫·克里斯琴斯（Cliff Christians）、卡尔·诺登斯特伦（Kaarle Nordenstreng）、鲍勃·怀特（Bob White）和泰德·格拉瑟（Ted Glasser）］。我对新闻业尤其是报纸的兴趣，始于那个剧烈动荡的20世纪40年代，我在童年时对新闻报道的着迷。后来我在1974年7月开始担任英国皇家新闻委员会（UK Royal Commission on the Press）的研究顾问，主要负责新闻内容和标准方面（感谢保罗）的评估，童年时期对新闻的兴趣继而转变为专业研究。这些兴趣仍跟随着我，但我的注意力逐渐转移到规范议题以及新闻业对政策执行等问题的潜在影响上。由于新闻从业经历有限，我将尽力采取一种开阔的比较视野，虽然并不能声称其具有绝对的普适性，但今天在不同国家和文化中的新闻业实践和理论上都有了许多共同点，可供借鉴的比较研究越来越多，至少已经有了一些基础，可以对所要处理的问题做出若干概括。而自从我打算将最初的简介扩充为一本书后，我还得到了世哲（Sage）出版社，尤其是米拉·斯蒂尔（Mila Steele）的大力支持。

　　由于技术和市场等条件的变化，专业新闻业的整体结构和实践都承受了巨大的压力，诸多变革也为更加民主的公共传播和更少创造性破坏带来了新的机会。在回顾目前的议题和证据的基础上，从社会的角度，我仍然倾向于认可新闻业已经发展出的专业价值和功用，社会仍然需要对其提供持续性的支持，甚至如果有必要，可以采取结构性的条款作为保障手段。

丹尼斯·麦奎尔
撰写于汉普郡伊斯特雷格

目 录

第一章　什么是新闻？它与社会如何关联？ …………………………… 1
第二章　新闻的社会责任 …………………………………………………… 26
第三章　衡量新闻表现的原则 ……………………………………………… 52
第四章　搭建新闻业的分析框架 …………………………………………… 70
第五章　核心角色：监督者和信使 ………………………………………… 92
第六章　媒体结构、媒体表现和"新闻界的权力" ……………………… 114
第七章　社会对新闻业的问责制 …………………………………………… 144
第八章　不断变化的媒介技术：对新闻业、新闻制度
　　　　及新闻与社会关系的影响 ………………………………………… 166
第九章　结语：争取一种规范的平衡 ……………………………………… 190
附录　　新闻媒体权利和义务相关文件选编 ……………………………… 213

参考文献 / 227
索引 / 234

第一章 什么是新闻？
它与社会如何关联？

1.1 引言

这是一本理论书籍，主要着眼于关于新闻与社会的关系的诸多理论。它主要是从社会（而不是新闻）的角度出发，尽管它借鉴了一些新闻人的观点以及关于新闻的研究发现。本书更多聚焦于社会的需求、目标和权利，以及新闻人的义务和责任。虽然在处理方式上主要是分析性和阐释性的，但研究的结论在于支持构建一套独立的、专业的、高效的新闻自由制度。它应该被看作一个公正、开放的社会乃至整个世界中不可或缺的要素，并且这一目标如果没有得到来自社会以及新闻界自身的积极支持，则是不可能达成的。

本书所说的新闻（journalism）将会在下文进行定义，在此需要澄清一下它与其他相近术语间的关系。新闻有时是指"媒体"（the media）或"大众媒体"（mass media），或者可能是"新闻媒体"（news media），也可能是指整个"媒体系统"（media system）或其中的很大一部分。"新闻界"（press）一词也常会被作为一个替代性称谓（会在下文中说明），用于对几乎是同一系列活动的更抽象或更正式的描述。此外，新闻也经常被当作新闻报道（news）甚至报纸（newspaper）的同义词来使用。各种术语之间的关系需要进行细微的解释，因为这不仅仅是用词问题。

对新闻的理解，最宽泛的参考框架是大众媒体，后者既是一项产业也是一种新型的社会制度。在这个框架中我们会提到新闻界，它有自己的机构属性，反映和代表新闻媒体的利益，并且（尽管有些非正式或不够全面地）在一些方面制约着新闻人的工作。需要注意的是，正如"新闻界"这个词在字面上可能暗示的那样，新闻界的范畴并不局限于印刷媒体。新闻是新闻界的核心活动，它也是最常用来描述这项职业的术语。最后，我们也会提到"新闻报道"——新闻工作最主要的产品，后者有时也会与其他术语交替使用。"报纸"一词进入视线是因为大多数职业记者可能仍在为报纸工作，而且报纸模式的报道文体在很大程度上仍在其他媒介中延续。但是，其他形态的印刷媒介，尤其是杂志，从历史上就一直是信息、意见和社会评论的重要载体。综上所述，虽然在术语用法上一直存在着不一致，但本书将尽力坚持一套更集中指向"新闻"本身的内涵框架，并强调其与"报道"的不同，且也不只是报纸的一种文体。

1.2 新闻的起源

日常用语中，新闻常指那些专业从事采集、分析和出版"新闻报道"的活动和产出。反之，新闻报道也可以被定义为对当前或最近发生的事件的事实性报道和解释，这些事件与特定范围的公众具有更广泛的相关性，通常以其地理位置（城市、地区、国家等）为分类标准。需要注意的是不能倒转新闻与报道的关系，或者仅以"报道"来定义新闻，因为有充分的证据显示，新闻活动中还包括其他类型的关于社会现实的"陈述"（account）。当然，这里定义的每个核心术语都需要进一步的阐释，但此处暂且省略。

从某种意义上讲，新闻与印刷术的发明以及17世纪初报纸的出现紧密相连。而它的崛起则显然与所谓的现代社会、城镇和国际商贸的发展以及相应的政治变化有关。与此前的社会形态相比，这样的社会更为自由和个体化，更加世俗，并且更致力于通过商业和科学技术的应用来实现物质进步。它的社会组织较为松散，高度分工，但各要素相互依赖。印刷新闻的早期先行形态多种多样，包括事件的书面记录（有些是时间久远的），王朝、教会或国家的编年史，旅行者保存的日志（log-books）、记录、信件、日记，外交文书（diplomatic despatches）以及间谍或特工所做的类似报告，等等。

报纸的原型是印刷或手写的新闻信，它主要的内容是报道与贸易、商业和政治有关的重大事件或重要情况。这些信件首先在欧洲的邮政和贸易路线上流通，然后传遍全球。它们可以被大声朗读、传递或复制，通常是为了更广泛的公开传播。私人信件、公开公告和口头报告的内容也被编成了集锦，之后印刷出来并作为娱乐或有用的信息出售。

这些形式的新闻的出现远早于专业记者或编辑，而这里的报道通常由印刷出版商从各种来源收集而来。

尽管初始形态各不相同，但由于从业者相似的操作方法和公众对其期望的持续塑造，新闻很快具有了一些显著特征。方框1.1概括了报纸时代的新闻逐渐呈现出的主要特征。

方框 1.1　早期新闻的特征

- 关于最近的或当前的事件，或与之相关；
- 形式上是事实性的，能够提供信息的；
- 在内容和传播对象方面是公开和开放的；
- 独立于官方权威；
- 通常以印刷的形式呈现；
- 题材上是世俗的和五花八门的（而非出于政治或宗教目的）；
- 主要根据读者可能感兴趣的话题来选择内容。

一经出现，新闻就被发现是依靠商业的、吸引读者的，并以印刷商的小生意为基础。它还引起了城市、地区或国家的当权者们的注意。对他们

来说，新闻可以被视为一种有效的控制和影响手段，以及潜在的情报来源。欧洲的国家和市政府有时会出版自己的官方报纸或公报，与商业报刊的初衷不同，但在内容上时常重叠。新闻也容易受到监督或审查，因为它是异见或动荡的潜在诱因，但监管方式在不同的司法管辖体系下有很大的区别。后来，定期出版的印刷品（无论是以报纸还是杂志形式）成为政治改革/革命、民族独立或宗教少数派自由运动的重要工具和载体，公民道德和地区认同有时也得到新闻支持。在商业报纸于"大众媒体时代"占据主导地位之前，新闻的"规范性"维度就已经确立。

在17、18世纪的欧洲和北美，新闻日益成为当权者和利益集团的宣传工具，也是其对抗力量——政治和宗教斗争、改革运动和挑战权威等活动的重要工具。随着其作用的扩大（特别是在政治方面），它开始具有一种制度化的特征，并构成了19世纪被称为"新闻界"的基础（见下文）。也主要是因为这些进展，作为一种社会部门或制度、以新闻为其核心活动的新闻界，获得了与追求自由和民主的抱负间的紧密关联，从而也强化了新闻业对自身自由的追求。

正如这段简史所示，新闻起源于西方，在亚洲和世界其他地方真正出现报纸之前，新闻就已成为一种社会现象和社会制度。出于这个原因，也许可以用西方的"主导模式"来对之定义，或者至少是一种非常有影响力的原型，新闻甚至可以被更狭义地描述为是"盎格鲁-美国人"的发明（Chalaby, 1996）。然而，对新闻当下和未来的定义都需要考虑到世界上已经发生了的巨大变化，新闻已经成为一种全球现象，因其实践所处的国别、社会条件以及所选用的媒介（medium）手段的不同，而呈现出不同的形式和文化。其所处环境和条件的差异，往往强烈地影响着本书所讨论的许多新闻理论问题。

即便如此，我们仍然可以相信，我们最初的定义大体上仍然适用于世界上大多数的新闻现象。即使在一个更加全球化的世界中，核心的议题也大体相同，特别是在涉及报道自由、质量标准、新闻业目标、与社会的关系、专业性质以及不断变化的媒体系统和不断变化的世界所带来的挑战等方面。

1.3 新闻与社会的联系：分析层次和理论视角

虽然从内部视角上看，新闻实践不需要什么理论论证或阐释，但是当新闻变得越来越复杂，其潜在的影响越来越显著时，一些形式的理论还是不可避免地从新闻从业者与其所处的社会环境间的广泛互动中发展出来。新闻人自己可能并不需要理论来指导他们的日常工作，但对于某些其他目标来说，理论却是必不可少的。当引起争议时，理论可以用于解释新闻人的行为并为之辩护，以及在涉及法律或专业自律等问责机制中发挥作用。尤其是，对作为基本原则的新闻自由的争取，不能没有理论论证和务实观点的支撑。

沿着这一思路，为了理论探讨，我们可以区分出三个可以关注的新闻实践层次，分别是社会层面、新闻组织机构层面、新闻人个体层面。新闻面对的主要议题，除了完成工作任务，还有自由、对他人的职责，以及履行所有被认可的义务的责任。在上述三个主要的层次或背景中，这些议题呈现出不同的形态，肩负着不同的期待、不同的行为规则，并具有不同的协商、抵抗或强化的可能。

在社会层面，新闻业通过与社会、文化和政治精英的接触，并为自己受众的兴趣所驱动，融入所有重大公共事件中。关于新闻权利和义务的观念往往在来自社会的压力和要求，以及有关问责和控制的建议或反对的形式间循环往复。其核心假设是认为新闻在共同体或全国的集体生活中扮演着重要的甚至可能是关键的角色。因此，新闻必须按照与本该管理社会其他部分的基本原则相同的原则来管理、组织和运作。在民主体制中，这关系到言论自由、公民平等和法制。

新闻是上述每项原则的必要条件，因为它是公共表达的主要媒介，它向所有公民平等地提供相同的信息和建议，用于形成意见和做出选择。在现代社会，没有新闻就不可能有真正的公共辩论空间，也没有机会能让大多数人都参与到相关的广泛社会层面的自治进程中。公开性（publicity）对于公正高效的司法体系也是必不可少的。新闻制度为新闻业提供了自我监管的基本手段，也为整体层面的社会责任和社会问责提供了一定程度的保障。

> **方框 1.2　社会层面需要对新闻进行理论化讨论的一些理由**
>
> - 新闻卷入到所有重大的公众事件之中；
> - 社会中的重要角色都会利用新闻来达到自己的目的；
> - 既有的社会价值原则会被转化到新闻中，并反过来受到后者的支撑；
> - 新闻业为社会广泛的公众辩论和参与提供了基础；
> - 司法制度有赖于媒体的公开传布活动；
> - 新闻业会对问责施加压力，社会作为回应也会对这压力施加压力。

在新闻组织机构层面（比如，报纸或媒体公司），新闻人输出的是系统性的报道和出版模式，并与更大的市场和社会结构相关联。阐释新闻媒体结构和行为的理论通常需要参考政治和经济环境、公共政策和治理形式（尤其是那些嵌入规范和法律的环境条件，以及市场，尤其是媒体市场本身的运作）。主要的相关因素总结在方框 1.3 中。

> **方框 1.3　新闻组织机构层面影响新闻行为和表现的因素**
>
> - 既有的法律和监管体系；
> - 所有权和控制权的结构（公共或私人、所有权垄断程度、由外国掌握所有权等等）；
> - 媒体与政治（政党、政治家、政治运动、政治思想等）之间的联系；
> - 市场力量及其作用和压力；
> - 组织机构对新闻报道、处理和分发等工作的一般要求及其影响。

既有证据表明，新闻与社会之间的关系会受到方框 1.3 中提到的部分或全部因素的调节影响。

在个体层面，新闻人是直接与其他个人打交道的人，特别是与那些被认为是消息来源或报道对象的人。从观念上说，也更远一点，新闻人与整个受众群体亦有着一定关联。抛开受众的真实情况不谈，新闻人所面对的受众是大量的、分散的、匿名的，倾向于对他们选择的人形成习惯性的偏爱看法。这里所涉及的各种关系往往在某种程度上是相互的，因此，理论不仅要关注新闻人如何看待他人，也要关注他人如何看待新闻人。

这些关系的核心方面涉及新闻人可能意识到的潜在义务（专业的或个人的）。专业行规和习惯在将理论转化为实践的过程中起到很大作用。此外，作为公民，新闻人有时会受到作为一般公民的各种义务或条件的约束，但也会经常嵌入工作场所和工作角色的非正式规则网络中，从而对其行为期待产生影响。

一个重要的影响因素是一种观念——新闻人会认为他持有的是专业的目标和理性，所以并不完全受其工作机构或工作要求的主导。角色观念会影响到新闻人被要求或允许的社会介入（social engagement）的种类和程度。个体对专业地位的追求程度也起到调节作用。既有的很多研究关注到新闻人对这些角色的感知。他们认为自己的首要任务是什么？在这个视角下，他们认为好新闻的标准是什么？对专业角色的定义和感知会影响到其他问题，包括新闻人在工作中可能要求的自由度，以及与潜在新闻来源的关系，特别是与那些有权威或有影响力的新闻来源间的关系。

此外，新闻人与他人的关系还受到道德规范和其他标准的引导，这些原则包括：对当事人隐私和尊严的尊重；对公开后可能产生的后果的考虑；信息收集和与消息来源接触过程中的诚信等。新闻人都很熟悉这些以及其他原则，对其的遵守可能会受到新闻机构或者专业规范的管束，但有时也只能依靠个人选择，或受到非正式的压力，以及来自日常工作的要求和惯例的引导。

方框 1.4　新闻人个体层面对其行为和表现的影响因素

- 与受众真实的或想象的（近的或远的，偏爱的或敌对的，等等）关系；
- 个体的角色感知；
- 对专业规范和行为准则的坚持；
- 个人背景、价值观和观点意见；
- 在职培训和社会化的经历。

尽管新闻与社会的关系的理论大多属于上述三个层次，但还有一个视角需要被关注：读者或者受众的视角。作为人类行为的一个领域，媒介使用已经被广泛研究，新闻经常成为受众研究的重要内容。与本书最相关的，除了关注、解读和学习新闻的细节，还有关注新闻动机等问题。

这些研究已经揭示出人们在寻求和获取新闻过程中的许多动机和满足（虽然有许多变化），但公众对新闻的兴趣往往不仅仅是跟进时事议题或者了解公共事件，还有额外的目的，包括：从信息的持续流动中获得安全感；通过知识获取地位；有与他人进行社会交往的谈资；享受新闻内容的娱乐性和人情趣味；以及从定期的新闻简报中获得一种日常生活的框架和仪式感。

大部分受众对新闻的使用实际上并不是出于个人或社会对基本信息的寻求。与此同时，人们也广泛意识到新闻报道可以作为一桩不错的生意。新闻消费中这些模棱两可的潜在现实确实可以帮助解释很多的受众选择行为或态度，也可以帮助解释为什么新闻供应商们会用"软新闻"来调和"硬新闻"。备受批评的新闻娱乐化（infotainment）可能无法满足信息质量的高标准，同时与商业化（commercialisation）有关，但也不能高高在上地指责这是由于受众的毫无戒心或脆弱。

总而言之，新闻受众研究反映和证实了关于新闻报道和新闻的社会功能等抽象论断。但也提醒我们，新闻的定义和特征早已超出其早期范畴，其影响和重要性不再局限于信息层面，并且变得十分难以预测。与本书更为相关的是，一些关于新闻的关键议题得到了强调，包括：公众对新闻提供者（消息来源、媒体或新闻人）信任的程度以及信任的基础出现差异化；以及受众对严肃新闻的支持程度也开始出现差异化，这些支持原本被用以对抗一些被认为是琐碎甚至有害的新闻内容。这里涉及的更大问题是，在多大程度上新闻人被要求反映一个社会的文化现实，以及影响其实现这一功能的限制条件有哪些。传统上被认为是高质量新闻（quality journalism）的逆流，如今是强大的。

> **方框 1.5　受众对新闻的看法**
>
> - 新闻被选择性并经常是随意地关注；
> - 人们对新闻的使用和满足是多种多样的；
> - 新闻内容和新闻消费被视为娱乐和消遣；
> - 社会和文化差异会强烈影响受众对新闻的关注和看法；
> - 信任和感知可信度是非常差异化的；
> - 受众对记者权利和义务的观念与既定的规范往往是背离的。

1.4　新闻社会理论的主要关注点

新闻可以从不同角度被研究（比如，社会学、经济学、文学、政治等），但"社会理论"更关注新闻的公共角色以及上文中介绍过的那些原则。社会理论是描述（description）和规范要求（normative prescription）的混合物。作为描述，我们将新闻业看作本质上符合某种理想型的目标和实践，但会因其所处的具体时间和空间不同而呈现出差异。这种理想的形式或模式可以与某一特定国家的实际情况相比较，并作为分析和解释的工具。而规范要素则涉及新闻的理想目标和对更广泛社会的潜在义务，涉及不同目标及其差异化的价值观，以及这些目标可以或应该如何实现。同时要注意的是，在现代社会中，新闻界（press）很大程度上是作为商业企业来经营的，而不是作为社会服务机构或为了理想主义（或意识形态）的目的来运行的。

本书的目的不是提出应遵守的裁定规则（rules），而是找出新闻业内部和外部都已广泛认可的指导原则（guiding principles），同时寻求在经验或规范层面可以用于描述的理论，或者能够两者兼顾。这些理论也当然不是一成不变或者普适的，而是可以有不同的阐释或表述。但无论如何，在具有相似的公民权利、人权价值观以及政治决策形式的社会间，这些理论还是可以呈现出一定的连贯性和一致性的。理论的价值在于其对新闻工作现实的解释和评价能力，可以用来帮助批评和自我反思，以及推动改革。新闻业在更广泛的社会中所获得的地位取决于它所认同的价值以及它在多大程度上实现了这些价值。改善的努力需要依靠一套可行的且受尊重的社会理论，后者用于诊断和给出处方。

新闻社会理论的主要关注点请见方框 1.6。

方框 1.6　新闻社会理论的主要关注点

- 社会需要新闻来满足的那些需求的性质；
- 无论新闻业是否如其所宣称的那样追求自由，它对社会都负有许多不可忽视的责任义务；
- 这些责任义务的性质和强度；
- 社会可以用来激活这些责任义务或让媒体对这些义务负责的手段；
- 由于会产生社会影响，新闻业需要在实践中遵守的规范和标准；
- 控制和问责制等问题，特别关系到言论和出版自由时。

1.5　新闻的多样性和多样化

新闻本身是一种社会和文化现象，受到许多其他条件的影响，因而也很难对其进行清晰和明确的定义。不过，我们还是可以辨认出它的一些特征，并且追溯这些特征形成的历史脉络。正如前面提到的，新闻只是由于印刷书和出版业的发明而生发出的众多反映社会现实的文体之一。

早期印刷出版物的一个重要分支是因印刷术的发明所激发的更宽泛的个人作者身份（authorship）概念。对于某些类型的新闻业，这赋予了它产生独创性、个人视野和内在权威的期待。作为作者的记者应享有与任何其他作者一样的言论和立场（conscience）自由。然而，单调平凡的新闻采集和传播工作却很难与这一原则相协调。在实践中，个体的自由、想象力和表达都是有限制的，新闻人通常受雇于从事销售和分发其工作产品的组织，不可避免地受到这些环境的限制。

占据主导地位的新闻人职业或角色认同的观点认为，新闻工作与单纯地从事印刷出版关于真实事件的简单陈述有所不同，这种观点反映出影响新闻工作的多种要求和期望之间的紧张关系。18、19世纪欧洲或北美的个别记者有时可以自称是一个作者（author），或至少是一个写作者（writer），而不仅仅是一个从信息来源到排字间工人的搬运工。但并不是所有记者都这么声称，这个行业的公众声誉和形象通常也不是很讨人喜欢。关于新闻工作者地位的一种固有的不确定性延续至今。

然而，作者的文学性和科学性以及对宗教和政治自由斗争的支持，确实调整和扩展了新闻业作为有关时事信息的中立载体的原初观念。其结果是出现了许多不同形态或种类的新闻业，特别是那些涉及表达强烈意见、采取敌对立场或出现"看门狗"的角色形式。当代新闻业的特点是有许多本质上不同的类型，对受众和社会有着不同的期望，而且往往遵循各自独特的基本原则。

这种多样化不仅仅是体裁的差别［例如，舆论导向媒体（opinion-forming press），或者体育、政治、商业、艺术、文化以及名人八卦媒体］，还有更重要的比如区域（当地、地区、全国）、社会阶层和教育状况（高质量新闻业或小报新闻业）以及受众的品味、兴趣和写作风格（耸人听闻的或严谨的、文学性的、哲学性的等等）等区别。还有一个根本的区别是以盈利为导向的新闻报纸还是有着理想化的、政治或意识形态目的的报纸媒体。

近年来，新闻业所采取的媒介（和技术）的差异增加了另一个显著的变化维度。事实证明，以印刷为基础的新闻模式仍有强大的生命力，在许多方面仍然比视听媒体更具影响力（例如在为后者设定新闻议程方面，以及在与权力的密切关系等方面）。在许多国家，报纸从未实现过大规模发行，即使曾实现，发行量也一直在下降。即便如此，报纸的传播能力似乎还是超过了视觉报道，因为它没有歧义，表现更佳。然而，电影和电视纪录片具有独特的影响力，文字的主导地位也可能会慢慢让位给网络媒体，后者可以结合所有形式和类型，在大规模处理和分发方面有巨大的优势。

> **方框 1.7　新闻业的差异化维度**
>
> - 作者还是被雇佣者；
> - 专业还是生意或手艺；
> - 地方性的，还是全国性的、世界性的；
> - 营利的还是非营利的；
> - 广泛的还是专门的；
> - 对抗的或积极的还是支持的或中立的；
> - 印刷的还是其他媒介形态的；
> - 目标上是信息的还是娱乐的。

这些区别很容易辨认，或者我们也可以从一种更常见的紧张关系来进行区分，即认为新闻界主要是服务于公共利益的部门，还是商业机构甚至是娱乐行业的一个分支。但无论采取的是哪种立场，我们都是在处理一个相同的问题，人们对新闻界的基本期望是什么？——定期提供有关时事和重大事件的可靠信息。在这种程度上，新闻媒体应该做的事在很大程度上是双方意见一致的问题，而有关新闻业角色的大部分社会理论也可以适用于此。

然而，仍有很多问题存在潜在的争议，特别是当新闻不仅仅涉及信息的提供，还涉及阐释、发表意见和价值判断时，这些因素会强烈影响新闻人对主题和事件的选择，以及讲述故事的方式。我们迟早会遇到这样一种观点，即认为完全客观和真实的新闻是不可能实现的。理论可以帮助解决新闻工作中这种矛盾，提供一个更复杂的版本，说明什么是可以实现的，并了解其局限性。

1.6　新闻与技术变革：对社会的影响

自从印刷术的机械化和报纸生产的工业化以来，新闻业一直在随着技术的变化而变化。早期的手工印刷媒体只能供给有限的读者群,主要集中在本镇范围。19 世纪晚期的发展带来了大众受众市场,新闻业开始面向所有社会阶层。这些新读者被认为对政治不太感兴趣,而对体育、八卦、人情味故事、犯罪和日常生活的实用信息更感兴趣。无线电广播和后来的电视早期在纳入新闻和信息功能方面进展缓慢,但是到 20 世纪下半叶,电视新闻已经普及到全体人口,并被广泛地认为是他们最主要的"获取新闻的来源"。可及性(accessibility)、普及度和被感知的可靠性(perceived reliability)都帮助电视获得了这种地位。其主要社会后果是,大多数人以几乎相同的版本被迅速而平等地告知了同样的事件。这被解读为是社会凝聚和团结的基础。这也鼓励了政府和其他社会行动者以此前没能用来控制印刷媒体的方式去影响和控制电视媒体。电视新闻的主导地位后来由于有线电视、卫星电视和其他新频道崛起的竞争加剧而有所削弱,外加媒体系统的放松管制(deregulation)和私有化(privatisation)带来的影响。

无论如何,新闻与社会的既定关系受到的最大困扰是来自 20 世纪后期互联网的兴起。从这个角度讲,互联网新闻最显著的特征如下:

● 它的形式非常多样,而且各种潜在的来源都可以接触到;

● 它可以免受大多数控制,甚至不受新闻体制和专业主义的善意引导;

● 它可以被受众反馈和具有互动的能力;

● 可以相对地去地方化(delocalization);

● 它的非制度化特色;

● 它可以与其他社会机构(social institutions)脱节。

作为一种新闻媒介,互联网与现有的权力和影响力结构不再紧密相连。它甚至被认为可能会带来社会动荡和社会分裂,它不能被指望像以前的新闻媒体一样承担起相同的社会责任,部分原因是它更具全球性。实际后果仍不确定,但它肯定破坏了既有媒体体系的某些特征,例如,报业一度占据的主导地位。

> **方框 1.8　互联网对新闻与社会的关系的影响**
>
> - 更不容易被控制，无论是正式的还是非正式的；
> - 在内容、来源、风格、受众等方面更加多样化；
> - 新闻界的权力更少集中在少数人手中；
> - "大众"有更多机会逃避霸权影响；
> - 更多积极社会参与的机会，同时具有反向潜力，给了个人更多脱离社会的机会。

1.7　定义今天的新闻和新闻报道

在本章开始时对新闻采取了一个比较宽泛的界定，但现在我们可以给出一个更为精确的定义：

> 新闻是基于从可靠的来源处获得的信息，对具有公共意义或兴趣的当下事件、人物或情况的描述进行的建构和出版活动（construction and publication）。

对事件的叙述在形式上可能有很大的不同，尽管最常见的是对观察到的或记录下来的现实的事实性报道。报道的技术手段也可以很多样，包括制图、声音和视觉等方式。在这个定义中，公众人物的声明、演讲、呼吁等都可以被视为事件。通常还会有第二类要素（a secondary element），即从替代性视角来讲述一下这个事件，如果能够从目击者、参与者或利益群体等之处得到的话。第三，还可能会有新闻人根据个人观点或新闻机构（比如，其所有者或编辑）的观点添加的评论或意见，新闻的不同版本也强烈显示出新闻是具有创作性的（authored），而不仅仅是事实收集。

以这种方式定义的新闻通常是在较大的新闻机构内，由技术熟练或训练有素的人员按照既定和透明的规则和程序施行。新闻业的主要产品（事实性叙述)常被称为"新闻报道"(news),并成为大众传播的核心类型(a central genre)。社会学家(20世纪40年代的帕克以降)概括出的新闻报道的特征详见方框1.9。

> **方框1.9 新闻报道的特征**
>
> - 时效性(timeliness),具有新颖性,与当前事件有关,但也是易碎的;
> - 真实性(truthfulness),事实的准确性和要素的完整性,且具有可验证性(verifiability);
> - 客观性(objectivity),观点中立,不带主观的偏见;
> - 独立性(independence),不受消息来源、报道对象或既得利益的影响;
> - 尽可能地以合适的方式对现实具有反思性(reflective);
> - 与预期受众的兴趣有关,并具有一定的重要性;
> - 可预测性(一致性),一般是关于那些通常被认为是具有新闻价值的事件;
> - "叙事性"(narrativity),采用讲故事的形式和结构。

大多数新闻都遵循一种广为熟悉的特定风格或形式。最显著的特征如下:它试图做到及时和此刻;与公众和潜在受众的关切或利益具有相关性;它的核心成分是事实,声称能提供关于现实的准确可靠的信息。人们期待这样的新闻的立场是中立的和客观的,并竭力避免在报道中出现公开的价值判断或个人观点。对此延伸出的假设是,客观的报道应独立于消息来源或其他特权阶层的利益。除此之外还有一些不那么明显的特征。其中之一是要求反映出来的现实通常等同于一个没有扭曲的镜像,映照了周围社会实际发生的事情。

从众多的内容(items)中选择一些来关注,并不能真正地反映一个在很大程度上没什么新闻价值的现实世界。它需要以新闻价值观为指导,其本质上是关于受众会感兴趣什么,以及对事件意义和重要性的判断。最后,很明显,新闻不仅仅是事实形式的信息,还是一系列的"故事"(stories),有情节(快乐或悲剧的结局)、有角色(英雄和恶棍)等等。新闻的叙事性不可避免地与新闻的"正规要求"产生一定的张力。但无论是好是坏,上述新闻的特征塑造了内部和外部对新闻业本质的看法。这种意义上的关联是无法撤销的，也无法回避其后果，尽管重要的是不要忘记新闻工作的其他方面。

1.8　新闻界作为一项社会制度

如前所述，"新闻界"（press）一词经常被作为记者、编辑和出版商等活动的集合体，用于描述生产上文中所定义的那种新闻报道的组织机构。它为整个社会的出版和思想流通提供了一个简明的参考（short-hand reference），没有它，民主很难正常运行。最初它仅指印刷媒体，但现在已经扩展到电子形式，至少在其新闻活动中是如此。一般来说，一项社会制度（institution）是一系列行为和实践的综合体，这些活动和实践受到同一套具有广泛目的和经年形成的公认的行为准则的正式或非正式的管理。新闻制度在很大程度上塑造了更广泛的社会及其机构对新闻媒体的期望，也提供了相互信任的基础，只要具体的经验符合理想的要求。

在任何自由的国家，新闻界都没有正式的组织或官方部门，也没有固定的行为规则。它的存在形态远不如它所报道的其他社会制度具象化，如教育、法律、政治、商业或军事等。在某种程度上，这种不确定性体现并反映了新闻界所宣称的自由，以及其高度的碎片化。新闻界的制度性特征会被批判性地解释为社会控制的潜在手段。

尽管如此，认为新闻制度为公共信息的基本活动提供一定的连贯性和指导性的观点，还是有帮助的。它的"成员资格"在很大程度上取决于新闻从业者和出版者的抱负以及公众和整个社会的认可。尽管缺乏正式或固定的规制体系，"新闻界"的活动的确需要许多规范和行为准则。这些"规则"通常支持更广泛的责任和公众问责制的概念，进而有助于建立起履行公共信息职能所必需的信任。

成为新闻界的一员，通常会带来在收集公共事件信息方面的某些非正式权利或特权。事件活动的组织者通常会使用一套记者资格认证程序，作为进入新闻事件的入场券，同时也可以用该程序来排除一些新闻活动的发生。一般来说，"新闻界"一词通常只适用于主流的、专业的、资深的新闻媒体部门，特别是报纸和广播媒体。然而现如今，互联网上的新闻报道，特别是由资深新闻媒体、新闻机构或来源提供的那些，也经常被视为新闻界的声音。如果新闻业采取一种非常敌对或偏离社会的态度（虽然这是新闻自由所允许的），就有可能失去公众的接受度，在某种程度上失去其受保护的地位和"资格认可"（accreditation）。这可能是一种自愿选择，反映了有意选择脱离新闻界的"建制"意图，但也可能是权威压力导致的结果。

构筑新闻制度的一个目的是帮助调和前文提到的一些矛盾和潜在冲突。例如，它确立了"游戏规则"，容许报纸可以由在新闻内容上获得既得利益的广告主提供资金支持，同时仍然要求独立。从新闻诞生之初，广告就一直是其伴随物，但人们认为广告和新闻应该分开。与此相一致，在"游戏规则"适用的情况下，广告通常不享有与其他类型的内容相同的表达自由，这也同样有助于解释报纸上的理想与现实的盈利动机共存的现象。新闻制度被嵌入特定的国家、社会条件中，受到具体时间地点的文化和条件的影响，不过大多数宣称民主的国家的新闻报道中还是有一些普遍的特征。虽然新闻制度主要以国家为单位，但这套制度的国际化特征在稳步增长，尤其是涉及价值和规范原则时（参见附录1），并反映在跨国、全球和区域记者、编辑、发行人协会的活动中。通过研究和宣传等手段，积极支持新闻工作者权利和自由的团体的影响力也在扩大。新闻机构的国际表现更为显著，因为它不能用作控制手段，而是可以用于抵抗国家层面压迫的援助力量。

方框 1.10　新闻制度

新闻制度：
- 非正式地设定了边界（boundaries），并为新闻实践提供了一种身份认同（identity）；
- 没有正式的章程或组织形式；
- 作为专业自律和问责的机制；
- 与"主流"新闻媒体渠道（news media channels）紧密相连；
- 保障记者的一些权利、特权以及提供一些防卫手段；
- 可能成为社会控制的手段。

上述新闻制度的观念受到了技术发展和媒体结构的显著影响。一个直接影响是打破或重构了媒体系统的结构，并引进了一些需要时间才能制度化的新元素，资深的新闻机构及其职能开始明显地"脱盐化"（desacrilisation），他们不再拥有如此高的地位或目标，而只是在竞争激烈的市场中为公众和客户提供服务。此外，信息和意见功能也向任何希望通过新形式的在线出版来获取的人们开放。这些变化会破坏新闻界已经很弱的身份认同，即使到目前为止，新闻界的社会位置可能还没有发生根本的改变，这主要是因为社会和个体对公共信息的需求仍然和以前差不多。

1.9 新闻界的权力

社会既是新闻的来源，也是新闻的最终归宿，这样一来，新闻业就不可避免地会参与权力的行使，而不仅仅是政府、宣传机构和广告主才有这样的权力。

经常被提到或声称的新闻界权力依托于新闻的发送和接收，特别是涉及重要的公共议题时。在这种情况下，"权力"只能意味着"影响力"和"说服力"，因为信息本身并不具有强制力。有时，表面上的权力仅仅是大规模公开报道的结果，并不涉及主观的影响意图，所有在公共领域运作的机构都容易受到其自身无法控制的、由公开传播的信息带来的影响。

产生影响的能力源于新闻界运作的某些常见状态，主要有：在事实上（de facto）能够"控制"与公众沟通的大门（control the gates），决定谁和什么将得到不同程度的曝光度；对这些公开曝光的质量进行一定程度上的控制（无论是积极还是消极的）；许多社会机构对新闻媒体的依赖（新闻媒体既是他们向公众提供信息的主要渠道，也是他们自身常规性地被感知的窗口）等。

而这些影响既包括新闻报道所激发的公众行为，也包括在新闻信息的基础上形成的公众态度和观点。无论有意无意，新闻媒体可以影响消费、投票和公众声誉方面的公众选择。但我们需要谨记的是，"新闻界的权力"并不是媒体的固有属性，而在很大程度上是通过媒体进行中介的其他社会权力的结果,除了传播的到达范围——这取决于公众对媒体来源的信任和尊重程度,我们还需要从其他方面发现这些社会权力和影响力的真正基础。

无论媒体被赋予何种类型或程度的权力,公众对公共信息流动的普遍依赖都不可避免地会引出记者的权利和义务等问题,并对其提出问责的要求。新闻的社会理论(关于新闻界应该做什么、不应该做什么的观点)正是基于上述目标、原因和影响之间的关系而引出。

方框 1.11 新闻界的权力:主要的影响类型

- 说服和改变态度;
- 形成公共舆论(public opinion);
- 影响公众形象或声誉;
- 影响行为(如选举、消费、行动动员等);
- 设置公众议程;
- 塑造公众对事件的解读;
- 告知公众,并结构化"公共知识"(public knowledge);
- 差异化地"放大"(amplification)某些新闻报道和社会形象。

1.10 社会对新闻业的期望

新闻业(与一般的媒体类似)在自由社会通常对政府或其他外部机构没有任何具体的义务,这在很大程度上要归功于新闻自由原则。新闻人当然不能作恶或者违反法律,但也不被要求为任何外部权威服务。在自己的职业范围内,他们可以自由选择或拒绝许多意图或任务。新闻媒体通常憎恨并抵制为他们规定任何社会角色的企图,除非是他们自己选择的。

尽管如此,在历史、宪法和新闻机构规定的行为准则中,还有一些需要被认可的不成文的(并最终难以施行的)社会责任。此外,为让新闻业提供社会服务，一些外部压力或者可能的诱导也不能被忽视，媒体的规范社会理论既与自我选择的社会目标有关，也与外界关于媒体应该如何行事的要求有关。

在这些外部期望中，最强烈也最明确的是新闻业作为报道载体和舆论塑造者对于民主的重要作用，作为政府和公众沟通的桥梁，新闻与政治的关系是其中的核心要旨，因为主张新闻自由的部分依据是民主制度的需要。我们还可以指出，在新闻业本身的历史中，根深蒂固的常规和习俗使这种"政治功能"变得相当常规，甚至至关重要。撇开别的不说，新闻致力于报道的具有公众意义的正在发生的事件往往是政治性的，在某种程度上，也与新闻受众有关，并对他们有利。

影响规范期望的其他主要因素一方面是国家和政府机构，另一方面是媒体所有者。尽管在民主理论中，前者不能对自由的新闻界拥有绝对权力，但它们不可避免地成为各种奖励或惩罚（经济的、地位的、规制的，参见第七章）的可能来源。当然，成熟的新闻机构会关注政府的意愿，哪怕只是出于自身利益的考虑。有时，新闻的制造者和销售者之间会形成一种共生互助关系，但有时也会产生敌对关系——其本质是关于控制信息流和定义现实的权力的冲突。这既是一个保守秘密的问题，也是一个决定什么是真相的问题。

在出现危机、战争或国家紧急状态等非正常时期，新闻媒体更有可能通过积极的新闻选择和采集，也包括缄默或自我审查自愿与当局合作。虽然这种遵从可能是暂时的，但它也是建立在联系与合作的基础上，以及基于爱国主义和为国家利益服务的意图，而这些在正常时期都具有持续的影响。

第二个主要的影响来源是所有者和媒体商业利益。在许多观察家看来，大型媒体公司和市场力量的指令（比政府的强制性更大）似乎对自由构成了更大的威胁，因为更为理想主义的目标屈从了市场原则。相反的观点是，新闻业必须生存并谋生，但即使是在一个全球大型企业主导的时代，盈利能力并不一定要排除其他目标。事实上，盈利能力可以支持独立，新闻业的理想仍然可以被追求，甚至可能是可以盈利的。有许多不同类型的信息市场，不只是大众市场，理想化的目标在公众中也有其追随者。

因此，新闻实践陷入了由各种不同强度和特异性的义务和压力构成的网络中。本书所介绍的新闻社会理论，既是对编纂相关规范的尝试，也是对新闻业遇到的压力的方向及强度的评估，并考察这些压力与专业实践之间的联系方式。认为新闻业必然是在一种与社会其他部门永久的紧张或冲突的状态下运作的观点，是有问题的，即使新闻界自身的"意识形态"会要求其在面对主导的社会权力时或多或少摆出一种永恒的敌对姿态（尽管代表的是公众）。

方框 1.12　社会对新闻的期望

- 向所有人发布有关公共事务的信息；
- 将公民与政府联系起来；
- 支持社会主要机构的日常工作；
- 尊重主流价值观和社会文化规范；
- 服务于国家利益；
- 在危机或紧急情况下能够提供帮助。

上述一些期望与新闻业本身对自由的追求以及独立于国家、政府或其他既得利益的主张之间确实存在潜在的矛盾。在大多数情况下，这是可以容忍的，但确实造成了一种动态的紧张气氛，新闻工作也只能在其中运作。

1.11　新闻业社会角色的自我意识

报纸经常表现出对公共利益的自愿奉献，而报纸经常选择的刊名也反映出这种公益精神。方框1.13列出了一些反复出现的、反映其公共角色的言语意象或隐喻，这样的刊名最常出现在19世纪到20世纪的转折期。认为新闻媒体应在社会中发挥作用的观点，是作为一种制度的新闻业自我意识的内在和重要组成部分。这些形象要么涉及新闻业的任务选择，要么涉及质量规范，或两者兼备。

> **方框 1.13** 报纸在社会中所扮演角色的形象和隐喻，如典型的刊名所表达的任务或质量（以及刊名举例）：
>
> - 纪实性与时效性：《泰晤士报》（*The Times*）/杂志（Journal）/日记（Diary）。
> - 信息带来者：新闻（News）/信使（Messenger）/侦探（Intelligencer）/纪事（Chronicle）/速递（Courier）/报道者（Reporter）。
> - 地方认同：通过在刊名中带有城市、地区等名称。
> - 国际报道范围：全球（Globe）/《世界新闻报》（*News of the World*）/星球（Planet）/宇宙（Universe）。
> - 速度：特快（Express）/水星的（Mercury）/速遣（Despatch）/电报（Telegraph）。
> - 警钟作用：号角（Clarion）/喇叭（Bugle）/鼓（Drum）。
> - 事件的先兆者：传令者（Herald）/疾呼（Crier）/领导者（Leader）。
> - 为人民而存在：人道主义（Humanité）/劳动者（Labour）/论坛（Tribune）/公民（Citizen）/工人（Worker）/人民（The People）。
> - 成为公众的声音：声音（Voice）/回声（Echo）/论坛（Tribune）/语词（Word）。
> - 作为守卫者：《卫报》（*Guardian*）/百眼巨人（Argus）/哨兵（Sentinel）。
> - 可靠与信任：真理（Truth）/分类/（Ledger）/记录（Record）/公报（Gazette）/纪念牌匾（Tablet）/镜子（Mirror）/信任（Trust）。
> - 自由：刊名中的独立（Independent）和自由（Free）；解放（Liberation）。
> - 观察与检查：考官（Examiner）/调查者（Inquirer）/观察者（Observer）/监控（Monitor）/鹰（Eagle）。
> - 标志和指南：标准（Standard）/旗帜（Flag）/领袖（Leader）。
> - 启蒙：太阳（Sun）/火花（Spark）/星辰（Star）。

可以说，这些报纸机构主要选择的刊名都表达了新闻界在某方面所发挥的更大作用，并为新闻社会理论奠定了基础。广播和电视在为其新闻和纪实节目命名时，通常遵循与报纸相同的路径，选择相似的隐喻表述。在后面各章中汇集的理论要素，很大程度上是对源自新闻界本身（出版商、印刷商、编辑、记者等）的思想的阐述。这些思想产生于新闻界与公众和其他想要通过其来接近公众的人们（政客、广告主、教育者、娱乐界人士等）以某种形式进行的非正式协商中。

正如前面提到的，在不同类型的出版物和不同类型的新闻业的刊名表述中，有不同的意义和重点。即便如此，在被广泛认同的"好的实践"方面，还是存在一定程度的趋同趋势。正是由于这种被制度化了的模式化形态，新闻业才被认为是一项专业（参见第四章）。

来自外部的压力和要求在力量上并不都是均等的，其所处的社会条件也存在许多基础层面（经济、社会、文化等）的差异。正是由于这个原因，新闻界的社会作用有不同的版本，特别是牵涉到自由主义和社会主义意识形态之间的差异、不同程度的国家主义或社团主义，以及不同的经济和社会发展水平。实际上，相比于因新闻工作的核心实践而产生的内部规范的差异，规制系统施加于新闻界而产生的差异要大得多。

1.12　总结：有待回答的问题

以下各章将分别阐述本导言中提出的相关观点，特别涉及新闻的社会作用和新闻标准（journalistic standards）的含义。需要注意的是，不仅是社会文化背景，经济条件和实践情境也会产生相应差异。在实践趋同的压力下，还必须特别重视技术带来的重要影响。

下面的问题涵盖了本书的主要议题，放在这里是为了在详述其范围和目的之前给出一个观点式的提示。在每一章的开头会提出一组更具体的问题，作为议程和读者指南。

新闻的社会功能与目标
- 社会如何看待它们？
- 媒体是如何定义它们的？
- 为履行这些职能的新闻义务在多大程度上得到了承认（acknowledged）？
- 新闻人如何看待自己在各种选择中所扮演的角色？

新闻业中的公共利益
- 新闻业最被期待去满足的公共利益是什么？它如何被了解或表达？
- 新闻业如何为之服务？
- 新闻业在这件事上承担了多大的责任？

与新闻界相关的社会（规范）理论
- 新闻界的社会理论是否有足够的共同基础？
- 它在不同的媒体系统中有多普适（universal）？
- 限制和变化的主要来源有哪些？

作为专业的新闻业
- 将新闻业列为专业的寓意何在？
- 如果是一项专业，其要求的权利和义务有哪些？如果不是一项专业，为什么？
- 新闻业在多大程度上符合其他的专业标准？
- 其重要性有哪些？

自由和问责
- 新闻人有特殊的自由权利吗？
- 限制在哪里？
- 对新闻自由的主要威胁是什么，例如政治、经济、文化等？
- 什么样的问责制与"新闻自由"是相容的？

新闻界的权力

- 所谓权力的基础是什么？
- 它能在多大程度上被行使或控制？
- 记者在多大程度上需对其工作的影响或质量负责？需要哪些相应的问责措施？

理论和实际表现

- 新闻的社会理论与实践和结果的现实之间有多大的差距？
- 如何解释这种理论与现实之间的差距？
- 从实际表现上看，还需要为哪些公共利益服务？
- 新闻业在何种意义上、在多大程度上可以被视为社会的一面镜子？

技术和媒体系统中的变化

- 这些持续的变化会给新闻制度和新闻与社会的规范关系带来哪些影响？

延伸阅读

Berkowitz, D. (ed.) (1997). *The Social Meanings of News*. Thousand Oaks, CA: Sage.
Christians, C., Glasser, T., McQuail, D. Nordenstreng, K. and White, R. (2009). *Normative Theories of the Press*. Champaign IL: University of Illinois Press.
Graber, D., McQuail, D. and Norriss, P. (eds) (2005). *The Politics of News: News of Politics*, 2nd edition. Washington, DC: Congressional Quarterly.
Preston, P. (ed.) (2009). *Making the News: Journalism and News Cultures in Europe*. London: Routledge.
Thussu, D. (2007). *News as Entertainment*. London: Sage.
Wahl-Jorgenson, K. and Hanitzsch, T. (eds) (2009). *Handbook of Journalism Studies*. London: Routledge.

线上阅读

Go to www.sagepub.co.uk/mcquailjournalism for free access to the online readings.

Bardoel, J. (1996). 'Beyond journalism: between information society and civil society', *European Journal of Communication*, 11, 3: 283–302.
Chalaby, J. (1996). 'Journalism as an Anglo-American invention', *European Journal of Communication*, 11, 3: 303–26.

第二章 新闻的社会责任

2.1 引言

从印刷时代早期开始，出版就一直受到各种动机的驱动，包括盈利和就业、公共责任感、政党或意识形态主张、对书写和印刷技艺的兴趣等。与此同时，出版往往伴随着限制和风险，因为具有损害他人利益或整个社会的潜在可能。在这种背景下，一系列关于新闻工作者的权利（特别是出版自由）和义务的思想逐渐出现。

本章主要讨论各种各样的理论缘由及其论证，来说明除了对自由的保障，新闻业还需承担一些公共责任。尽管自由和责任不一定不能相容，但二者之间的确存在着一种潜在的甚至不乏明显的紧张关系。关于这些问题的大部分思考都是在20世纪广泛出现的，尽管其渊源已久。当然，真正的大众媒体（不只是报纸，还有广播电视和其他媒体）的兴起为上述反思提供了刺激，使人们普遍相信，在大众出版的新环境下，媒体潜在的好处和坏处都很多。有鉴于此，也就不奇怪为什么公共责任的议题日益突出，以及随之而来的问题——以更大的公共利益的名义，新闻自由应该受到什么样的限制。

以下问题将在本章中讨论，并可作为读者的指南。

公共利益（the public interest）
- 它与媒体的关系如何定义？
- 它是如何被确定的？
- 公共利益的主要替代版本（alternative versions）有哪些？

责任（responsibility）和义务（obligation）
- 它们如何适用于新闻？
- 它们的主要形式或类型是什么？
- 它们是如何从新闻和社会理论中提炼出来的？

自由（freedom）和问责（accountability）
- 不同的新闻理论如何处理这些问题？
- 社会理论认为的其限制有哪些？
- 哪些形式的问责适用于新闻业？

规范理论的挑战与变革
- 批判理论（critical theory）如何看待新闻责任？
- 互联网如何融入现有的理论框架？
- 关于媒体责任有什么普适的概念体系（structure of ideas）？

2.2 定义新闻责任

新闻不是一套单一或简单的活动，它本身就不容易被定义，所以在处理其责任内涵的问题上也会出现同样的困难。一个版本（McQuail，2003：45）是这样定义的：任何基于法律、习俗或道德的，有充分根据的期望，为了公共利益，新闻界都须尽力予以促进，并避免损害。这涉及质量标准（例如，诚实、独立、公平、正派等）、所谓的有害影响（alleged harmful effects），以及对一些公共目标的积极促进义务。由于新闻自由的要求，媒体的社会义务概念往往是虚弱的或有争议的，在不同国家有显著不同。它们也可能是相互矛盾的，并受到意识形态的驱使。

"责任"一词与大众传媒相关联时，具有了多种含义。一个主要的区分标准是这些义务的缘由和背后的驱动力量。有三种主要的责任类型曾被提出（Hodges, 1986）：那些由外部"分配"或"强加"的、那些"签署"（contracted）的或多方约定的，以及那些自我选择（self-chosen）的。就新闻业而言，外部分配的义务相对较少，这些义务主要限于广播（例如提供公正的政治表达途径）或一般法律事务，主要是为避免造成各种侵害，国家紧急时期会有更多的分配义务。协定义务的范围很广，但大多数都涉及一些具体或隐含的公共服务和高质量内容的承诺，用来向受众和委托人换取付费，或向监管机构换取许可证。自我选择的义务也是多种多样的，反映在编辑基于职业信念和职业道德，以及对受众和公共目标的服务承诺中。

新闻的一项主要的公共责任是避免任何仇恨煽动或暴力，或名誉损害。另一种是"道德责任"（moral responsibility），这种情况可能发生在没有明确的因果证据的情况下，但可以预见新闻曝光（或隐没）与某些不良影响（如自杀、健康问题或声誉损害）之间可能存在联系。还有一种责任则是由认同专业标准或公认准则的专业新闻人自愿承担的。

尽管经常宣称和颂扬自由，但显然，人们对新闻媒体有相当多的期望，要求它们对自己的质量、行为和效果负责。这一问题的核心是探索媒体为之服务的"公共利益"的性质问题，新闻责任的议题主要由此生发。

方框 2.1　责任的类型

- 法律和规范义务；
- 职业角色衍生出的职责；
- 服务的承诺和质量水平；
- 引发（有害）后果的责任；
- 对非意图性或长期的损害的道德责任；
- 作为一项专业的责任义务。

2.3 出版与公共利益

公共利益概念在社会和政治理论中既简单又充满争议。应用到大众媒体，其一般含义是媒体在为了"普遍利益"（或多数人的利益）而开展一些重要的，甚至是关键性的任务，这些任务需要依照效率、公正、公平等原则而被有效推进，并尊重当时社会和文化的主导价值观。最低限度上，不应该侵害或者不尊重社会的主要制度设置，但公共利益观念还会衍生出很多积极的期待和限制，以及各种形式的问责（从法律要求到自愿自律）。

广义的公共利益概念由来已久，是社会体系为了满足自身的基本需要而产生的。最相关的初始观点是，某些对所有人都必不可少的供应和服务只能由某个核心的公共权威来提供或管制，才是令人满意的。这尤其适用于交通运输（道路、桥梁）、国防、犯罪和惩罚、度量衡、货币标准化等事项。在这些领域，统一的集体安排符合当局和大多数公民的需要，确保普及率和高标准。这些需要的范围逐渐扩大，包括教育及其他个人和公共用途的资讯提供渠道，邮政系统通常是第一个这样的公共传播设施。

新闻显然不属于基本需求的范畴，但正是新闻界自身推动了这样一种观念，即它对社会是不可或缺的，但不想要垄断或任何形式的监管。在新闻业发展成为"新闻界"的过程中，有足够的证据表明，新闻业应该可以自由发表关于真相的各种版本。上文所述的新闻业对公共利益的服务，大部分集中于信息的传输上，不带任何特殊的目的或干扰。在19世纪中期，通过电缆和无线电报进行电子通信的发展紧随邮件服务之后，成为一项生意，需由公共权威代表所有人来进行最有效的经营，尽管需首要服务于国家战略目标。当广播在20世纪到来时，它很快被纳入许多国家的公共服务范围，但美国是一个主要的例外。报纸则陷入了潜在的公共监管者和自由市场捍卫者间的拉锯战中，尽管没人会真正提倡由国家来垄断新闻，但也有人支持加强监管，以防止媒体"商业化"（commercialisation）和所有权垄断造成的滥用。

推行对新闻界的外部控制还是行业自律的紧张和争论延续至今，只是措辞上有所调整。对自由主义者来说，市场尽管有种种缺陷，但却是行使真正新闻自由权利的唯一可靠捍卫者，因此也是符合公共利益的，以防止滥用为理由对其进行的干预将会带来更多的风险。并且，人们认为，只有作为受众的公众才能决定什么才是符合他们利益的。

互联网作为一种新媒介的到来，扩大了讨论的范围。互联网在开始时没有任何指定的目标或规定，成为一种大众媒体（就信息扩散而言）似乎是偶然的。它日益成为一个公共交流的便利设施，对所有人开放，并且没有国家控制的缺陷。然而，互联网却日益发展成为一系列以盈利为主要目标的大型全球私营企业。但它作为一种公共服务的潜力仍然存在，尽管这一特征已经变得越来越边缘，从而导致一些对公共开放空间的要求开始出现。与此同时，它也日益受到各种形式的国家监督、干预和面临法律手段的介入（encroachments）。

这里所描述的冲突过于复杂，不能简单地把它当作自由市场的捍卫者和主张为公众进行更多干预的人们之间的争论。对那些参与辩论的人来说，一个反复出现的问题是很难以任何一致的或客观的方式确定与新闻界相关的公共利益究竟是什么。事实上，这里没有正确答案。而市场解决方案似乎问题最少，因为它拥抱了多数主义或民主原则，事实上给予了"公众想要的东西"。这个答案似乎清晰和显而易见，然而要以任何客观的方式来确定什么是"公众的需求"其实远没有这么简单。大量的研究表明，公众经常对新闻和其他媒体表达强烈的不满，并支持对出版自由进行严格的限制，有些限制远远超出了新闻自由原则允许的范围。其根本原因很简单，新闻媒体的功能是多种多样的，有时甚至是相互矛盾的，例如对社会和谐和秩序的渴望，以及对负责、变革和新颖性的追求，这些立场因国别和问题而异（例如，政治或道德问题）。

以"公共利益"为理由倡导进行干预也绝非易事，因为既要排除某些绝对价值或意识形态的干扰，又要显得不那么大家长作风，以免令人厌恶。事实上，有相当多的替代路线，以达成更精妙的（nuanced）和切实可行版本的公共利益。20 世纪的许多新闻政策都是在温和、灵活和务实的目标下由民主政府支撑的（Just, Trappel, 2012）。这些措施主要集中于一些结构性的调整，旨在增强或保护多样性、高质量信息的可得性以及限制所有权集中等方面。这为社会进行某些形式的监督或审查开辟了道路，也对遵守业务守则和自愿问责（如新闻委员会），甚至出台一些法定义务产生了压力。

在日常新闻实践中，当新闻媒体与其报道对象产生争议时，最常出现的问题是：某一有争议的报道的具体内容是否是公众真正关注的问题，影响更广泛的公共利益，还是只是私人或个人领域的事情（例如丑闻或性感的人物形象），只是为了吸引受众注意。潜在的观点是，出版自由，即使它伤害了个人，只有在真正的公共利益能够被证明存在的情况下，才能被证明是正当的，如果不是则另当别论。在此背景下，公共利益是指提高透明度、揭露错误、进行政治和经济权力的问责、表达公众意见、保护公民权益等。然而，清晰的界限是很难划出的，特别是当它涉及政治人物、名人或其他在公共生活中凸显的人，他们的所有个人生活都可能对公共行为产生影响。

在这种思维方式下，公共利益的概念在意义和范围上变得非常狭隘和法律化，远不能作为评估媒体表现和指导政策的标准。除了媒体所有者和新闻人（或许还有作为个体消费者的公众），它并没有为其他人的权利提供指南。我们所需要的公共利益理念，不仅仅是反映多数人的诉求或为法律争端划定界限。我们寻求的出版的"公共利益"（"public interest" of publishing）应该是一个专门的术语，不仅仅是社会中一套复杂的传播安排（communication arrangements）。

一些不同的价值和标准需要被体认，包括团体和个人的人权以及长期的后果，而不仅仅是即时的满足。可能的益处和伤害会有很多种，也没有蓝图或精确的公式，新闻人必须根据情境和个人视野做出选择。也许更重要的是，公共利益的观念最好放在满足公众传播需要的整体框架（overall framework）安排中来考虑，并独立于任何具体的应用（specific application）。

用更开放、可能更广泛的"共同的善"（common good）一词取代"公共利益"一词也可能更有助于做出系统的安排，其中包括：广泛提供、负担得起的近用权、安全和开放的"公共空间"（public space）用于表达和辩论等，以及对文化和教育目标的支持。在其他传播和文化领域，人们逐渐认识到潜在的人权（potential human rights）不仅仅是基本必需品。既然如此，也要承认服务于任何一种形式的"共同的善"或者公共利益的，首先也并不只是新闻人，只要能够推动可靠的、相关的信息和思想在整个社会自由而开放地流通，就是对"公共的善"做出了贡献，如果能够实现的话。

方框 2.2　"公共利益"的含义

● 作为消费者的公众最感兴趣的是什么；
● 什么是多数人的决定；
● 任何能为最大数量的民众带来最大利益的东西（由市场决定）；
● 由特定的主导价值决定（例如，自由、秩序、意识形态）；
● 什么对社会有更广泛和长期的益处（根据各种判断）；
● 任何与公众而非私人有关的事情；
● 共同的善，服务于整个社会、社区、团体和个人的基本传播需求。

2.4　新闻义务的基础

新闻是一项复杂但又非常务实的活动，它对当时的情况和需要做出反应，并受到社会和技术因素变化的影响。它不是为理论所驱动的，在实际操作中往往没有对公共义务问题给予过多的关注。然而，在不同的社会理论家的思想中还是捕捉到了来自新闻业自身历史的一些根本性的启发。其中最相关的概述可见下文。但也可以看出，它们是离散的，强调有时相互矛盾的价值观。随着新闻环境和时间的变化，观念发生了改变，但后来的理论不一定会取代早期的版本，而是往往会共存或产生新的适用性。

这里还没有提到所谓的"威权主义"（authoritarian theory）理论，其主要观点是认为新闻应该服从国家或统治者的意志。在现实中，这一主张仍然在世界各地广为应用。本书所探讨的一系列理论都需要与当代的人权规范相兼容，例如《联合国宪章》（the UN Charter）和《欧洲人权公约》（the European Convention on Human Rights，参见附录1）等。

2.5 新闻自由理论

乍一看，新闻自由理论似乎并不是关于媒体对社会责任的思想的理想来源。对于被称为"自由主义"（libertarian）的新闻理论家来说，显然会这么认为（Siebert et al., 1956）。该理论不接受任何对出版权利（对拥有出版手段的人）的限制。自由主义理论的起源通常可以追溯到16世纪新教改革之后的西欧，当时国家对新闻的控制被坚决反对，理由是理性、政治立场自由（freedom of conscience politics），甚至是神学。后来新闻自由（免于审查）的主张被纳入18世纪各种关于"人民权利"（Rights of Man）的表述中，是自由主义者、社会主义改革运动和革命运动所提出的独立于专制政府的一般主张的基本构成之一（参见附录1），其隐含的承诺是新闻自由将促进社会进步。

在卡尔·马克思早期职业生涯的大部分时间里，主张新闻自由的权利和必要性是民主社会的基础，这与当时的自由主义思想非常一致。人们期望自由的新闻界揭露专制政府的恶行，追究他们滥用权力的责任，并如实反映人民的状况。自由的新闻界还将物质斗争引向更为广泛的解放运动。在马克思看来，新闻自由并不是经营企业的权利，而是独立个体的权利，是揭示社会潜在真相的一种手段（Hardt, 2003）。新闻自由因此被列入了所有重要的国家和国际人权声明中（参见附录）。

对出版自由的支持不仅基于基本原则［义务论的观点（the deontological view）］，而且基于对公共利益的考虑，以人类福祉为衡量标准。约翰·斯图尔特·密尔（Mill, 1869/1956）阐述的功利主义（utilitarian）理论尤其如此。让"最大多数的人实现最大的利益"要求政府以所有公民自由表达的愿望为指导。这接近于前文所述的多数主义版本的公共利益。

密尔认为，进步和福祉取决于思想的自由流通，通过这种流通，真理和效用（utility）将被最大化。因此，在某种意义上，自由不仅是一种价值，而且对物质福利和进步"起作用"。但这些论点也包含了这样一种观点，即新闻媒体有一定的道德义务（和权利），需积极利用它所享有的自由来为公共利益服务，并同时不滥用这种权利。

新闻自由的倡导者（几乎没有真正的公开反对者）内部在以下问题上还是有着明显分歧的——新闻自由的本质是否就是不要限制［如美国第一修正案中所宣称的一样（Nerone，1995）］，还是要采用积极自由的观念，即自由需要在追求社会福利及其自身的条件下运行。多少实际上的接收或出版机会被认为是可行和足够的，这些标准也可以用以区分不同的自由观。第一种（消极的）自由观将经济自由作为主要标准，参照自由市场理念，将新闻系统比喻为一个理想化的市场，在其中所有货品（思想）公开供应、相互竞争提供给客户，质量不同、价格也不同。自由市场的前提是大多数人能以其负担得起的价格获得"质量最好"的想法，而把不好的或不想要的想法赶走。在这种观点下，公共利益为市场这只"隐形的手"所服务。市场失灵（特别是在竞争以垄断告终的情况下）并不是没有可能，但总体而言，它的支持者认为这是最有效的机制。

另一种选择（积极的自由观）支持公共干预，旨在弥补现实市场中产生的不平等和失败，并实现市场无法服务的目标。有许多实际的例子表明，许多措施曾被实施，用以改善公众真正有机会从传媒那里获得资讯带来的好处。这样做的益处包括有更多可供选择的声音和更高质量的可用信息。相关的政策包括标准调查（inquiries into standards）、对一些报纸的补贴、税收优惠、限制所有权集中和施加自我监管的压力。至少，公共广播已被证明是扩大高质量新闻传播渠道的最有效手段。

尽管毫无疑问，新闻自由需要以自由社会作为基础条件，而与过度的国家权力或真正民主（true democracy）并不搭调，但在"无国家"（statelessnes）或失败国家的情况下，新闻业也无法正常运作（Waisbord，2007）。新闻业无法应对极端的不安全感和暴力，所以最好采取一些自我审查（self-censorship）。即使是在专制国家，也可以满足一些必要的条件，使新闻工作履行其公共角色。

人们普遍认为新闻自由是需要一些条件的，但在需要什么样的条件及其程度等问题上却并未达成一致。为了促进自由，不同的主体已经做出了大量努力来评估不同国家实际运行的相对自由程度。这样做有许多障碍，特别是当并不是所有人都对某些基本原则真正同意，以及实际表现总是达不到理想的要求。贝克尔等人（Becker et al., 2007）对一些国家的新闻自由指数进行了比较研究，显示出所应用的概念及衡量标准或手段的多样性，尽管评级尺度不同，大多数国家最终的排名顺序其实大致相同。最可靠的数据涉及旨在保护新闻自由以及现有自由的实际范围和多样性的法律制度，更主观的是对国家和其他政治压力的评级。经济压力是可以客观化（objectifiable）的，但其结果却不能。其他关键指标涉及信息自由、新闻专业化（professionalisation）、消息来源的多样性，以及对记者的攻击或监禁情况。

虽然新闻自由似乎普遍受到欢迎，但有时它也会有被否认的情况，许多国家的证据表明，公众的态度在很大程度上是矛盾的。对新闻自由的否认可能出于以下三种考虑：新闻界应尊重合法政府和当局的决定；社会的安全和凝聚力应该得到保护；这种自由不应该被用于造成伤害。从这里至少可以清楚地看出，完整的新闻自由的意义也包含着社会责任的原则。

方框 2.3　新闻自由理论的主要原则

- 出版是言论自由的人权的延伸，不应受到事前限制或事后惩罚；
- 自由竞争将带来真理对谬误的胜利；
- 实现新闻自由的最好方法是通过"意见的自由市场"，所以不可以限制所有权和规模，以及信息交换；
- 自我规范（self-regulation）是唯一允许的控制形式；
- 自由的主要敌人是国家，因此媒体的"默认"（default）姿态应该是敌对的；
- 虽然形式上没有限制，但在实践中如何行使这种自由还是可以有一些限制条件的。

2.6 满足社会基本需求的新闻业

不仅仅是新闻界在宣扬自己对社会的价值。在19世纪，当报纸在经济和政治上的重要性开始增长时，社会学这门新科学就对新闻业在社会组织和社会变革的总体格局中的地位发表了许多观点。其重点不在于职责和义务，而在于新闻界的公开报道和告知活动所发挥的"重要作用"，这些作用往往是间接的，且没有组织化的目的。其中主要的思想可以见于法国和德国思想家的著作中，特别是埃米尔·涂尔干（Emile Durkheim）、加布里埃尔·塔尔德（Gabriel Tarde）、格奥尔格·齐美尔（Georg Simmel）和马克斯·韦伯（Max Weber）等。哈特（Hardt，2003）对早期关于报纸社会功能的德国理论进行了概述。这些理论阐述了新闻界对现代社会的各种潜在好处，现代社会的大规模和相互依存的性质以及日益加剧的碎片化，使其对于新闻界具有特殊需求。所产生的主要思想可以概括为以下主要功能：

整合和凝聚。在工业城市社会中，传统的社会整合方式，特别是教会、家庭和地方的整合方式，已经丧失。报纸可以提供一种替代品，向更加孤立的公民传播共同的信息和观点，允许在更多元的基础上形成新的忠诚（allegiance）模式。一种新的国家理念，基于共同语言和共同利益，得到了新兴大众媒体的大力支持。虽然社会发生了变化，但其中的许多特征甚至更加明显，而"新闻界"对于归属感和合作手段则更为重要。

维护整个国家的社会秩序通常是由大众媒体（最初是新闻报纸）来支持的，即使没有强权的指示。信息的流动可以被管理和引导，新闻业也可以向当局反映国家的状况及其不满。报纸被形容为"社会的神经"，类似于人体的神经系统。另一种说法是"社会的良心"，概括了新闻界的规范作用。

监测影响社会的事件和环境，并对风险和即将发生的危险提出警示。

舆论的形成和表达是报纸的关键作用，反映了大众的观点，而不仅仅是精英和他们的对手的观点。

刺激变革和创新在早期也被认为是新闻界的一种功效。媒体起到了传播新的时尚、思想和消费欲望的作用，从而刺激了商业和流通性。

这种路径的社会理论延续至20世纪，为社会系统理论和功能主义理论所承接（Lasswell，1948；Wright，1960），至今仍然具有吸引力。一个现代版本的功能主义理论认为电视具有增强归属感（在全球以及全国范围内）的力量，通过代理式地分享具有象征意义的重大公共事件，如皇家或国家仪式、国事访问、重大体育赛事、公共节日等等（Dayan，Katz，1992）。媒体也被描述为在一些社会进程中发挥关键作用，包括促进社会化（规范和价值观的传递）、推进社会运动，以及在政治、国家、种族和地方文化方面形成身份认同。新闻业的一些具体功能将在此后的第四章详细说明。

现代社会理论强调大多数"现实"（reality）经验是通过大众媒体的中介（Luhmann，2000；Thompson，1995）而不是直接遭遇形成的。如果是这样，就更需要有效和可靠的中介（mediation）形式。这些观点都适用于当代的大众媒体，事实上，很难想象一个现代社会能够在没有渗透整个社会、传递和交换大量信息的传播手段的情况下有效运作。

尽管社会理论声称是对大众传媒可能产生的后果的客观描述或预测，但它提供了许多例证，指出传媒能够并且确实在社会生活中扮演着令人满意的或不令人满意的角色。从这个意义上说，就像所有功能主义思维一样，社会理论具有推动社会福利的规范意图，希望能够推进社会系统产生更强的凝聚力，并使之更顺畅地运行。

2.7 作为第四等级的新闻界

新闻自由的理念常常被认为是民主的基石——是真正的民主的必要条件和标志。这可能是新闻人能够在实践中满足基本社会需求的最显著例子。民主有不同的传统和形式（Christians et al.，2009），而在不同的政治文化中，新闻界以不同的方式与政治相关（Hallin，Mancini，2004）。然而，当民主被理解为任何形式的真正的人民主权时，我们可以列出民主有效运作的某些基本信息需求。其中主要的需求如方框2.4所示。

> **方框 2.4　民主社会的信息需求**
>
> - 持续提供和流通与当前社会议题（issues）和难题（problems）相关的可靠信息；
> - 同样，提供和流通关于政党、其方案和领导人的相关资料；
> - 作为公开、多元表达民意的手段；
> - 有一群了解情况的（informed），有兴趣、有动机，并会依据相应信息采取行动的公众；
> - 是连接政治空间中所有参与者的交流手段。

认为新闻界是民主的"必要"支持的观点，反映在这样一些事实上，即新闻机构往往被赋予某些习惯权利和特权，以确保其获得公共活动和公共信息。不受限制地报告公众集会进程是一项关键任务，新闻界的搜索、披露活动和消息来源都得到了一定的保护。这种对新闻界的关键社会角色的认可程度和形式因具体社会条件而异，但一般来说，方框 2.4 中所列出的需求，普遍被认为是合理的。在 20 世纪，传统的报界和广播媒体为满足上述要求已经提供了相当有效的手段。

"第四等级"（或"第四部门"，the Fourth Branch）一词在早期经常被用来描述新闻界在民主治理过程中的角色（Schultz, 1998）。按照这种观点，新闻界也是一种权力来源，与其他政府部门（行政、立法、司法）类似，即使新闻界在任何宪法中都没有正式地位。第四等级理论的核心要素归纳在方框 2.5 中。

> **方框 2.5　第四等级理论**
>
> - 新闻界是为全体人民的利益说话的主要声音；
> - 这一角色的关键是独立于政府，敢于说出自己的想法；
> - 一项关键任务是通过宣传和倡导的方式，对政府和其他权力机构问责；
> - 为政府和公民之间提供了一个相互沟通的渠道；
> - 作为公众意见表达的论坛。

报刊的政治角色自早期以来已经发生了很大的变化，但很难设想如果没有新闻媒体的广泛参与的话，当代民主政治还能够正常运作。尽管发生了许多变化，但由于种种原因，民主国家的新闻界仍在努力实现第四等级的理想。事实上，在大多数人看来，新闻界的活动和影响力仍和以往一样强大，即使这种认知是由专业新闻经理和形象塑造者与记者、编辑一起推动的。在许多国家，对广播的管制仍然要求它发挥第四等级的关键作用，作为独立的信息来源和选民的指导。

这种理想本身是可以接受批评的。与普通公民相比，自定义的"第四等级"模式使这些有权势的、资深的媒体享有过多的特权，尤其是在媒体与政治和经济权力具有共生关系的情况下。它也倾向于忽视少数派、地下媒体和另类媒体的作用，包括许多"新闻机构之外"的新兴网络媒体。

"主流的"新闻模式也强调新闻业作为面向所有人的公正、可靠的政治信息来源的理想。而替代性的看法是，新闻界在政治上是碎片化和极化的，每个不同的政治运动都使用自己的出版手段。尽管党派报刊在美国已基本消失，但在欧洲的媒体体系中，党派新闻在现实中仍保留了一些影响力，即使它既与商业需要不相一致，也与追求客观平衡的新闻专业精神难以协调。

更广泛地说，党派立场与广播也难以相容，除了上述原因，还有广播体系的垄断格局和政府监管的因素。即便如此，仍然有一些强有力的理论观点来支持政治新闻业（politically committed journalism），而且它不会消失。只要新闻公开、诚实并尊重基本的事实真相原则，那么它本身就不是非专业的，其与第三章中定义的鼓动不同（以事实作为原则）。

2.8 "公共领域"理论

新闻界的政治角色有一个较新的表述，可以在"公共领域"理论中找到，这个术语主要来源于尤尔根·哈贝马斯（Habermas，1962/1989）的学说。达尔格伦认为：

哈贝马斯把公共领域概念化为一个社会生活领域，在这个领域里，人们可以就共同关心的问题交换信息和新闻，从而形成舆论……因为现代社会的规模难以实现超过一定规模的公民同时在场，大众传媒已经成为公共领域的主要机构。(Dahlgren，1995：7-8)

哈贝马斯所描述的公共领域最初指的是一些实体的场所，资产阶级知识分子（从18世纪起）在此讨论和发展政治改革的思想。其中典型的代表是咖啡馆和报纸版面，它们相当于当代想象中的雅典集市或市场，人们可以自由进入这些空间，在这里言论和结社自由得到保障。其更重要的隐喻是位于政府和国家行动与公民个人生活的社会"基础"之间的领域，这种形象也反映了新闻界在社会中的作用。公共领域运作的必要条件，当时和现在一样，除了出版手段之外，还需要一群受过充分教育、知情且感兴趣的公民团体，以及能够在充分知情的基础上形成自由表达的公共舆论的潜力。

公共领域理念的复兴也依赖于**社会组织**（civil society）成为首选的社会形式。社会组织的一个条件是在法治的框架内没有严重冲突或约束的开放和多元化，在其中有许多或多或少自治或自愿的中介（intermediate）机构和协会，位于国家和公民之间。这些中介机制为参与和认同提供了聚焦点，并从一开始就将个人与来自中央国家的压迫或来自"大众社会"（mass society）的压力隔离开来。上述观点似乎提供了一个合适的框架，让互联网等新媒体发挥作用，让更多的信息和观点在专家、政治家以及公民之间流动（Papacharissi，2002；以及参见第八章）。新媒体还可以促进形成新形式（虚拟）的集会（assembly）或组织用于追寻各项目标。

方框2.6　新闻业对公共领域的贡献

● 维系和管理一个空间，用于公开讨论；
● 使意见和观点得以流通；
● 为公众扩大自由和多样性；
● 联结公众及其政府；
● 为有组织的非政府组织（NGO等）提供发言的机会；
● 动员公众参与。

2.9 社会责任理论

到 20 世纪初，新闻业日益"大众化"（massification）和商业化，引发了人们对新闻自由的自由主义模式的质疑，担心这种模式被放任自流。社会主义者和激进派将责任归咎于垄断资本主义，后者经常控制既有的媒体，为统治阶级的利益发声。保守派批评人士则责怪质量和道德水平的下降，以及不受约束的商业主义和新的大众阅读群体较低的文化水平。

这些批评导致美国成立了新闻自由委员会（the Commission on Freedom of the Press），该委员会成立于 20 世纪 40 年代初，是一个私人组织，旨在调查美国新闻界的失败并寻求可能的补救措施（Hutchins，1947）。其基本任务是确保新闻媒体能够履行其与人民之间不成文的约定，充分而自由地承担社会告知功能，并以此为基础获得其自身的自由权利。它的主要成果后来被归结为所谓的"社会责任理论"（social responsibility theory）。

根据该委员会的报告，新闻自由只是"有条件的权利"（a conditional right）。这要求新闻界提供"专业的公共服务"（public service of a professional kind），而不仅仅是满足其受众的即时需求。在后来的一份出版物中，彼得森（Peterson，1956）阐述了"新闻社会责任理论"的基本内容，一定程度上超出了美国当时的各种新闻职业守则的要求。除了发挥提供信息的作用外，还要求新闻界对社会的凝聚力以及社会多样性的代表性和充分表达做出贡献。

这一新近形成的理论的一个重要特征在于，认为摆脱束缚的自由还不够，还必须有追求积极目标的自由："要成为真正的自由，自由必须是有效的"（Peterson，1956：93），而且必须"有实现这些目标的适当手段"。社会责任理论还认为，"政府不能只是允许自由，它必须积极地促进自由"（Peterson，1956：95）。1947 年委员会报告的主要作者霍金（Hocking）写道："政府仍然是新闻充分发挥其功能责任的剩余受遗赠人。"（Nerone，1995：86）这在理论上为公众干预新闻界提供了合理性，尽管有新闻自由的原则。

社会责任理论在美国新闻界并不受欢迎，但它确实强化了新闻界日益专业化和自我监管的趋势。它也反映了经历了大萧条（the Depression）后美国社会更加自觉的社会氛围，并与在国家战争时期获得发展的进步主义思想（progressive thinking）保持一致。二战后，当欧洲的新闻体系按照民主路线进行改革或重建时，同样的理念也对欧洲产生了影响。

尽管这一理论主要适用于新闻界的有限范围，但它还可以被用来激发新闻业的自我监管和公共问责制。它支持了新闻专业化进程，并为广泛存在的诸如新闻委员会或类似的申诉程序等手段提供了理由，尽管这些手段在控制媒体被指控的过分行为和失误方面的能力很弱。

在许多国家，公共服务广播仍然是最有前途将社会责任理论应用于包括新闻在内的大众媒体的领域。从其产生伊始，公共广播就在限定条件下运行，并且在初期避开了新闻业务。它从那时起就提供了一种独特的媒体逻辑（包括新闻业），至今仍是自由市场模式的替代选择，尽管经过很多修改。它仍是独特的，因为它是通过法律、规章和财政支持来运行的，且没有违反宪法中的新闻自由原则，这些原则最初只适用于印刷媒体。其主要原则见方框2.7。

方框2.7 公共服务广播中蕴含的社会责任理论

- 普遍性和多样性的规定；
- 对公众承担民主责任；
- 负责满足被指定的一般和特殊需求任务；
- 承诺高质量，且并不由市场决定；
- 可能服从国家已确定的需求；
- 承诺保护某些规范和文化价值；
- 在新闻业，保持政治中立的立场；
- 非营利的财务结构。

广播领域的新闻工作通常是根据类似于社会责任理论的基本原则进行的，虽然它不同于那些可能更适用于商业印刷媒体的规则，但基本的专业

承诺是相同的（参见附录4）。在大多数民主国家，广播新闻的公众地位和公信力通常比其他新闻来源要高一些（BBC，2007）。

在一个更加市场化的时代，社会责任理论的应用范围和政策影响力已经有所衰落。更加激烈的竞争以及媒体的多样性和数量的激增，使任何单一的公共规制形式都难以贯彻。虽然公共服务广播仍然普遍应用并得到广泛的公众支持，但在缺乏政府和政党支持以及商业竞争压力的情况下还是很容易受到影响。社会责任理论不一定与营利性不相容，即使它通常包括对商业自由的一些限制（例如通过许可条件或某些形式的管制）。

社会责任理论的另一个版本可能会出现于处于发展中的经济和社会条件下，这时媒体资源和其他一切资源都是有限的。一些重要的发展目标需要广泛和有效的思想和信息传播，以及必要程度的社会共识。在这种情况下，新闻人被期待支持国家的发展努力，并在必要时放弃一些专业自主权。从当代对新闻工作者的一些调查中可以看出，许多人确实基于基本需要原则而接受对社会的某些义务，按照政府或其部门发展的要求，为了公共利益而降低了对绝对的出版自由的要求。

方框 2.8　社会责任的一般理论在大众传媒中的应用

- 掌握新闻媒体的所有权和控制权可以提高公众信任；
- 有义务做到真实、公正、客观和服务公众；
- 编辑自由（editorial freedom）最终应该受到某种形式的公众问责约束；
- 行为规范和职业道德应该被认同和遵守；
- 在极端紧急或危险的情况下，新闻媒体可以接受控制或指导，这也适用于为了长期发展的需要。

2.10　批判理论

虽然社会责任理论最初来源于对商业媒体的批判，但它在很大程度上代表了传统和"既定"的新闻社会责任观。这一理论中"负责任的"媒体不太可能从根本上威胁到一个合法的政府，不管它有什么缺点。在20世纪60、70年代，受新马克思主义和其他激进思想的启发，更多的激进的批评指向大众传媒（Hardt，1991）。它以最强烈的形式，将老牌媒体描绘成资本主义-官僚主义国家机器的信息和文化手腕（cultural arm），几乎没有从内部进行改革或民主化的可能性。新闻媒体被描述为行使"霸权"的力量（葛兰西的术语），维系了误导性的社会共识，即使没有公开进行"鼓动"。根据斯图亚特·霍尔的观点（Hall，1977），新闻通常通过"掩盖"（masking）或忽视现实的某些方面，通过分裂阶级团结和利益，以及通过促进一种想象中的一致性或虚假的社会共识，来建立一种霸权主义的世界观。新近的一种批判理论关注到了美国主流媒体及精英关注的问题与美国外交政策方向之间的密切相关。这种"鼓动模式"（propaganda model）已经被提出（Herman，2000），根据这种模式，新闻会经过一系列过滤器，从而达到这个目的。这些过滤器包括所有者的利益、"新闻价值"（newsworthiness）、广告主的宽容、新闻采集的成本、保护出版的可能成本、意识形态上的兼容性等。

批判理论并不寻求提供关于媒体责任的替代指导方案。即便如此，它确实能解释大多数新闻明显的局限性，并有助于解释新闻业是如何（以及为何）有意无意地倾向于维持现状。20世纪70年代以来，对新闻内容的大量实证研究证实了社会批判理论之前对主导的新闻产出情况的基本看法。尽管批判理论具有解构意图，但它确实或明或暗地假定新闻界（在改革后的国家）应该为社会服务，尽管这是一个被清除了不公正、不平等和虚假意识的与此前不同的社会。

互联网并没有逃脱批判理论家的注意，尽管它的早期形象是提供替代性的意见并对公众免费开放，从而具有解放潜力。但它也已成为全球传媒业的一个新分支，受到类似于其他行业的经济和社会需求约束。福克斯（Fuchs，2009）认为，在互联网上出现了新的受众和内容商品化形式，虽然现在可以听到许多声音，但它们仍然缺乏政治影响，会轻易地为精英所忽视。

> **方框 2.9　批判理论的主要特征**
>
> - 大众传媒主要由阶级社会的利益部门拥有和控制；
> - 新闻和新闻业不可避免地倾向于支持有产阶级（capital-owning）的利益；
> - 自由主义的"新闻自由"思想并不能为大多数人保证真正的自由；
> - 新闻业的责任，在体制范围内就是努力揭露真实的情况；
> - 唯一合适的解决办法是逆转权力角色，让媒体真正自由。

2.11　少数派媒体理论、民主参与理论

批评理论的一个分支开始认可"新媒体"的前景，特别是那些独立于主流大众媒体的小型草根媒体的传播潜力。其指导原则是参与性、互动性、小规模、地方认同、文化自治和多样性、解放和自助，主要受益者将是更广泛社会中的许多小群体（划分标准有很多，包括族裔、移民、当地社区、特殊需要或利益群体、信仰等）。这些关于新型和小规模媒体的想法，在互联网时代之前就已经出现在富裕的、媒体资源丰富和"成熟的"民主社会，尽管仍在争取基本权利的社会更需要这些。

"反叛传播"一词被创造出来（Downing，2001），用来指在受压迫情况下追求解放和政治目的的媒体。在批评理论的传统中，这样的媒体运作方式是积极的，包括支持某些政治事业——从妇女解放到推翻压迫或资产阶级政权，以及表现为"另类"出版物，例如苏联的《萨米兹达特》（samizdat，地下出版物），以及发展中国家或独裁统治和外国占领的情况下的小型草根媒体等。它们经常受到新的社会运动的刺激，并帮助产生新的社会运动。不过，这种媒体往往是在特定情况下的权宜之计，在恢复正常（例如，自由）时并不能提供一个持久的模式可供效仿。

方框 2.10　媒体民主参与理论

- 主要目的是为各种少数派群体（minorities）的利益服务；
- 具有地方性的小型草根媒体更受欢迎（相比于大众媒体）；
- 媒体应该为广泛参与和互动服务；
- 新闻业可能不得不扮演一种地下或非法的角色。

2.12　新社会运动与新闻业

尽管批判理论对新闻实践没有直接影响，但在许多专业记者中有一个显著趋势，那就是将发展和保护其专业价值作为一种为社会服务的形式，理由是满足了社会的基本信息需求。面对报业日益的商业化和垄断，反抗力量随之兴起，尤其是在美国。一种新的基于"社群主义"（communitarianism）的社会理论提倡更加团结和更具伦理的社会形式，强调地方性和公民之间的相互依赖。"在社群主义模式中，"内罗内（Nerone, 1995: 70-71）认为，"报道的目标不是情报，而是公民转型（civic transformation），新闻媒体应该寻求在公众中产生志同道合的哲学（a like-minded philosophy），由社区规范塑造的公民身份的复兴应成为媒体的目标，新闻应成为社区形成的机制"。社群主义的新闻理论在某些方面是相当激进的。在其他一些方面，它也可以被描绘成反自由主义的。这是一套坚定强调积极民主和广泛分享的社会和个人道德义务的理论。

在某种程度上与上述相关，但在内涵上更具实用主义和更为凝练的是关于"公民"或"公共"新闻业的新思考（Glasser, 1999; Schudson, 1998），其思想源头来自新闻业的实践本身。它的主要目标是回归一种更积极参与的新闻业形式，加强媒体与受众以及"社区"之间的关系。（新闻）媒体被要求做更多的工作，使其受众卷入进来，并以相应的方式参与当地社区。一个基本前提是，新闻具有一个目标（purpose），即通过促进参与和辩论来提高公共生活的质量。舒德森（Schudson，1998）将其描述为基于"受托人模式"（trustee model）而不是市场或鼓动模式："在受托人模式中，记者应该作为专业团体根据他们认为公民应该知道的内容提供新闻"（Schudson，1998：136）。新闻人本身就是"为了我们而要去获取公民信任的专业人士"。一些公共新闻理论家强调新闻业的作用应更多地促进广泛的社会"对话"，而不仅仅是提供信息。

公共新闻与中立和"客观"（objective）报道的传统分道扬镳，但它并不是要回到党派斗争和政治倡导的旧传统。当它作为一种理论来表达时，它与公共广播的角色论述有一些相似之处，尽管它肯定不指望政府、法律或规章的支持，因此也与老派的社会责任理论有所区别。它自愿与自由市场理念相容，虽然也可能走向脆弱和无效。表面上看，公共新闻已经为一些事件所取代，比如传统报纸市场的衰落，以及各种新媒体为达到同样的目标而带来的新的可能性。

方框 2.11　公共或公民新闻的主要原则

- 参与当地社区；
- 发现并回应受众的需求和兴趣；
- 以提高公共生活质量为目标；
- 促进公众讨论（对话）；
- 自主和自筹资金，但不能受利润驱动。

2.13　互联网新闻理论

围绕互联网作为一种新闻媒体的重要性的理论受到了上述许多观点的影响。在线新闻提供的新的可能性受到了欢迎，因为它本质上是解放的，同时也可以提供一种地方和团体层面内部横向交流的手段（Castells，2001）。这些观点往往导致对当代"公民记者"（citizen journalists）的期待，尤其是那些利用互联网发表和交换新闻和观点的人们，他们可能成为主流媒体的替代选择。

关于网络新闻及其可能的责任，目前还没有明确的结论，且存在着相互矛盾的观点。早期观点设想打破过去"自上而下"的新闻流垄断，出现一种新的公共领域，其特点是信息丰富、多种流动、完全自由和加强公民参与，有可能形成更丰富的民主形式。这将突出许多讨论和交流，并有助于消除所谓的疏离政治的危害，从而反抗操纵和犬儒主义。但回过头来看之前的十年或二十年，这些变化虽然在某些地方和情况下很重要，但在一定程度上并没有那么显著。一些观察家认为，互联网的"规范化"（normalisation）要比大众媒体的"革命化"（revolutionising）更明显。

虽然对民主和社会有关的规范期待被广泛讨论，但观点是有分歧的。有学者（Dahlberg，2011）列出了关于新媒体的四种主要立场：

- 自由主义者/个人主义者（libertarian/individualist）；
- 参与民主或审议民主（participant or deliberative democracy）；
- 分散的社群主义（fragmented communitarianism）；
- 自治与马克思主义（autonomy and Marxism）。

第一种拥护自由市场的自利竞争，不关注任何社会义务；第二种观点赞同一种既有观念的复兴，即更多的互动和公民参与（一种良性的规范化方式）；第三种选择希望摆脱国家共识、精英统治和大众政治的旧秩序，支持一种强调地方主义、社区和利益群体参与、有多种多样合作形式的社会形式；最后一个代表了批判社会理论与实践的混合和碎片化的呈现。互联网为这些方向中的任何一种或所有四种都开辟了道路，对不同记者群体有着不同的规范含义。一个尚未解决的重要问题是其对社会分裂或融合的潜在影响（或责任），而这两者似乎都可由新媒体推动。

总的来说，对新媒体的新思考偏离了对社会责任的基本观念和实施框架，特别是在互联网没有实体机构的情况下。网络媒体的编辑功能在很大程度上是缺位的，或者是微乎其微的，因此它们潜在的义务并不明确。在互联网环境下的新闻人地位有更多不确定性，目前尚未形成对其的一致性定义（参见第八章）。

2.14　探寻新闻社会理论的架构

不足为奇的是，从上述不同的理论中，很难得出多少一致的结论。这些观点先后产生于18世纪晚期到20世纪晚期，在此期间，媒体和社会背景都发生了深刻的变化。"社会的传播需求"及其满足方式并非固定不变，而是因历史文化条件不同而变化。即便如此，我们仍能从所呈现的材料中辨别出某种结构的轮廓。从最简单的分析来看，存在两种根本取向的对立，一种强调个人自由权利高于一切，另一种则优先或至少同等重视公共和集体福利。简而言之，我们可以将其分别概括为"自由主义"（libertarian）和"共和主义"（democratic）。

与此同时，这两个对立"阵营"的内部也远非一致。在自由主义阵营中，可以发现激进分子、无政府主义者、极端保守主义者和具有不同程度实用主义的自由市场主义者。另一派则包括媒体专业人士、社会民主党人、左翼理论家、社区活动家、媒体管理者、家长式的保守派和温和改革者等。除此之外显然还有其他区分维度，包括左倾还是右倾、公共部门还是私营部门的倡导者、本质主义还是功利主义、意识形态还是实用主义、强调机会还是决定论（chance versus determinism）等。

虽然简洁而精致的划分方法有很多，但为了考察新闻对社会的责任和问责制问题，以下三个主要变量可以用于区分新闻社会理论。

市场自由主义（自由市场理念）这一观点认为，自由市场是解决当前问题的最佳方案，也是维护个人出版和接收信息权利的最佳方案。市场可以在需求的基础上最清楚地揭示什么是真正被需要的媒体服务。它也将接受一些必要的监管，但只是为了媒体市场的高效和公平运作。在理念上，它通常是功利主义和个人主义的，声称以最小的干预为"最大多数人实现最大利益"。它的支持者认为它与政治无关。

专业主义（professionalism）认为责任问题应依靠新闻制度和有力的自我监管程序。责任和问责在原则上是可以接受的，但不能影响专业自主权。一般来说，这个主题既包括"第四等级理论"，也包括公共新闻。社会责任概念在一定程度上是存在的，但它需服从于专业自治和选择目标与标准的自由，不受任何外部干扰。

"民主"理论在这里包括确定和满足公共利益对大众媒体提出的一切可能要求。不过，在其内部也存在一定分歧，主要发生在传统的干预主义（interventionist）和集权主义（statist）路径间，以及上文中所谓的"民主参与主义者"取向，后者强调最大限度的草根参与，追求互动性和自由，但有其更广泛的目的，不仅是服务社会，而且是创造新的、更真实的交往形式和民主政治。新闻界在社会中必然扮演的政治角色被强调，尽管关于如何实现这一目标还有其他版本。另一种去中心化、开放的模式显然得到了互联网的良好支撑，其需要的不是干预，而是保护新的交流自由。

除了这些主要的选择，还有许多不同的变体，它们具有不同程度的非社会整合性（social non-conformity），甚至具有引发革命的潜力，这些大致可以被描述为达尔伯格（Dahlberg）的"自治＋马克思主义"（autonomy plus Marxist），尽管马克思可能不会觉得这很有趣。

2.15　总结

尽管缺乏连贯性，本章概述的这些思想为从不同角度定义新闻"为公共利益服务"的潜在责任提供了必要的参考框架和概念。我们可以在其中看到一些西方传统中的永恒价值，这些价值塑造了当前对这些责任的看法。一些相关的出版理念将在以下章节得到进一步解释，并可以在许多法律、道德和实践守则、公共政策目标和编辑宣言中被看到。还有大量证据表明，公众对新闻媒体的权利和责任的看法已经相当成熟。后面的章节将会从社会的角度对与新闻实践最相关的一些质量要求进行概述和讨论。

延伸阅读

Dahlgren, P. (1995). *Television and the Public Sphere.* London: Sage.
Habermas, J. (2007). 'Political communication in media society', *Communication Theory,* 16, 4: 411–26.

Hardt, H. (2003). *Social Theories of the Press: Early German and American Perspectives*. Malden NJ: Rowman and Littlefield.
Keane, J. (1991). *The Media and Democracy*. Cambridge: Polity.
Nerone, J. (1995) *Last Rights: Revisiting Four Theories of the Press*. Urbana IL: University of Illinois Press.
Peterson, T. (1956) 'The social responsibility theory' in Siebert, F.R. et al. (eds), *Four Theories of the Press*. Urbana, IL: University of Illinois Press, pp. 73–104.
Schultz, J. (1998). *Reviving the Fourth Estate*. Cambridge: Cambridge University Press.
Strömbäck, J. (2005). 'Democracy and norms for journalism', *Journalism Studies*, 6, 3: 331–45.
Zeno-Zencovitch, V. (2008). *Freedom of Expression*. London: Routledge.

线上阅读

Go to www.sagepub.co.uk/mcquailjournalism for free access to the online readings.

Becker, L., Vlad, T. and Nusser, N. (2007). 'An evaluation of press freedom indicators', *International Communication Gazette*, 69, 1: 5–28.
Dahlberg, L. (2010). 'Reconstructing digital democracy: an outline of four "positions"', *New Media and Society*, 13, 6: 855–72.
Klaehn, J. (2002). 'A critical review and assessment of Herman and Chomsky's "Propaganda Model"', *European Journal of Communication*, 17, 2: 148–82.
Papacharissi, Z. (2002). 'The virtual sphere: the internet as public sphere', *New Media and Society*, 4, 1: 9–27.

第三章 衡量新闻表现的原则

3.1 引言

第二章中概述的理论与许多规范原则密切相关，这些原则比任何一种特定理论都具有更广泛的适用范围，涉及的价值观通常被用于新闻业需遵循的指导方针，或（出于不同目的）被用于评估新闻的质量。本章强调的是对社会或公共利益的潜在贡献，所讨论的观点并非都具有同等的分量，每一种"关于新闻界的社会理论"往往都有不同的侧重点。所列出的价值观也不能覆盖"好的"新闻业的所有评价标准，尤其是从盈利或者维系受众规模等实际目标上看，同时也并不能满足专业质量的所有其他方面要求。

这些价值观主要来源于西方"现代"（modern）社会的历史，而非新闻业自身。它们之所以在这里被称为"出版价值规范"（publication values），是因为它们与公开表达和广泛传播信息、意见和观点的特定行为和过程有关。已经发表的东西不会不被说出来，当它进入公共领域时，可能会对其他人产生不可预测的后果。

本章要回答的主要问题如下：

公共传播价值（public communication values）
- 它们是什么？
- 如何对其进行测量、指标化以进行评估？

新闻真实（truth in journalism）
- 有哪些标准，如何实现？
- 主要的构成有哪些？
- 这些准则如何在实践中得到认可？
- 在追求真实时，有哪些可能的限制？

新闻业中的和属于新闻业的自由（freedom in and for journalism）
- 它如何体现在实践中？
- 如何认识不同程度的自由？
- 对社会有什么好处？

平等和多样性（equality and diversity）
- 这些在出版物中是如何被表达的？
- 它们对交流有什么好处？
- 自由如何被认可？

团结与秩序（solidarity and order）
- 它们在新闻工作中如何展现？
- 它们预期的益处有哪些？为何被重视？

3.2 影响公共利益的基本出版价值

由于相关的价值观过于抽象，需要被"翻译成"具体的质量标准才能在新闻人的工作中得到承认,并用于质量评估。根据人们普遍持有的观点,记者(在理想状态下)应该遵循以下四个基本原则,具体如下:

真实(truth) 指的是这样一种目标或期望,即新闻报道将"毫无畏惧和不偏不倚地"(without fear and favour)提供关于当前事件和情况的可靠和充分全面的报道。

自由(freedom) 就新闻业而言,这不仅关系到独立的条件,而且关系到新闻人在选择报道内容和报道方式时实际上可应用到的自由。这延伸到在必要时随时准备参与到有争议的问题中,并代表公众批评那些有社会和经济权力的人。

团结(solidarity) 新闻可以通过选择主题和消息来源鼓励群体和社区产生更多的共同体认同和参与,为少数群体和受害者提供同情和积极支持,但它也可能在这些方面是失效的。团结还包括支持更广泛的社会团结和凝聚,以及服务于公共利益。

秩序和凝聚力(order and cohesion) 这里的重点是新闻对混乱、犯罪和不安全的潜在影响。一般来说,新闻媒体应支持而不是阻碍合法的社会控制机制,特别是在犯罪、公共紧急情况或危急情况下。

虽然这四个基本原则经常被引用,但它们并不代表所有新闻报道的常规目标或绝对的质量标准,同时也取决于语境、受众的偏好以及媒体的自由选择。新闻业的形式和目标多种多样,同一套价值观和标准并不适用于所有类型的媒体,甚至不能普适于所有报纸。例如,指责所谓的"煽情"(sensationalist)新闻或小报没有更像"高质量"报纸(它们本身并不希望成为这样的报纸),是没有什么意义的。同样,也不能随便批评地方和区域记者不重视国际新闻。

对新闻业表现的评估也可以根据不同的视角(如第一章所述)进行,每个视角则反映不同的利益和目标。这些视角主要可以分为:"社会"视角、组织视角、媒体专业视角和公众/受众视角。其中"社会"的兴趣主要由政府或其他权威,以及社会组织机构来表达,既涉及积极的义务,也涉及禁止的内容,后者经常在各种媒体法律和规章中出现。其核心标准是为公共利益服务,无论这种公共利益是被如何构想的。需要指出的是,公众舆论在此也起到相应作用。

媒体组织采用效率和市场（针对广告或观众）成功作为标准。而编辑和记者则依据专业和创新性原则。当然这里也存在内部差异，但大多会强调报道的独家和原创性，写作或拍摄质量，以及信息内容的深度和可信性。最后，特定的"受众"群体（也是社会公众的一部分），在这里主要被设想为消费者，对新闻渠道和内容采用个人品味、效用或满意度等不同标准。以下各部分将详细阐述从这四种基本价值衍生出的具体质量标准。

3.3 真实性原则

长期以来，真实性（truth）价值一直被用来支持出版自由。在现代社会以前被认为是真实的来源包括神的启示（divine revelation）、教会或宗教信仰、统治者的权威，以及从古至今的作者个人的智慧和声望。15世纪到17世纪的人文主义和科学主义复兴扩展了真实的概念，既包括由个人良心决定的真实，也包括由证据和理论建立的科学真实。真实对于新闻的意义在于作为对现实的准确报道或文本的忠实再现，并在科学、法律、政府和商业的要求下被强化。印刷术的发展［文本、一致性和永久性（texts, uniform and permanent）］强化了这种真实观。也正是因为严格遵守将真实作为可核实的事实的理念，早期报纸才得以确立其核心地位，否则要么被禁止，要么被发现用处有限。

但从那时起，所有单一权威或可核实的真理的观点都被几种倾向削弱。其中包括意识到真相可能有许多相互竞争的版本，由于内化的政治和宗教信仰冲突，或者仅仅是对现实的经验或理解不同。自由多元主义的兴起推动个人表达和捍卫自己所认为的真相成为一种权利。自由主义理论甚至为发表已知不实言论的自由辩护，只要这种言论不会对他人造成直接伤害，而且可以公开接受挑战。尤其是，经济自由主义者给予所有版本的真相以平等的权利进入意见市场，认为在那里真相可以根据需求和被感知的效用来确定。

在我们这个时代，新闻的真实性主要被认为是中立、可靠、可核实的报道，以及专业的分析和阐释。检验真相的主要方法有应用于现实、参考其他消息来源、个人观察、过去的经验或常识等。新闻业中的真实原则普遍被认同为"客观性"(objectivity)的实践,后者强调记者的中立和平衡,以及一种限制——在任何情况下尽可能地去核实"事实"(参见第五章)。

这是一种有限的真实性版本,但也体现了大多数新闻社会责任理论提出的主要内容。即使是批判理论也支持可核实现实概念,并试图揭露任何"偏见"和"扭曲"。除了这种"世俗化了的"真实观,新闻业的价值中还包含一个重要的核心因素,即良知的声音、强烈的专业信仰或说出令人不快的真相(即便往往带有一定的风险)。这里所指的主要是致力于调查或竞选的新闻业。由于真相的版本和程度各不相同,对任何一篇特定新闻报道的真实性做出绝对判断都是不容易的。

新闻真实性最相关的指标,以及真实性可以被认可的评价标准,见表3.1。

表3.1 新闻真实性的标准

内容的质量	"创作者"(author)或行为的质量
准确性	诚信(integrity)
可靠性	切实性(authenticity)
逼真性(verisimilitude)	个人真实(personal truth)
平衡	勇气(courage)
可理解性(comprehensibility)	透明性(transparency)
相关性(relevance)	

资料来源:McQuail,2003:76.

表3.1中的条目将新闻真实性的标准划分为与内容的质量以及行为的质量相关(比如记者的行动和意图)。前者往往在内部新闻守则或外部评估人员的活动中看到;后者往往较少有明文规定,但经常体现在专业惯例和程序中,或者在对新闻理想的讨论中。所有这些标准在某种程度上都可以进行客观评估,它们可以简单描述如下。

准确性和可靠性(accuracy and reliability) 它指的是文本的质量,包括与原文的一致性,有明确的消息来源或者对事件的其他解读角度,有权威或专业的出处,避免"传输误差"(transmission errors),遵守语言规则并符合"事实的"(factual)陈述形式。所有有助于文本可靠性的特征都是可以被回溯的（be referred to），包括潜在的可核实性和消息来源的状态。可靠性是一个感知和经验的问题，但它通常与信息文本的客观性特征（objective characteristics）有关。准确和可靠的文本通常也需满足完整性（为了当时的目的）和相关性的标准。为了使叙述被认为是"真实"的，应该提供足够多的相关信息，以便能够按照原意解读。

逼真性 它指的是一个声称是真实的信息应该符合其他人可以观察到的明显的现实。不同的"真实"叙述应与接受者的经验和观察相匹配，且有足够的证据支持。

平衡 该标准承认所有理解和阐释都带有主观性和不确定性，并寻求承认和展现那些来自不同视角且最为相关的理解和阐释。

可理解性 该标准表达了对被受众理解的需要。有效沟通的条件主要包括"可读性"（readability）（语言通俗易懂、表达清晰），主题的具体性，有吸引力和辅助性的陈述，有完整性和相关性。

相关性 它是真实的一个方面，要求记者专注于被认为是重要的（根据不同的标准）事项和事件的关键方面，不得遗漏或离题。

诚信 它是指信息来源或发送者以及记者在收集、选择和编辑时所表现出的良好信誉。偏袒、购买信息或出售获取途径和支持，都是糟糕的新闻实践和缺乏诚信的例子。

切实性 它是一个相关的原则，主要指媒介文本的文化方面。所有类型的文本都可以被认为或多或少地忠实于那些创造、接受或参与媒体内容或者在其中表现出来的人的文化原则和实践。

个人真实 除了意识形态和信仰体系，个人可能对什么是正确的和真实的有自己的看法，且只有他们自己才能验证。对这种个人的真相版本及其自由表达的重要性的认可，是西方文化的一个重要因素，也是人权概念的一个组成部分。

勇气 勇气是一种出版界美德，主要指正直和有良心，表现在那些在良心、专业精神或社会关怀的指引下揭露真相的人们身上，这些真相可能会让社会或者权威感到不舒服。它延伸到因说出真相而受到惩罚或伤害的风险。就像个人真实一样，对这种品质没有客观的衡量标准，但对于那些关心或重视它的人来说，它通常可以通过其内在的是非曲直（intrinsic merit) 而被识别出来。

透明性 它是指作者对立场、利益或价值观的清晰确认，以及目标的坦率和公开。匿名传布、隐藏的鼓动或被消息来源贿赂则违背了这一原则。

上述标准原则上可适用于各种形式的一般**新闻**"文本"。然而，讯息（message）的**真实性**不是文本或所采用程序的必然属性（property），而是一种协定，取决于消息来源、观察者和报道者，以及传播的接收者和（在相关情况下）所报道事件的参与者的初始看法和意图。在实践中，要获得与正在进行的人类事务有关的任何完整"真相"几乎是不可能的。人们转而形成了一些或多或少达成一致的关于什么是"真实沟通"（truthful communication）的惯例，包括记者"诚信"（good faith）的概念，这也可能取决于对更广泛意义上的新闻机构或媒体的信任程度。

这些讨论导致了对媒体中各种形式和特征的"不真实"（untruth）的考察，它们也是最相关的媒体表现评估指标。下述三种特殊的形式被认为是有问题的：

偏见 它描述了一个系统的（虽然不一定是有意的）趋势，持续性地偏离中立线。它以多种方式发生，特别是通过选择性注意、选择性遗漏、片面解释或做出隐性的否定或肯定判断。它不仅可能出现在文本中，还可能出现在视觉图像、声音和其他表意形象中。

鼓动 这里指的是有意识地和系统地使用大众传播的手段推进信息发送者或消息来源的意识形态目的或物质利益，通常通过隐蔽的手段（例如遗漏、扭曲或错误信息），并且不顾别人对真相的理解以及信息接收者的真正兴趣和利益。从上述大多数追求新闻真相的要求来看，鼓动都是有问题的。记者很少主动进行鼓动，但他们也可能成为他人鼓动的渠道，无论是否知情，而新闻媒体对新闻通稿和官方信息的严重依赖，使其难以绕开所有的"鼓动"。

意识形态 "意识形态"在新闻报道中存在的普遍性甚至必然性，经常为新闻分析人士和"读者"所批评。这反映出对于新闻报道的一些隐含的规范要求，依托于一些不需要解释也不需要质疑的信念和价值体系。它的起源和基础在于新闻所产生于或者服务于的特定的社会历史和文化，以及新闻业自身的文化。批判理论认为意识形态问题是系统性的，而不是偶然的或无辜的。对新闻内容更客观的评估将其视为新闻"框架"和其他新闻价值的意外结果。（准）意识形态的典型例子如爱国主义、"自由与民主"、反恐、环保主义等。有人认为，意识形态是"新闻报道偏离客观性价值的最主要根源"（Westerstahl，Johansson，1994：77）。

根据上文所述的真实性标准，新闻业"信息质量"的许多方面都与新闻客观性（news objectivity）的概念相结合。客观新闻实践中的一个关键要素是"事实性"，即以准确、可核实且不受舆论影响的形式提供信息。然而，正如韦斯特斯塔尔（Westerstahl，1983）所指出的，客观的新闻报道总是既有事实性的一面，也有评价的一面。对新闻中的话题和相关"事实"选择等行为本身就是由隐含的价值判断和意义判断来引导的。"平衡"原则就是承认了其对现实的描述中消除价值判断的困难。但新闻业可以寻求从其他相关来源和立场的角度报道事件，以解决这一问题。这样做也有助于避免价值预设的或耸人听闻的表现形式。

在这方面，"相关性"标准对于新闻客观性尤为重要。相关性可以根据不同的标准来判断，包括过去的新闻选择、事件的规模和强度、外部权威或专家意见、公众舆论、受众的兴趣或事件对受众的潜在后果等。

第五章将更详细地讨论客观性的概念及对其的批判。

3.4　自由原则

除了上文已经阐述过的，传播自由的价值几乎不需要加以过多解释或论证。它被广泛地认为是实现公共交往的大多数其他效益的唯一必要条件。它几乎出现在所有的理论中，尽管强调程度有所不同。大多数"西方"政治和媒介理论，即使是批判理论，也会同意出版自由的核心要义，它是抵抗国家或其他权力的侵犯所必需的，它有助于探索和发现、社会和文化的进步。除了媒体结构和工作的条件外，新闻自由要求应由记者或编辑自主选择报道对象或主题，自由原则应该体现为诚实的报道，以及揭露真相和公布真相的勇气。

自由是一种条件，而不是新闻的标准或属性，我们不能仅从内容就客观地判定自由的程度。然而，还是有可能追踪到新闻自由程度与某些出版结果之间的联系，这些结果随后也成为一个指标或独立的标志。

出版自由和理想的出版结果之间的简要联系见图 3.1。

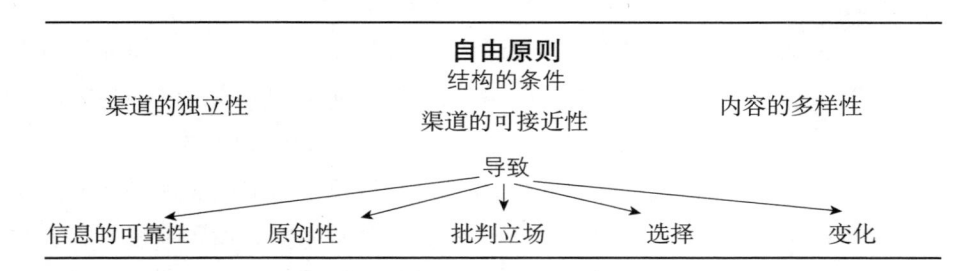

```
                        自由原则
                      结构的条件
    渠道的独立性      渠道的可接近性        内容的多样性
                         ↓
                        导致
         ↙        ↙      ↓      ↘        ↘
    信息的可靠性  原创性  批判立场  选择    变化
```

图 3.1　自由：从结构到表现

资料来源：McQuail，1992：167.

新闻自由对公民和社会主要的预期效益见方框 3.1。

方框 3.1　新闻自由的效益

- 提供审查和批评那些拥有政治和经济权力的人的手段；
- 提供必要的信息以形成健全的意见和批判性的观点；
- 促进政治、社会和文化生活的积极参与；
- 促进文化和社会创新；
- 为不同的声音和目的提供访问渠道，并提供相应的新闻报道；
- 能够对各种失败、不公正和不当行为进行调查。

原则上，我们可以根据新闻内容中这些特征的存在与否，客观地评估新闻的相对"自由"或使用它的意愿。评估新闻自由使用情况的其他指标往往是消极的，例如，是否存在当受到新闻批评时，当局对批评的愤怒或警觉的反应，压制特定新闻项目或禁止记者的行动等。

因为媒体可以自由地在某些限制内表现得"很差"，因此在现实中也不能保证方框 3.1 中所显示的自由带来的效益都会被实现。对政府和强大利益集团的批评可能无助于媒体所有者的战略利益，并且他们也不太可能从更多独创性、调查或多样性的内容（往往会是昂贵的）中获取经济利益。政府在短期内也可能会损失更多，而不是从被批评中获益。广告主通常则更喜欢在没有争议和可预测的条件下发布他们的信息。甚至连受众也可能回避与新闻自由行动有关的冲突、争议和批评。

对理论上出版自由的追求，也可能与媒体作为一个盈利行业的要求产生矛盾，例如，会疏远某些重要的收入、信息或影响力来源。在实践中，大部分的张力是由媒体内部和媒体之间的非正式工作和角色分工来处理的。这带来频道和类型的专门化，分别致力于批评、调查和创新的新闻业，同时还会产生一些非正式的设定和理解，来划分控制与自由，以及媒体内部与"外部"世界之间的边界。

然而，没有办法可以根本消除与出版自由实践相关的冲突。经常有人抱怨媒体滥用自由，例如伤害个人或社会团体，破坏秩序，以及违反道德、体面或公众舆论等。一方面，对"隐私的侵犯"和对名誉的潜在损害经常被作为反对完全的出版自由的论据；另一方面，也有人指责说，新闻媒体未能很好地利用其自由，并出于卑劣的动机，屈服于上述各种压力和诱惑。他们成了哈巴狗（lap dogs），而不是公众的看门狗（public watchdogs），墨守成规、心甘情愿。由于媒体的选择性沉默和不作为没有明显伤害或冒犯到重要选民，这也就很少导致投诉、指控或挑战。

3.5 平等、多样性和团结原则

作为一种价值，平等与自由和正义原则（所有公民在法律面前一律平等，享有某一特定政体赋予的同等公民利益的权利）密切相关。新闻业的平等原则需要一些阐释，在纯粹抽象的层面上，我们可以说，所有人都有平等的权利向他人和社会表达自己，并接受他人拥有表达权，即使他们可能缺乏相应的实现手段。平等对新闻工作者的含义是，他们至少应该以平等的尊重对待他们的消息来源、他们报道的对象和他们的受众，即使不能提供绝对均等和普遍的近用机会。这并不是说记者或新闻界一般都对社会或经济平等的理想抱有特殊的忠诚。但是出版业的开放性和客观性承诺要求排除故意的歧视，除非是正常的市场分化过程。在新闻界的意识形态中也存在着相当强烈的民粹主义元素，它们总是颂扬与公众的密切联系和为公共利益服务。

新闻"呈现"（representation）的平等性的问题涉及社会上不同部门或群体受到关注的数量和多样性。规范意义上，任何个体、观念或团体等通常都不能要求任何特定的权利被"呈现"，无论是否平等，也不能控制访问所依据的条款。然而，新闻报道的数量和质量对那些得不到新闻业关注的人来说却是潜在的问题。在媒体中完全缺乏呈现［不可见性（invisibility）］通常被认为是有害的，尽管这不如用不受欢迎的方式在不情愿的情况下被呈现带来的伤害大。

大多数这类媒体"盲点"（甚至大多数偏见）都是应用常规的新闻选择标准的非意图性后果。即便如此，我们还是可以以公平为原则要求媒体给予报道对象以恰当比例与形式的可见性和呈现（见图3.2）。换句话说，社会中无权者在以一些方式寻求新闻人给予其与有权者同样的尊重或谨慎。重申一下，这种说法与新闻业的神话或意识形态不谋而合，后者倾向于颂扬新闻人对社会中"小人物"立场的代表性。

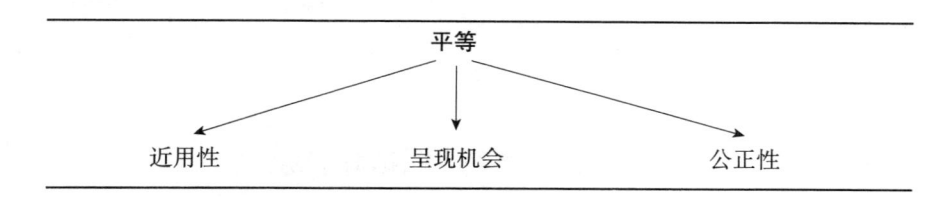

```
                    平等
        ↙            ↓            ↘
     近用性        呈现机会        公正性
```

图3.2　平等作为新闻表现的原则

多样性

平等是与多样性联系在一起的，而多样性本身就是新闻自由条件所期望带来的主要好处。一个自由的媒体应该倾向于让所有希望公开交流的人都能接触到，从而让社会上各种各样的声音都能被听到，即使不是数量上的平等，至少也是种类上的平等。多样性只会受到对不同"声音"需求的相对强度以及受众在经济方面支持媒体的潜力的限制。在以**多元主义**为美德的社会（大多数当代民主国家）中，多样性一直是一项广受重视的公共传播原则。新闻所有权集中和垄断的危险突出了它的价值，最常见的媒体公共政策措施都是为了促进它（例如，通过法律反对所有权集中，或补贴竞争性媒体）。

个人或团体（社区、信仰、文化）作为所有者、发送者或参考者的平等或公平机会越多，媒体系统及其供应在整体层面的多样性可能就越大，公众也就越有可能拥有更多的相关选择。因此，一个多元化的社会有可能更好地"与自己"沟通，减少紧张和张力。在民主政治的背景下，这是一项特别重要的价值，因为在民主政治中，不同的声音和党派在为了争取民众的支持而展开的竞争中，需要不同的信息和观点传播。

识别或评估新闻业的多样性还有其他替代性的标准。例如关于多样性的反思性或表征性形式，即在新闻中实现的表征需与"现实世界"的分布相对应。从本质上讲，这是一种公平原则，媒体的近用性（access）需与整个社会的分配情况成正比。这意味着，大多数人将得到更多的关注和机会，而少数派挑战现状的困难则随之而来。主要的替代方案是面向所有人的平等原则或开放近用原则，根据这一原则，所有人在获取和被呈现方面都拥有平等的权利要求。

在实践中，这几乎不可能实现。仅从字面上看，它就是荒谬和不切实际的，对大多数人来说，这似乎与公平没多大关联。然而，在某些情况下，这是一个适宜的立场。例如，在一些国家，有关于在选举期间媒体近用权的相关规定，作为对政治竞选报道设置的上限，甚至有规定将广播资源分配给所有需得到识别的党派。随着媒体的扩张，此类监管变得越来越不常见，也越来越无效。大部分多样性的问题出在媒体系统上，而非直接指向个别记者，尽管新闻编辑们需要考虑到这些问题。

媒体在其正常运作过程中，会对国家中不同形式社会组合的身份和归属感起到隐含的促进作用。媒体主要以疆土为基础，以特定的国家、地区和语言为依据划定其所服务的公众。在这些主要的认同下（有时与之交叉）还有其他基于社会、文化和其他环境条件（种族、性别、宗教等）的潜在认同。许多这样的社会群体和亚群体的内部认同可以被加强或削弱，这取决于他们是否拥有自己的（少数派）传播媒体，以及这些群体在整个社会的"多数"媒介中被如何对待。

多样性对整个社会及其构成群体的理论上的益处，只有在另外两个条件都具备下才能充分实现。一个涉及内容和参考范围，另一个涉及受众（见图3.3）。就前者而言，多样性的新闻供应将涵盖所有潜在的相关和重要的话题（国内和国外、体育和商业、政治和人文兴趣等等），并且在风格和呈现方式上有所差异，以适应不同的接受品味。就多样性而言，重要的是社会各"阶层"（constituencies）之间要能相互展现，特别是多数人对少数人，所有人都能接触到一些共同的内容。受众构成的多样性通常被认为有助于社会凝聚，这一状况现在受到新的、更个性化和细分媒体的崛起的威胁。

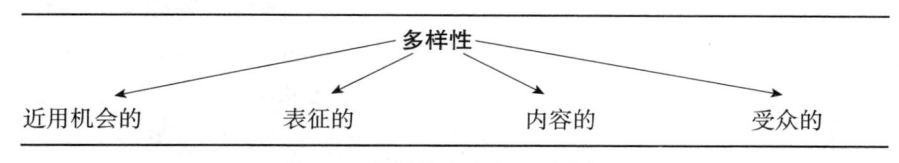

```
                        多样性
         ↙          ↙        ↘        ↘
    近用机会的     表征的     内容的     受众的
```

图 3.3 多样性作为新闻质量标准

团结

团结价值是一种更强烈和更明确地对社会平等的依恋，这种依恋基于一些混合的基础，从爱国主义和"国家利益"到对可能被边缘化的、受害者的或被排斥的群体或个人的关切。艾特玛和格拉瑟（Ettema, Glasser, 1998）在他们对调查性新闻的研究中，将团结列为支持这种报道形式的三个主要价值原则之一。当然调查性新闻还有其他的动机，比如希望吸引那些对丑闻和名人私生活感兴趣的受众。

国家层面的社会团结可以通过报道经济和文化（或军事）成就来实现，或与此相反，报道危机或灾难从而使人们团结在一起。团结往往彰显为爱国主义的象征和讯息。新闻业会不断地从本国"国家利益"的立场出发报道外部（世界）事件。一种稍微不同的团结概念尝试在国家范围内尽可能地实现包容性，这种信念会拓展至对少数群体的积极对待，对同胞在健康、福利或自然灾害方面所遭遇的问题和困难的同情报道（媒体的"社会共情功能"将有助于扩大社会理解和社会帮助），也可能体现在对罪恶的揭露和改革的促进中。

这个过程也可能由一种划分"值得"和"不值得"我们同情的潜台词塑造。有一种可能的冲突会发生在"团结的爱国概念"和"同情被排除在外者"之间。后者可能被描述为对普遍福祉的潜在威胁（如果从事犯罪或制造骚乱，或被视为社会和经济负担的话）。一个更紧迫的当代例子可能是大规模移民群体，他们可能与其他国家或文化（例如在西方世界中的伊斯兰群体）保有情感和联系。但对一些少数群体的报道，有可能成为一些新闻媒体试图放大普遍偏见的靶点。

在国家内部，少数群体需要支持自己的文化、特性和前文中已经提到过的诸多需求。在这种情况下，团结的标准是媒体在多大程度上满足了这些目标。从国际角度来看，新闻媒体也可以被视为可能会削弱或促进基于共同关注问题的全球意识。对国外事件的报道一般都是以是否会给国内受众带来潜在风险、危险或益处为参照系。尽管如此，仍有证据表明，一些超越国家利益的更大关切，例如对和平的需要、对环境危害的认识和对发展目标的支持，在国际新闻报道中也取得了一些进展。图 3.4 总结了团结原则的主要应用。

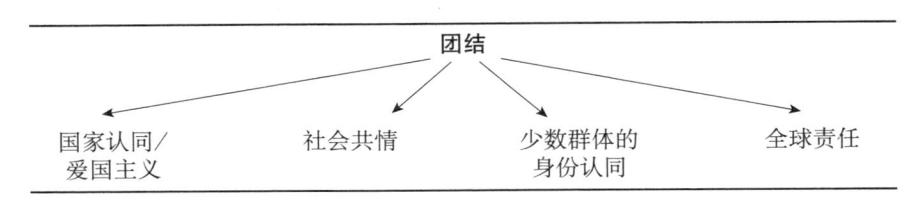

```
                        团结
       ┌───────────┬──────┴──────┬───────────┐
   国家认同/      社会共情    少数群体的       全球责任
   爱国主义                   身份认同
```

图 3.4　团结原则的维度

3.6　秩序与凝聚力原则

本小节涉及几种不同但相互关联的价值。第一，整个社会（或一些没这么大规模的社区）的团结和凝聚力。从这个意义上说，它反映在新闻人作为爱国公民或地方/区域利益、语言、身份和文化的支持者的作用上。这些已经得到很多阐释，但值得注意的是，在一些国家的可靠调查中的证据表明（例如，BBC，2007），对于"社会和谐"和稳定的需要在公众看来可能比完全的自由还要高。

第二，新闻工作者应尊重主流文化价值观，避免冒犯受众的道德、宗教信仰或情感。这种倾向往往是保守的，支持既有共识和传统，但也包含了对弱者和弱势群体的同情。

第三，狭义上的"秩序"，即不能带来犯罪、动乱、破坏法律、战争等形式的无序。按照这种价值，新闻报道很可能支持"法律和秩序"，以及合法当局。当然，新闻业确实经常受到批评，因为它"过分"关注或传播暴力事件的新闻，从而间接助长了某种形式的失序。公开同情犯罪或暴力虽不常发生，但当动乱具有政治性质时，记者可能会站在"麻烦制造者"一边，批评"法律和秩序的力量"。

对社会秩序和凝聚力的期望跨越了大多数流派，囊括了所有信息、文化和娱乐出版物，而不仅仅是新闻业的问题。主要的具体原则如下：

法律和秩序

在法律和秩序方面，媒体应提供法律权威优先近用权，以处理有关犯罪和司法、安全和国防、公共秩序、危机和紧急情况等问题。媒体应该负责机关和公众之间的联系，使有关安全和秩序问题的信息、建议、警告、指示等顺利"向下"流动，同时也"向上"传递信息、反馈和舆论。更普遍地说，新闻报道和文化内容中媒体的主要信息是用于劝阻和象征性地惩罚犯罪和反社会行为，并奖励"亲社会"（pro-social）的态度和活动。这些原则并没有赋予记者比普通公民更多的义务，但它们确实指出了编辑和记者可能承担的责任范畴。

公民义务（civic duty）

民主政治制度通常假定新闻媒体会尊重既定程序，也尊重政治家和其他当权者，期待媒体能够服务于政府、政治和法律等主要机构的信息和传播需要。尽管在这些问题上基本没有明文规定，但主流政治人物和观点、议会和其他民选机构的报告往往会有媒体近用的特权。政治上温和或多数人的观点将优先于边缘或"极端"的观点。冲突需以明智和平衡的方式处理。"政治正确"（避免冒犯少数族裔的用语）的不成文规则通常应适用于敏感问题。总体来说，新闻媒体应表现出对地方的忠诚和民族爱国主义。

公众正派及符合道德（public decency and morality）

大多数新闻媒体也会根据成文或不成文的行为规则来运作，以尽量避免在不确定的情况下冒犯公众道德。一般的预期是，媒体将遵循主流的共识，比如在涉及潜在敏感内容（主要涉及性和暴力或两者皆有，乃至疾病、死亡和神秘主义等话题）的出版中，哪些内容是可以接受的。在一些地方，宗教和亵渎仍然是敏感的出版议题。

新闻人行为准则

在新闻工作中，许多被认为值得追求的品质，都可以放在"新闻人行为准则"这个条目之下，即在特定的时间和地点条件下，什么是正确和适当的行为，而不需要任何正式的规定或问责机制。它尤其适用于被认为对作为接收方的个人和社会有一定伤害风险的新闻报道中。还有一些主要与新闻道德有关的问题没有被提及，其中最重要的一些新闻行为规范总结在方框3.2中。这个主题将在第七章中有更详细的讨论（也可参见附录3）。

方框3.2 新闻人行为准则

- 在获取信息和选择要发表的报道上要保持诚实；
- 尊重涉及或受新闻事件影响的人员的隐私和尊严，这也延伸到尊重公众人物的传播隐私；
- 预见并避免公开发表对第三方或读者造成（非故意的）有害影响的报道；
- 遵守适用的职业道德和行为规范；
- 倾听受众和那些受出版物影响的人（积极或消极的）回应；
- 承担出版责任。

3.7 总结

本章中概述的新闻质量标准与新闻业的社会角色及其所承载的各种期望直接相关。这套阐述是不尽完整的，也还有其他路径用来确定相关的质量，例如，通过观察媒体客户的需求或受众的需求和利益。除此之外，还有一套规范和道德原则，通常由新闻人自己或更大的新闻机构提出并监督。相比于社会服务，这种路径关注的问题通常与保护该专业地位有关，尽管两者之间有很强的一致性，特别是在涉及潜在危害的问题上。可能的危害包括引起犯罪、侵犯隐私和尊严、对个人造成实际伤害（即使是无意的），这些问题将在第六章着重讨论。

最后，有必要指出的是，对新闻业表现的评价标准的上述回顾并没有充分考虑到专业新闻人最为看重的一些品质。本章讨论的标准从社会立场和媒体理论推演而来，在很大程度上发源于媒体之外。虽然许多规范原则得到了新闻人的认可或采纳，特别是那些涉及真实性和报道自由的规定，但是这里形成系列标准更多的是关于社会理想，而不是基于日常新闻实践。

新闻人本身，以及一般的新闻媒体，都有一套不同的优先序列，受到竞争压力、争取受众和收入等目的的影响。因此，最受重视的品质可能是新闻报道内在的趣味性和吸引力，以及报道的及时性和独家性。这反过来可能意味着新闻媒体对突出的人物、最近的事件、戏剧性等的关注，并青睐有图片或内部消息的故事。这些品质实际上并非来自任何理论，而是来自经验和常识，且可能与新闻业的公众角色几乎没有关系。然而，新闻记者所看重的品质内在地影响了其告知公众并获得公众注意的效能。它们也为揭露当权者行为并迅速警示公众风险和危害的做法提供了动机。需要指出的是，在目标和质量上，新闻业没有统一的样态，有充分证据表明其在理念上具有多样性——从"高尚的社会关怀"到"在特定的媒体市场上取得成功"，或兼而有之。

延伸阅读

Lemert, J.B. (1989). *Criticising the Media*. Newbury Park, CA: Sage.
McQuail, D. (1992). *Media Performance: Mass Communication in the Public Interest*. London: Sage.
Trappel, J., Niemen, H. and Nord, L. (eds) (2011). *The Media Democracy Monitor*. Bristol: Intellect.
Zaller, J. (2003). 'A new standard of news quality: burglar alarms for the monitorial citizen', *Political Communication*, 20, 2: 109–30.

线上阅读

Go to www.sagepub.co.uk/mcquailjournalism for free access to the online readings.

Bourdana, S. (2010). 'On the values guiding the French practice of journalism', *Journalism*, 3: 293–310.
Broersma, M. (2010). 'The unbearable limitations of journalism. On press critique and journalism's claim to truth', *International Communication Gazette*, 72, 1: 21–34.
Deprez, A. and Raeymaeckers, K. (2010). 'Bias in the news? Belgian press coverage of the First and Second Intifada', *International Communication Gazette*, 72, 1: 9–20.
Deuze, M. (2005). 'Professional ideals and ideology of journalists reconsidered', *Journalism*, 6: 442–64.
Westerstahl, J. (1983). 'Objective news reporting', *Communication Research*, 10, 3: 403–24.

第四章 搭建新闻业的分析框架

4.1 引言

本章中，我们将更深入地考察作为一项职业的新闻业，它有着各种具体的目标和操作任务，并在新闻机构中按照特定的道德和实践规则运行。这样做是为了更好地理解新闻工作者的各种动机和目的。为此，我们需要超越新闻实践描述本身，最终目的是能够回答新闻业如何在社会中发挥更大影响力的问题。为此我们将对不同国家的媒体系统进行比较研究，并评估技术和媒体行业发展带来的变化方向和趋势。同时我们还将阐明新闻职业的一些基本类型特征划分，特别是为社会服务的理想目标与通过向各种各样的消费者和委托人提供服务来获取利润的目标之间的潜在冲突。

尽管历史悠久，新闻界和新闻业从未像医学、法律、政治、教会、军事或商业等更重要、更古老的制度和职业那样得到过同等程度的关注。早期社会学家和政治学家（尤其是法国和德国的）认识到传播在社会、政治和经济变革过程中发挥的关键作用，从而关注到了新闻界。随着"人民"

在政治过程中的力量得以体现，报纸上传播的"新闻"、舆论和思想成为政治事件的中心，也成为改革甚至革命的中心。新闻业自身在民族主义运动和民族国家之间的冲突中也发挥了同样重要的作用，在这些冲突中公众舆论被动员起来发动防御、扩张或侵略战争。

近年来，新闻业在各个领域的作用都得到了提升，人们进行了大量研究，形成了关于新闻业的几种不同的理论视角。其中主要的思想为我们在当前分析这个职业提供了起点，下文将对其关键点进行总结。

新闻职业可以被放在更广泛的背景——新闻组织中来考察，新闻组织是结构松散的"新闻制度"的组成部分，而后者又反过来非正式地规范着新闻业的社会联系和潜在义务。在这里，我们关注的是记者所面对的问题，这些问题源于他们在社会中所处的位置，以及与"新闻生产"的实际任务相关的问题。

主要问题如下：

新闻职业与社会的关系的总体框架
- 主流社会科学研究传统如何看待这一问题？
- 在与社会的关系上新闻业应该或能够拥有多大程度的自主权？

新闻业作为一项专业
- 专业的主要标准有哪些？
- 新闻业在多大程度上符合这些标准？
- 新闻业的核心技能或奥秘是什么（如果有的话）？

新闻业文化和意识形态
- 新闻业有"意识形态"吗？
- 新闻业在多大程度上有一个共同的职业文化，无论是国别的还是国际化的？

新闻业的职业角色
- 职业中的主要角色有哪些？

- 主要的角色冲突和张力有哪些？
- 在何种意义上它是一项"公共职业"（public occupation）？
- 我们可以看到哪些变化的迹象？

4.2　可选择的研究路径

并不令人奇怪的是，本章所讨论的问题的理论框架受到了不同学科的显著影响。

政治科学

政治学家们最关注的是新闻与政治体系间的关系，但这也开启了对新闻与社会权力之间关系进行研究的大门。在日常新闻内容中，经济新闻、社会问题新闻、外交新闻等都对政治体系具有重要意义。在民主政体的权力竞争中，相互竞争的领导人和政党必须在许多此类问题上展现出能力和成就。政府需要使用信息和说服的"软实力"（soft power）以获取服从。反对派和改革运动则需要在"新闻报道"中寻求被承认和有利待遇，通过举行活动、示威以及公开曝光等方式。

对于不那么民主的治理体系来说，管理新闻供应同样重要，但可以采用直接控制的手段。而在自由主义社会中，政治竞争者之间存在着持续的竞争，为了自己的最佳利益而需"制定新闻议程"，这也意味着有必要与记者竞争，以控制政客与公民之间的交流"大门"。政治与新闻业的关系是这里的核心问题，在大多数情况下，其状态是冲突和合作的混合，政治角色试图通过管理事物的呈现方式，作为交换政治和政府发布的信息的条件，社会上的其他机构也会这么做。优势的天平往往是不平衡和/或不可预测的，但通常遵循偏向权力和金钱的原则，当然，并不是所有影响力都是能够买卖的。由于一些记者和新闻来源是政党和意识形态的积极支持者或反对者，同时也是公共事务的积极参与者，而不仅仅是中立的守门人或观察员，情况会因此变得复杂。

社会学

与新闻相关的社会学研究和理论起源于20世纪三四十年代的美国,但直到20世纪60年代及以后才开始蓬勃发展。后来的这个社会学分支的主要研究目的是揭示新闻编辑部内部以及新闻编辑部与新闻组织机构之间的权力和合作动态。与美国一般做法一致,人们发现,媒体机构或公司通常将经济和管理目标置于新闻专业或社会抱负之前,当经营和组织惯例的要求与新闻记者、作者和编辑所看重的创造力和原创性发生冲突时,会产生一些对内容的影响和因此引发的紧张关系。

在汤斯多(Tunstall,1971)看来,新闻工作环境是典型的"非常规化机构"(non-routine bureaucracy),强调按计划完成符合稳定的质量要求的产出,但不强调面对非预期的新事物能够做出同样程度的创新反应。社会学家还会关心不同类型的新闻工作中的动机和目标。这些可以从新闻人所选择的其他角色和相对优先性(见下文)中得到观察。现实中,大多数新闻机构有着混合的目标,但还是会有一些公认的成就,尤其是在保持受众吸引力和报道及时性,以及在可能的情况下第一个向公众发布信息等方面。

另一派社会学研究关注新闻业在多大程度上可以被称为一项真正的"专业",像律师和医生那样。这需要建立一套能够标识这个专业〔或至少是专业主义(professionalism)〕的特殊"技艺"(traits),具体到新闻业还要看这些技艺能否被从业者体认(见下文)。这一路径的研究得到新闻人的支持,他们希望能得到专业头衔带来的社会地位。这些研究也与提高新闻业质量的目标相一致。从下文内容来看,这一路径还有助于揭示新闻实践的优势和不足以及其所承载的期待,虽然目前还没有形成一致或确定性的结论。

其中一套十分有影响力的理论——新闻场域理论基于社会学家皮埃尔·布尔迪厄(Pierre Bourdieu)的思想,并将政治和经济因素引入新闻业研究。它将新闻业视为或多或少自治的活动"场域"(fields),不同的场域共同构成整体的社会领域(the total social sphere)。与新闻业最为相关的其他场域是政治、经济和学界(至少在法国是如此,但也许并不适用于所有地区)。虽然场域是一个社会-文化的整体，但该理论承认新闻人个体在场域中具有特殊的位置。这些位置取决于其所为之工作的报纸或频道、这些组织在整体的部门乃至更广泛的媒体市场中的位置，以及其与政治系统的关联方式。在新闻场域内部还有进一步的次级文化细分（sub-cultural divisions），比如布尔迪厄将"市场新闻业"（market journalism，为收视率和竞争所主导）作为一种不同的规则下的新闻业类型，相对于，比如说，那些意图发挥政治和社会影响的新闻业。而各种形式的报道"偏见"，总体来说，既是新闻业追求客观性的虚弱的基础，也是其结果或证据。这种思路与认为大多数报道和信息事实上都从广告主和公关部门那里接受了"广告补贴"（advertising subsidy）的观点不谋而合。场域理论为研究特定情境下的新闻人角色提供了有效的分析路径（Benson，Neveu，2005）。

经济学

虽然没有一套统一的新闻经济学理论，但一些研究指出了一系列有力影响了新闻人行为的经济因素。这些因素种类繁多，包括媒体公司不受限制的商业目的、新闻采集活动的成本，以及新闻人个体的事业追求等。由于新闻报道要能够吸引不同购买能力的受众的兴趣，因此衡量报道重要性的标准随之不同。对这些问题的大量预测可以见于"批判理论"（参见第二章）中政治经济理论的相关研究，其核心观点是，所有媒体的出品在最根本层面上都是在为媒体所有者、资本主义体制和"既有社会现实"（status quo）服务，并需要在市场允许的限度内运行。

除了上述普适的大道理，这套理论没能解释其展开的具体过程，以及无法解释其中的差异和例外，即使大多数现实中的新闻采集、报道和处理行为的动因都可以追溯到经济缘由，而非出于理想化的动机（Fengler，Russ-Mohl，2008）。麦克马纳斯（McManus，1994）对电视新闻进行的一项经验研究得出了一个关于市场如何塑造新闻的经济模型，最大化付费观众的规模或可以用来出售给广告主的关注是其中尤为重要的考虑因素。

该模型的核心假设是一条特定的新闻报道被选择的因素主要如下：
- 与之成反比例关系的（inversely proportional）：
  ◇ 信息可能对主要广告主造成的危害；

◇ 发表可能产生的成本；
　　◇ 报道可能产生的成本。
● 与广告主希望能够到达的目标受众的吸引力的广度成正比。

当下，印刷新闻业和网络新闻业之间的竞争很大程度上是由这些经济因素决定的。一般来说，经济学理论选择通过结构性（媒体市场或体系）而非个人因素来解释新闻行为和内容。

社会-文化路径（social-cultural）

相当多的记者研究显示出在同一国家内部或不同国家之间都存在一系列差异化的"新闻文化"。这些差异包括新闻工作者在编辑室内社会化过程中所学习到的不同价值观和标准。后者又导致新闻编辑室内的权威结构和工作表现的差异化，不仅仅是新闻报道风格和呈现方式的不同，而且是与新闻竞争力、"煽情"（sensationalism）、个性化（personalisation）、收集信息的方法以及与消息来源和外部压力及需求的关系等方面的差异程度与多元表现（Deuze，2002；Patterson，2005；以及第六章）。此外，新闻业本身就是一种文化产品，它由周围社会的文化背景形塑，因地域、传统、品味、生活方式等差异而不同。

相关的文化问题（也许是最相关的）不仅与当前的专业或新闻编辑室文化有关，而且深入到新闻人所处的国家/社会的历史中。这些因素产生了长久而广泛的效应，它们影响了一些基本问题，包括记者与权威之间的恭顺关系和被期待的服从关系，以及新闻业作为实践或作为出版物在本国文化中的地位。国家和媒体之间根本性的紧张关系可能从前民主时代就已经存在并延续至今，精英和大众对新闻产品的品味也可能存在巨大的文化差异。

方框 4.1　主要观点和提出的问题

● 政治：对新闻"大门"和新闻议程的控制；
● 经济：市场 VS 职业与公共理想；
● 社会学：组织和工作惯例 VS 创造力和原创性；
● 作为社会行动领域的新闻业的自主程度；

- 社会文化：新闻文化与新闻业"意识形态"的影响；
- 个人因素与社会文化的影响；
- 深层的（国别的）历史根源。

上述理论视角都揭示出新闻业的某些重要方面，但每一种视角都可能是有限的。与此同时，没有任何一种视角明确地把焦点放在记者自己定义的任务上。为此，我们试图构建一个研究框架，将新闻业作为一项专业，考察其期待和成就，即便既有研究更多地将其仅作为一种职业。前文中提到的许多观点都有助于对此问题的探讨。

4.3 新闻业作为一项专业：一种整合的路径

在这里，专业的概念被当作一种假设来应用于新闻业，目的是考察它在哪些方面（或可能）符合这个标签，在哪些方面不符合。

事实上，并没有一个关于什么是专业的确切定义可以作为参照标准。人们对于什么是新闻业的专业理想的看法相对于其他职业存在更多分歧。但我们不需要对新闻业的专业价值做判断，甚至用这种模糊的标准对不同职业进行排名本身可能就是一种误导。然而，这已然成为一种普遍做法，反映了某些"常识性"的观念。其常用的关键测试点是某些职业特征的存在或缺失，这些标准通常从少数的"经典"职业（特别是医学和法律）的特征中归纳而来，并被赋予一些被要求具有各种科学或高超技能的专门化职业。"专业的"这个词通常用来特指有偿的和熟练的，而不是业余的、不合格的或志愿工作。相关标准有不同的版本，但与新闻业似乎最相关的五点，可见方框4.2。

方框4.2 专业的一般标准

- 拥有核心技能，需要高水平的培训、技能和判断力，以及系统的知识体系；

- 要求垄断所涉及的服务，并得到社会的普遍接受；
- 作为一种职业具有一定的自由，从业人员具有个人判断自主权；
- 具有并遵循一套独特的专业行为规范；
- 有服务于社会或"公共利益"的道德原则，要求享有公众信任的地位，并负有相应责任和问责义务。

还有一个专业特征有时也被认为是重要的，且与新闻业有关，它要求超然和中立的态度（保持公正和客观）。它要求平等和公正地对待消息来源和报道对象，就像医生或律师以同样的方式和态度对待任何病人或客户一样，专业精神要求以理性和冷静的态度对待工作。

有相当多的职业只是符合一些但不是所有的上述特征，还有一些有时被描述为"专业的"，但并不完全符合这些标准。随着组织化工作的复杂化和专业化，渴望获得某一专业地位的职业数量也在增加。这些现象要求淡化术语的含义，使区分更加不确定或不那么重要。在某种程度上和某些情况下，新闻业确实有可能满足所有这五项标准，但它远未被公认为是一个具有相应社会地位和公众尊重的"经典"专业，而且每条标准也为新闻业提出了一些特殊的难题。

一个明显的障碍是，尽管存在许多培训项目，且新媒体环境下的新闻工作变得更加复杂，但新闻业仍旧缺乏确定的、特有的基本知识或技能。一些具有某些特殊才能而未接受上述培训的人仍会受雇为记者。而且也不可能确定地说，在执行下文提到的各种工作任务时到底会需要哪些深奥的技能。新闻工作者的专业团体通常也不能决定一个人在技术上是否合格。在任何情况下，这个职业的边界通常没有被很好地控制，这意味着没有有效的垄断（也没有人声称要垄断）。新闻机构自己决定要雇谁。新闻工作者所声称其具备的技能要么是非常普遍和基本的，属于经验法则，要么是需依靠天赋和直觉，而无法通过培训来维系的。此外，我们对新闻业的定义也开始并不仅限于媒体聘用人员。

也许，相对于没有明确的界限更根本的问题，是新闻业想要成为专业垄断的愿望（如果有的话）与每个人都可以出于任何目的、以任何方式公开自己对事件的观察和描述的权利之间的冲突。在一些国家，属于资深新闻机构的记者可以要求某些特权和权利（例如，访问封闭的场所或信息，保护消息来源的身份，减少遭受诽谤诉讼的风险等）。随着公民新闻以博客或其他以互联网为基础的向外界传播的方式兴起，记者在这方面的优势地位会更加不确定。

缺乏对新闻工作门槛的充分控制也是缺乏专业自主权的一个表现。个人自主也不再安全，大多数记者不能控制自己的工作，例如决定报道什么主题或如何报道它们。如果与其受聘机构的立场相左的话，他们也不能自由地发表自己的意见。大多数关于工作内容的决定是由新闻机构的管理者和编辑做出的。哈林和曼奇尼（Hallin, Mancini, 2004：35）指出，记者的自主权不一定是个人的，而是属于"作为一个记者队伍整体的"。他们还表示，媒体系统之间存在相当大的差异。在受雇于新闻机构的情况下，所谓的新闻工作者的内部自由并没有达到表达自由原则所要求的程度，尽管它可能支持出于良心反对某些工作任务。潜在的冲突通常通过选择性或自我选择的招聘环节（recruitment）来避免。

虽然已经做出许多努力来制定和强化公认的新闻行为准则和道德规范，但其覆盖范围还远远不够，而且媒体间和国家间的核心价值共识也十分有限。外部强制推行的可能性很低，主要还是特定部门或国别层面的自律。在这里只有对特定客户的有限的责任伦理，就像我们在其他职业中发现的那样。但新闻所服务的受众太分散，也太不知名。附录3和附录5给出了一些规范示例。

然而，一个对31项欧洲的规范条例的研究表明，在广泛层面上（对消息来源、公众、雇主和国家）就负责的必要性，以及维持专业身份的愿望（Laetila, 1995）这两个问题还是达成了较多的共识。由于新闻独立性的规范，购买版面为新闻提供资金的广告客户被阻止获得特殊照顾。新闻人（不像其他专业人士）通常不会为其报道的有害后果承担责任，除非该内容明显会带来失败或是蓄意的伤害。

这种拒绝对影响承担任何普遍责任的做法得到了出版（更不用说是新闻）自由原则的支持，因为即使是合法和真实的新闻报道也可能会冒犯到当权者的利益。总是会有一些以潜在伤害为理由压制信息的压力，而接受风险可能会带来自我审查，因为追求真相并不总是一项充分的辩护。无论是记者个人还是记者集体，通常都不能对媒体所有者和控制人声称有多少自治权（autonomy）或自决权（right to self-determination）。

新闻工作应服务于社会或公共利益的说法通常是正确的，但并非毫无疑问。正如我们已经看到的，公共利益很少有一致的版本，即使有，新闻媒体通常也不能充分认识到它。新闻报道涵盖各种不同的内容，从耸人听闻的小道消息到重量级的财经和政治报道或评论，当涉及公众人物时，一些媒体认为即使是八卦也同样需要被知晓。从整体上看，新闻业将"物化的"（material）与"神圣的"（sacred）东西混合在一起，很难将它们彼此分割清楚。按照这种方式划分记者的任务，或将职业头衔留给那些更无私者，实际上是不可能的。

即使媒体承认，按照既有权威的定义，有尊重公共利益的社会责任，也很可能觉得有义务在重大问题上发表不同意见，例如，在外国战争或国内镇压等情况下。还有人会更进一步地认为，在所谓的为公共利益服务（"自上而下"的定义）和为真理和出版自由服务之间存在着不可避免的紧张关系。那些把新闻界的行为理想看作对社会上所有掌权者进行监督和批评的人会持有这种观点。在他们看来，服务"社会"可能会起到反抗既有权威的作用。

最后，对成为真正专业人士的超然和标准化的期望在某种程度上与中立的态度和被许多记者视为其工作必不可少的客观报道实践相匹配。然而，正如我们后来看到的，这并不是一种普遍的新闻业价值。在一些媒体系统中，被高度重视的新闻业（和记者们）在其报道中也可能受到个人或党派承诺的影响（Patterson，2005）。这反映了即使在同一新闻机构内也可能存在各种不同的、相互竞争的新闻角色。在对新闻-政治关系的研究中，哈林和曼奇尼（Hallin，Mancini，2004：37）将媒体的"专业化模式"（professionalised）和"工具化版本"（instrumentalised）进行了对比。后者指的是由外部行为者——政党、政治家、社会团体或社会运动以及试图产生影响的经济力量——对媒体的"控制"。这些情况在报纸的历史上并不罕见，也并不陌生。"专业化模式"的兴起不仅是公共服务理念或其他专业价值观推动的成果，也是出于做好生意、扩大市场的需要。如前所述，它时常被称为一种"盎格鲁-美国新闻业模式"（Chalaby，1996）。

方框 4.3　专业化的制约

- 核心技能和知识体系的不确定性；
- 缺少对新闻实践的门槛或边界的控制；
- 自主性欠缺或实践受限；
- 缺乏固定的或协定的行为准则及执行机构；
- 从属于利润的公共服务角色；
- 有限地承担责任。

尽管有诸多条款限制，但专业的概念为比照记者实际在做什么和人们期望他们做什么两者间的差异提供了可供参考的分析起点。与大多数职业一样，记者个体通常不必关心新闻机构的社会角色，而是集中精力在具体情境下应用他们的特殊技能。然而，这会带来了一项真正的风险，即如果缺乏宏观目标，新闻人可能会放弃诚信和自主，同时也会放弃公众的尊重和信任。而这反过来又会损害新闻的公信力，最终具有破坏性。或许，最接近事实的是，新闻业是一个如此复杂的职业，一些人和新闻机构符合专业标准，而另一些人（可能是大多数）不符合，也不打算符合。

4.4　新闻业有自己的意识形态吗

一些新闻学的研究者认为，20世纪的新闻业发展出了自己的意识形态，不是一种信仰体系，而是一套关于"何为好新闻"的价值观，以及引出这套价值观的各种非正式的实践规则。例如，塔奇曼（Tuchman，1978）在她对电视新闻的民族志研究中认为，"专业主义"是根据新闻机构自身的运作需求而不是公众和社会的需求来定义的。因此，专业技能的高度是用客观性的标准来衡量的，首要的目标是报道新闻，吸引和留住受众。她将此称为一种职业意识形态。

其他研究也支持这一观点，尽管意识形态在其中更多指的是一套信念体系，具有很高的现实不确定性。人们同样可以把新闻业服务于社会的理想视为一种意识形态。虽然对大多数记者来说，他们的工作是一项务实的活动，但毫无疑问，一些记者确实在从职业的立场来理解自身的行为。布罗达松（Brodasson, 1994）曾写过专业新闻的神圣一面，"祭司式"（sacerdotal）一词被用于描绘记者献身于公众启蒙使命的态度。这种新闻业的"神话"时常出现在虚构故事（电影、书籍和电视剧）以及记者的回忆录中，帮助塑造了一个头脑冷静但在道德上基本是右翼捍卫者的形象。

在这种背景下，意识形态这个术语使用得相当松散，而且可能会被大多数记者拒绝。

然而，当代新闻已经发展得远远超过了它最初的纸笔，它增添了许多技术技巧和创新性的判断，以及对政治和其他现实的敏感性。这提高了新闻业在采集和传播新闻方面的专门知识门槛和权威的要求。最近的一个趋势则是，将意识形态作为中立的原则来引导职业实践中的主要伦理价值（Deuze, 2005; Hanitzsch, 2007）。

基于前文介绍的新闻领域的概念，有学者对相关理论进行了整合，并对 31 个国家的 1 800 名记者展开了实证研究（Hanitzsch et al., 2011）。与"文化"或"意识形态"相对应的是"新闻圈子"（journalistic milieu）一词的提出，它指的是"对新闻的社会功能有着相似理解的不同记者群体"。这些群体跨越了国家和机构的边界，尽管这些是新闻工作者在不同社会中运作的更广泛的背景条件。研究认为专业圈子的差异涉及三个维度：一是干涉主义 VS 中立主义（在社会事务中）；二是与权力的关系（本质上是挑战的还是忠诚的）；三是对于工作和公众（更多地被视为市民或消费者）的市场化导向程度。在经验研究中则出现了四种主要的专业圈子：大众传播者、"看门狗"、"批判的变革者"以及"机会主义的推动者"。最后一种在西方媒体理论和实践中是最不常见的。这些类型的不同分布则反映了民主制度和法治以及经济发展水平的差异。

一个世纪前（1918 年），社会学家马克斯·韦伯（Max Weber）称新闻人属于某种贱民阶层（pariah caste），有点像艺术家，没有固定的分类（Weber, 1948）。这一观点也与新闻人的职业自我形象和角色分化相一致。

当代新闻工作者不太可能被视为社会的"局外人",但在某些情况下,他们可能不得不勇敢地作为局外人,为真相和公众服务。然而,由于许多不同的原因,新闻业的社会尊重和信任往往评级较低。

4.5　新闻业的职业角色

新闻报道可以依据不同的工作任务来进行描述性地阐释,这些任务通常是被指派或选择的,具有专门的类型。新闻业的主要工作可分为三四个阶段:信息的"发现"与收集,将信息处理为可供发表的阐述,提供评论/解释或背景,出版或分发。虽然工作的性质因环境而异,但大体模式可见。第一阶段主要是记者的工作,将观察、记录、采访得来的材料转化为报道;第二阶段主要涉及编辑和助理编辑,他们的任务是选择和调整报道,以适应更大单元的新闻产品;在第三个阶段,编辑们需要确保符合新闻方针的前提下发表评论,但专栏作家也会参与进来;最后的呈现任务因具体的媒介形态而异,从设计专家到"主播",通常是熟悉的、受欢迎的或受人尊敬的人物,他们可以影响到内容及其与受众的关系。

另一种理解新闻工作性质的途径是把新闻工作看作一种职业,兼具多种不同角色。"角色"(role)的概念主要由社会学家提出,包括两个要素,一个我们可以称为规范的,另一个是经验的。第一个指的是指导行动的目的和价值,第二个指的是实际的工作任务和过程。所涉及的主要价值观在第三章中已作了大量解释:将所选择的公众(以及整个社会)作为主要受益者,并以独立的方式报道,关注真相、公正和勇气。

这个概念还涵盖了这样一个事实,即任何职业的工作都可以从不同的立场来看待,最相关的立场是所有者和管理人员、从业人员、目标受益人或客户。就新闻业等具有公共性质的职业而言,通常还需要第四个重要视角,即社会视角,或观察者、批评家和公众舆论视角。因此,角色不仅仅是一份工作描述或对要执行的主要任务的陈述,与目的、义务、责任和相关的价值观念也涉及其中,尽管它们在不同的背景下会有所不同,对其的评估应既考虑效用,也要顾及伦理、社会或文化标准。

角色概念起源于人类社会的功能主义理论（参见第二章），该理论试图从生存和增长等基本需求满足的角度解释社会的系统特征。功能的概念暗示出高于个体层面的理性和追求，当它被用于在更大的框架下解释"何为新闻业之鹄的"等问题时，则涉及许多被新闻工作者认可的特定职业角色，尽管这些角色并非都被选定或得到同等重视。主要的备选角色如方框4.4所示。

方框4.4　主要的新闻角色选择

- 作为现实世界中事件的监督者，代表特定受众或公众的需要和利益，为其提供相关和最新的信息，以应对风险、变化和机遇；
- 作为公众的"看门狗"监督政治或经济权力，特别是其可能被滥用的情况（这个版本有时被描述为一种"对抗式"的新闻业理念）；
- 积极参与社会和政治生活，促进主要机构的工作（通过宣传、告知、动员等）；
- 支持特定媒体所服务的国家、地区或地方的凝聚力和经济、社会、文化利益；
- 支持特定的事业、社会运动或竞选活动（这通常被认为是"党派新闻业"的角色）；
- 与当局合作，打击犯罪、消除混乱和对安全的威胁。

这些目标或目的通常不会优先于新闻制作和传播的即时任务，但它们会影响一些必须做出的选择（在某种程度上每时每刻都是如此）。如前所述，这些条目是行为或期望的可选指南，且彼此之间存在一些紧张和不一致的情况，例如，在监督和鼓动之间，或在对抗和合作之间。

上面提到的各种任务并没有说明记者在特定情况下的可能选择范围。例如，一个"记者"，可以仅仅做一个信使或"邮递员"，但也可以是一个积极的调查者、纪录片制作人，或搜寻中的采访者（searching interviewer）。这些变化还会受到一些常见变量的进一步调节和影响，包括在组织或社会中的地位、公众能见度或表达意见的自由等。

4.6 冲突和混合的期待

大多数专业新闻人的个人主要目标取决于他们在媒体系统中的特定位置，因为他们就是在这里接受培训、社会化和就业的。并非所有上述的任务和目标都被平等地看待，不同类型的媒体有许多不同之处。一些研究也反映出，新闻人自身所持有的几个角色之间也存在着紧张和矛盾。其中主要的争议见方框4.5。

方框4.5　角色的对立与冲突

- 在与周围社会的关系中，采取主动还是被动的角色；
- 专注于"事实"，还是试图通过评论和意见来解释和建议；
- 作为"看门狗"或各种社会意见的平台，还是成为某些事业或利益的倡导者；
- 为媒体机构服务并推进自己的事业，还是试图依照个人自身对新闻业角色和职业的理解行事；
- 在社会（和非营利）目标与市场标准之间进行选择。

这一系列的选择背后是一个潜在的问题，它们反映出不同的规范导向和对一线记者不同的回报序列，从高社会尊重到高经济报酬。这些评价标准也反映出所谓的新闻业和新闻媒体形态的多样性，每一种都有自己的目标以及其（自行）选择的公众和市场细分。新的媒体类型的到来，特别是基于互联网的那些，增强了新闻的多样性，同时也使"新闻业是什么"和它"为了什么"等问题变得更加模糊。

尽管在方框4.5所示的选择之间存在真实的差异，但在一个发达的媒体系统中，或在整个新闻场域内，不同类型的新闻业仍有共存的空间。当然，它们并不是都能享有同样的专业或公共地位。20世纪报纸新闻业的主导理想侧重于广泛地提供与国家或国际政治和经济当前主题相关的信息。卓越的专业观念受到受过良好教育的主导阶层价值观的强烈影响，他们习惯于遵循理性和秩序的原则，并拥有精英地位。我们有理由把这种趋势看作新闻界主体的"制度化"，以及随之而来的个人自主权的减少。

这种"声望"很高的媒体的价值观和实践方式在某种程度上被作为公共广播的标准，并渗透于其他形式的新闻业，作为市场多元主义的替代选择。就公共广播而言，"客观性"新闻模式特别适合，因为它主张政治中立，并支持肩负向广大公众告知"严肃"问题的使命。此后，由于多家国际新闻通讯社推动国家和国际新闻市场的发展，中立、客观、提供事实信息（factually-informative）的模式得到了进一步的支持。

关于记者如何看待自己的角色，大多数研究都表明了一个总体性的参考框架，在这个框架中，记者的主要选择一头是对正在发生的事件进行中立的报道，另一头是以某种形式卷入或参与其中，以其信息活动作为对某项事业、运动、政治党派或意识形态的支持。在民主体系内，大多数研究表明，这类选择更偏向中立一端，强调信息传递的速度和准确性。然而，也有证据表明，有相应的社会期待希望新闻业能在社会中发挥一些作用，通过对政府和其他强大机构的活动进行相应监督，并向公众预告各种风险和危险，但这些思想也因其所处的特定社会政治气候而有所不同。

这意味着记者的信息任务从来不是完全中立的，至少是由对议题新闻价值的评估，以及对哪些是对目标受众最有用最相关的判断来引导的。新闻业的核心信息角色的一个加强版本是支持新闻媒体作为公共利益的"看门狗"。另一个特殊的（但更积极的）版本被称为"调查新闻业"，适用于新闻人主动进行自己的调查活动（相对少见和分散），而不是报道其他调查机构的活动。之所以产生这种形式的新闻业，一方面由公共生活中的一些特定的不法行为或丑闻驱动，另一方面也是源自一种普遍的观念，即媒体有责任揭露社会的黑暗角落（Ettema，Glasser，1998）。

为了更好地反映新闻工作者选择的不同参与程度，我们需要对新闻角色概念的结构有一个更复杂的看法，而不是上面提到的简单二分（中立或参与）。韦弗和威尔霍伊特（Weaver，Wilhoit，1986）指出了记者可以采用的三种主要的可选立场,尽管它们之间并不是完全互斥的。首先是告知和扩散的任务,其次是解释和调查,最后是新闻业的"对抗式"(adversarial)角色,包括展开批评,以及持有一种与政府保持距离甚至是怀疑的态度。然而,这些类型是基于美国的情况,在其他地方只有部分适用性。尤其是它并没有真正考虑到为许多欧洲国家的公共广播机构工作的新闻人的立场,也不能反映党派媒体的情况,而后者在组织形态和公众期待上都具有更鲜明的政治色彩。

这些具体的跨文化差异在美国、德国、英国、意大利和瑞典等国的比较研究中得到了揭示(Patterson,2005)。对包括俄罗斯在内的国家的研究结果增加了问题的复杂性,特别是当其新闻职业由不同的世代组成,具有不同的职业教育和社会化经验,以及不同的操作环境和条件时(Pasti,2005)。有关俄罗斯新闻业的研究一再表明,俄罗斯新闻业与以前社会主义时代的新闻理论仍有较强的关联,加上不愿在困难的国情下发挥非建设性的作用,以及各种形式的新闻业是对现有政治和经济状况的现实反映。在俄罗斯和其他地方,记者的态度也反映了一种公众态度,即把维护社会和谐与和平置于比遵守绝对的新闻自由更高的价值地位(BBC,2007)。

毫无疑问,在全球范围内,新闻人的角色是多元的,同时也反映了其周遭的政治文化和其他机构的发展状况。由于复杂的历史因素,不同的社会也存在着不同的"新闻文化"(news cultures),无法完全解释为"客观性的影响"(objective influences)。

4.7 新闻的供求关系

上述"高质量的新闻业"(high professional model of journalism)模式最受政治和文化精英的青睐,但它从未在(大众)市场上获得广泛成功,这并不奇怪。社会责任理论和众多民主理论家对为公民广泛提供相关和可靠信息的必要性进行了充分的论证。为了满足这些需要,人们做出了许多努力,通常是依托一些遵循社会责任理念的广播和电视服务,以及许多追求核心专业理想的新闻人。许多报纸承担了超出大多数受众表面所需的告知责任，即使其中的一部分市场化报纸经常选择迎合大众口味来营造轰动效应、丑闻、名人和刺激。在某种程度上，这种分化是无法弥合的。上述民粹主义传播者（populist disseminator）的角色反映了大多数新闻媒介的妥协立场：它们力求提供更多可靠和相关的信息，但需要在其受众感兴趣的范围内，因为只有如此才能得到受众的重视。

尽管新闻工作者经常声称自己对什么内容会激发受众兴趣有一种"直觉"（feel），但还是有大量的受众调查被开展。不出所料，调查证实了典型的新闻受众在大多数时候对头条新闻中的政治和经济事件并非那么感兴趣，尤其是与外国新闻有关的报道。他们主要的新闻兴趣是手边的、熟悉的、即刻相关的内容，风格上是个性化的、具有故事性的、能够激发"普遍兴趣"的（human interest）。更重要和严肃的新闻并没有被忽视，但对大多数人来说，可以将其限制在简短的摘要和更新中，而这些摘要和更新现在已经成为各种媒体在持续使用的功能。

关于新闻供应是否充足以及对未能广泛提供信息的根源的争论还远未得到解决。讨论此事的框架有好几种，例如，指责"市场新闻"的缺陷，不仅在质量和数量上的不足，而且还通过肆无忌惮的"耸人听闻"的报道来腐蚀大众趣味；或者指出社会结构是造成社会中"知识沟"（knowledge gaps）的一个几乎无法克服的原因；还可能会认为这是由于大众天生的"堕落状态"（fallen state）——一个可能不会消亡的旧观念。近年来，出现了一个新的论题，即争论"提供各种严肃事件的持续和广泛的知识"是否必要。有观点认为只要新闻媒体继续实施关注行为，一切就都会好起来。这种观点将新闻业作为"防火警报器"，即便不需要一直响（参见第五章）。不能以任何简略的方式做出定论，不过有证据表明，不同的社会和媒体系统在民主所要求的公共信息水平的问题上呈现出相当不同的结果，这倒是毫无疑问的。

4.8　新闻业变化中的目标和类型

把新闻媒体当作某种特定的制度，或把新闻业当作一种特定的职业，已经越来越不现实。无论是在媒体类型上，还是在不同渠道和报道标题之间，新闻媒体的多元化和媒体之间的竞争愈演愈烈。几种不同的动力机制在起作用：一方面，竞争压力要求新闻和信息更容易消化和娱乐更多的受众；另一方面，也还是有一种内在动力，希望能向专业和高端市场提供新闻。此外，互联网正在鼓励新形式的新闻业，虽然轮廓尚不清晰，但经常拒绝采用常规的组织形式，也不要求任何与传统模式类似的专业地位。其结果是非常复杂的，并带来相互竞争的目标和混杂的质量与专业要求。然而，变化的方向似乎有利于不同目标的实现。在互联网上，地方主义、特殊主义和全球主义都有更大的发展空间；更多的"业余记者"以"公民记者"的名义被接受；中立客观的模式仍然占主导地位，但其他版本也正在取得进展；综合性内容导向的印刷报纸必须在所有能想到的话题上与互联网出版物竞争。

这些广泛出现的变体已经无法用舒德森（Schudson，1998）提出的传统新闻业的"鼓吹""市场""受托人"三模式（参见第二章）来清晰划分，即使这些提炼依然有其效用。它们分别代表：主要用于促进一项事业或一个党派的新闻界，通常由选定的受众/公众订阅来提供财政支持；营利性媒体，自筹资金；谋求公共利益的媒体，可以由公共基金、受众或非营利基金资助。

这套分类以 20 世纪后期传统媒体结构为基础，将总体的编辑方针和财务模式作为区分新闻和传媒业的决定因素。但这种做法忽略了其他因素，如新类型的受众市场、更多样化的收入来源、不断变化的生产组织和分发形式、新的生产和分发技术以及不断变化的受众新闻习惯等。虽然还没有产生新的分类体系，但作为一项专业的新闻业可能已经发生很大的变化，进而导致受众对其表现的期待也发生改变。

新技术的应用将带来许多不确定性。"融合"（convergence）一词展现了在变化初期就已经较为明显引发的一系列后果。所有内容的逐步数字化打破了基于不同传播渠道（音频、视听、印刷等）的媒体间的长期界限，也因此打破了既有的新闻专门化（journalistic specialisms）与其典型技能之间的界限，这些新渠道可以提供同样的新闻内容、同样的新闻产品。而互联网、移动电话等新渠道的引入，则扩大了"传送平台"（delivery platforms）的选择范围，成倍增加了传送格式。当然，由一家媒体公司组织的中心内容池（a central pool of content）所形成的中心-外围流动模型（the model of a centre-peripheral flow）并不需要从根本上改变（Quandt, Singer, 2009）。与此同时，网络媒体的互动潜力也使另一种"融合"成为可能，它减少了记者和受众之间的分离，并将各种来源（有时包括受众本身，以及许多非制度化的来源）混合在一起。

4.9 即使不是一项专业，至少也是一种"公共职业"？

即使不考虑上述变化，不将新闻业视为一项专业，或者否认它的这种地位，都没有什么好处。显而易见的是，它属于一种特殊的职业类别，具有满足一系列公共需求（集体和个人的）的功能，相关的工作大都公开透明地展开，并接受公众监督和评估。在这种情况下，将新闻业描述为一种"公共职业"，是合理的。它提供基本的公共福祉，并经常具有影响事件的能力。因此，它承认有必要对自己的行为负责，并具有自我监管的强烈倾向。新闻业不仅仅是生意或手艺，即使不是传统意义上的专业，新闻工作也已经广泛地实现了"专业化"。它越来越要求高等教育和专门培训；其产品及运作方式均力求达到某些专业品质；而且，它建立了公共传播的基本形式，从这些方面来看，它不是业余爱好者就可以支撑的领域。

这种评估只需考虑到新闻业采取的多样化形式，并越来越少地适用于"主流"以外的非制度化案例。它不适用于许多党派媒体，不能涵盖那些持不同政见者的、地下或真正另类的、超越媒体市场边界的新闻业形式（而且并不总是完全公共的，在上文的意义上）。它可能与新兴的公民新闻或个性化新闻播报形式也没什么关系。但在这后两类中有许多不同的形式，都在某种程度上宣称自己是"新闻业"。然而，有证据表明，互联网技术带来的网络博客的发展并不一定会挑战传统新闻业。采用传统规范和实践的愿望对其所采取的形式产生了强烈影响（Singer, 2007）。这反过来表明，最初的、长期存在的职业概念并没有因为技术而过时，还拥有其他持续性的支持。

4.10　总结

在（主要是）西方发达民主国家体系和或多或少自由的媒体环境中，仍然有可能找到新闻专业的主导模式（就其技能和标准而言）。本章描述和应用的分析框架仍然基于这样一种观点，即该职业在一个较大的新闻制度内的主要作用，是要向公民个人和其他社会机构提供服务。适用于新闻业的规范、标准和公众期望在很大程度上仍受这个"地位"的影响。这一观点可能需要与其他较成熟的专业进行比较，才不会让我们走得太远，并且错过改变的方向。例如，正在发生的一种变化呈现出"去专业化"（de-professionalisation）进程，以及各种不再寻求与传统相比照的新闻业变体的兴起，它们有着不同的目标和可能性。诚然，我们如果把现状作为比照的起点，就会更容易理解和跟踪重大变化。但它不必被视为一种理想的评估标准，而是可以从更多样化的视角在人们认为可取和有用的方面取得新的平衡。

延伸阅读

Benson, R.D. and Neveu, E. (eds) (2005). *Bourdieu and the Journalistic Field*. Malden MA: Polity Press.

Hanitzsch, H. (2007). 'Deconstructing journalism culture: towards a universal theory', *Communication Theory*, 17: 367–85.

Janowitz, M. (1975) 'Professional models in journalism: the gatekeeper and advocate', *Journalism Quarterly*, 52, 4: 618–26.

Patterson, T.E. (2005). 'Political roles of the journalist', in D. Graber, D. McQuail and P. Norris (eds), *The Politics of News: News of Politics*, 2nd edition. Washington: CQ Press, pp. 23–39.

Singer, J.B. (2007). 'Contested autonomy: professional and popular claims on journalism norms', *Journalism Studies*, 8: 79–95.

Waisbord, S. (2000). *Watchdog Journalism in South America*. New York: Columbia.

Weaver, D. (ed.) (1999). *The Global Journalist*. New York: Hampton Press.

线上阅读

Go to www.sagepub.co.uk/mcquailjournalism for free access to the online readings.

Brodasson, T. (1994). 'The sacred side of professional journalism', *European Journal of Communication*, 9, 3: 227–48.

Deuze, M. (2005). 'What is journalism? Professional ideals and ideology of journalists reconsidered', *Journalism*, 6: 442–64.

Fengler, S. and Russ-Mohl, S. (2008). 'Journalism and the information-attention markets', *Journalism*, 9, 6: 667–90.

Hanitzsch, H. et al. (2011). 'Populist disseminator, detached watchdog, critical change agent: professional milieus, the journalistic field and autonomy in 18 countries', *International Communication Gazette*, 73, 6: 477–94.

Laetila, T. (1995). 'Journalistic codes of ethics in Europe', *European Journal of Communication*, 10, 4: 527–46.

Marliére, P. (1998). 'Rules of the journalistic field', *European Journal of Communication*, 13, 2: 219–34.

McManus, J.H. (1992). 'What kind of commodity is news?', *Communication Research*, 19, 6: 767–85.

第五章 核心角色：监督者和信使

5.1 引言

早期对媒体和社会的思考指向了传播对于社会系统的三项主要功能："监视环境""整合社会"和"社会文化传承"。这三者都与新闻业有关，但第一项最为直接——要求提供社会中所有基本活动所需的信息；第二项要求促进社会凝聚力，这也是一个复杂的社会所必需的；第三项是促进价值观、文化和身份的代际传承。这种思考方式为新闻界的信息告知功能提供了一个更具体的论述。它进一步指出，民主体制需要新闻业：对与公众相关的"事实"进行一些评论和解释，为公众表达不同意见提供论坛，建立公民和政府之间的双向沟通渠道，保持批评或监督的立场使政府对人民负责。这些观点经常在传统的新闻社会理论中得到阐述（例如，Lichtenberg, 1991；Nerone, 1995；Siebert et al., 1956）。以下是其中的主要议题：

新闻界在社会中的作用和角色
- 已确定的主要角色有哪些？

监督角色
- 为什么要把这个单独列在其他之上？
- 它包含了哪些差异化的实践？
- 在履行这一职责时，有哪些内在张力？

客观新闻作为核心实践
- 这是什么意思？
- 它为什么这么受欢迎？
- 它的局限性是什么？
- 它与政治权力有什么关系？

媒介化（mediatisation）
- 它的性质和原因是什么？
- 它的影响有哪些？
- 它与客观新闻和其他新闻角色"理想"的兼容程度如何？

5.2 新闻界的主要角色或功能

最近一项研究（Christian et al., 2009）提出了（新闻）媒体规范角色的基本结构，如下：

监督角色，包括收集和发布有关当前事件和环境的信息，征询各种新闻来源，从政府到私人个体。这一角色的发挥并没有初始目的，只受潜在的受众兴趣和实用性的引导。这在很大程度上符合"监视环境"的理念。

促进角色，更具体地说是指为许多社会进程和社会机构提供信息服务（以及告知手段），特别是在政治领域，但也涉及经济、法律、教育和其他方面。

激进角色，集中在警告、监督和批评报道方面，这是一个开放和民主的社会的必要特征。

协作角色，描述了媒体与社会权威（和信息）来源之间可能发展出的一种与前一种角色相反的关系。这尤其适用于紧急情况或国家受到威胁时，例如公共秩序混乱、战争或叛乱时期。这提醒我们，新闻不是在社会真空中运作，而是在更广泛的背景下与其他社会行动者相关联。

这四种角色既相互重叠又相互补充，尽管在批评和协作等目标间存在张力。但即便如此，也都必须以新闻自由为基础条件。

5.3 监督者和信使的角色特征

监督者和信使的角色基本上是对上文监视概念的详细阐述。"监视"一词是指为了发现和报告有关当前事件、人物、条件、趋势、风险和危险相关的信息而对更广泛的环境进行监控（monitoring）的过程。它使人联想到瞭望台、瞭望塔或船上的"守望之巢"（the crow's nest），它能提供一个更远、更广的视野和对地平线的预警，无论是源于自然的还是人类的风险。它不仅意味着"观望"（looking out），而且是以系统的方式进行，以与特定公众相关为标准，并以相应的报道出品的可靠性为指导。如今在更广泛的使用语境中，"监视"这个词还包括向当局或相关方报告的意思，也包括了为了秘密控制而收集情报和保持监看的意思［如"在警察监控下"，或在当代的"监控社会"（surveillance society）的表述中］。

由于这些有点险恶的含义（涉及间谍、控制和侵犯隐私），监视一词已经不再十分适合描述新闻工作。在大多数情况下，新闻业的资料收集活动具有公开性质，监视得来的成果主要是为了使信息的接收者和更广泛的公众受益。但即便如此，新闻也还是为政府提供了有关当前形势和民意的有用"情报"。

尽管新闻工作种类繁多，但上述四种角色中的第一个似乎最能代表新闻工作的主要任务和职业抱负，也是实现其他目标的必要条件之一。正如我们在第四章中所看到的，世界范围内的许多关于记者如何看待自身角色的研究都强调，快速可靠地提供信息是新闻业的首要任务。在美国和其他许多国家的研究（例如，Hanitzsch et al.，2011；Preston，2009；Weaver，Wilhoit，1986；Weaver，1999，2012）发现中都优先强调了这个普遍的新闻目标，尽管在不同国家背景下对这一角色的阐述有很大不同。一项对全球 18 个国家新闻环境的跨国研究中显示，"民粹主义传播者"（populist disseminator）角色即使在完全不同的环境中也具有最广泛的吸引力（Hanitzsch et al.，2011）。它同时要求新闻业具有"超然的姿态、不参与、提供政治信息以及遵守普遍的伦理原则，并能够吸引广泛受众的兴趣"。不过，在美国和西欧，它的地位略次于"独立的看门狗"（detached watchdog）角色，并与后者通常呈负相关。在一些发展中国家，这一角色优势也会为"批判的变革推动者"角色所取代。但在告知社会这个总体目标下，似乎有两种截然不同的客观新闻业（objective journalism）正在被结合起来。

"告知式"（informational）或"监督式"（monitorial）角色很大程度上符合一种中介化（mediation）模式。在这种模式中，新闻媒体被认为会"介入"到事件和消息来源与公众中个体成员之间的关系中。它们既是众多消息来源的传播代理人，也是寻找信息的公众代表。根据这种大体上属于自由主义的模式来看，新闻是由中介机构（媒体）根据预期受众的信息需求从可用的来源中选出的。这些中介机构会进一步向消息来源提供公众兴趣和反应等"反馈"，并作为未来新闻选择的指南。尽管公众应该是最主要的受益者，但考虑到便捷性和供应成本，新闻来源也会被给予一定的好处。这里使用的"监督式"（monitorial）一词最基本的含义是指对真实世界中的人物、情况和事件进行组织化的扫描，而其附加的意涵也包括评价和阐释，并以相关性、重要性和主导的规范和价值为标准。这种评价因素（有计划的歧视）将监控与我们现在熟悉的、或多或少盲目地将信息汇集到一个可搜索数据库中的电子搜索引擎模型区分开来。在许多门户网站提供的在线新闻摘要中，也通常没有这方面的设置。

在对民主政治的促进作用方面，信息告知功能的规范基础一方面在于"监督式公民"（monitorial citizen）（Schudson，1998）的理念——这些公民（在理想的概念意义上）积极地寻求信息以参与民主进程，另一方面在于"第四等级"的观念（参见第二章）。后者（自封的）任务是要求政府和其他权力拥有者为其行为或疏忽向公众负责。

尽管如此，在相关的专业道德表述中，仍存在一些可接受的变体、风格（例如，关于表现形式、主题选择、中立程度等）以及留白。新闻业也有一些缺陷或经历过一些失败，这源于记者们并非独立于其上级——媒体的所有者或管理者，除了新闻工作者的目标之外，后者有其自身的目标。进一步来说，新闻界也不能独立于它所要监测的那些当权者，这些人在许多情况下也是信息的来源，有他们自己需要促进的利益。

社会责任理论提出的标准（如第二章所述）可见于各种公共质询中，也可见于为界定公共广播的信息告知任务而制定的多项目标的声明中，但这些标准通常远远超出了新闻伦理所要求的范围。美国新闻自由委员会（The American Commission on Freedom of the Press，1947）将特定的社会责任赋予新闻业。委员会谈到了新闻界在民主社会中所承担的几项职责，并也因此占据了主导的甚至有些特权的社会地位。这些职责包括：对日常事件进行全面可靠的描述，将事实与评论分开；提供交流意见和批评的论坛；完整地反映社会图景。这份不成文的契约赋予了新闻界以公共利益为出发点的出版权利（并且保护了它，甚至超越了普通公民的自由额度），并相应地要求一些服务作为回报。而广播从诞生早期开始，由于其准垄断地位，就被勒令在很大程度上排除了党派立场和与报纸同等的可以发表编辑评论的表达空间（参见附录4）。这种报道方式已进入广播文化，被广泛自觉或者被要求采用。

如果问到上述这种角色是否代表了新闻实践的普遍原则，答案是否定的。这不仅是因为这种角色的功能会被差异化地发挥，也因为它只是几种与新闻业的社会使命相关的角色中的一种。然而，新闻报道和新闻市场的全球化似乎导致了世界各国的新闻内容和每日新闻议程上的高度共通性（Shoemaker, Cohen, 2006）。马克·迪兹（Deuze, 2007）也曾认为世界范围内的新闻编辑室在外观和组织上具有显著的相似性。但国别的差异总是存在的，而且仍然很重要，尤其是在全球危机和局势紧张时。

5.4 作为指导原则的客观性

"监督式"角色的履行与客观性原则密切相关（参见第三章）。众所周知的客观新闻须符合方框 5.1 中列出的诸多标准。

方框 5.1　新闻客观性的标准

- 相关性；
- 准确性；
- 可靠性（可信赖的消息来源）；
- 事实性（风格或形式上的）；
- 将事实与意见和阐释分开；
- 在争议"各方"之间保持平衡和公正；
- 在措辞和表述上保持中立。

客观性是媒体实践的一种特殊形式，体现了对信息收集、处理和传播任务的中立态度。它假定新闻业不存在别有用心或为第三方提供的隐蔽服务。这意味着媒体实践要理性、有逻辑、不为情感或操纵意图所扭曲，只致力于揭示和传播显而易见的真理，从而获取那些相信有真正客观的真诚意图的人们的信任。

这一版本的报道实践已经成为新闻信仰中占主导地位的理想质量标准，它对记者、新闻来源以及报道对象都有许多实际好处。它与自由原则相关联，因为独立是实现超然和真实的必要条件。在某些情况下（如政治压迫、危机、战争和警察行动），只有在保证形式客观性的前提下才能确保报道的可能。尽管被广泛采用为新闻标准，但有证据表明，无论是在国别新闻文化之间，还是在"公共"与私有化媒体之间（毫不奇怪），客观性的含义（及其要求）都存在显著差异（Patterson，2005）。

新闻媒体追求客观对其作为国家机构、各种利益的倡导者和商业广告客户的传播渠道，具有一定的好处。它们可能会被认为是更加独立于消息来源的。一方面，新闻媒体可以在不损害其独立性的情况下从这些来源获取信息；而另一方面，这些来源也可以对自我呈现实现一定的控制。由于客观性惯例的建立，作为渠道的媒体可以将其观点从事实性报道中分离出来，同时可将其编辑评论与其所携带的广告内容分离开来（这通常也适用于广告主）。

一般来说，新闻受众似乎能很好地理解和认同客观性原则，这有助于增加其对新闻媒介所提供的信息和意见的可信度和公众信任，从而提高其所接收到的信息的效用。媒体自己也发现，客观性使其新闻产品具有更高和更广泛的市场价值，使新闻产品能够在其最初产生的直接语境范围之外进行销售。在这种情况下，大多数新闻媒体非常重视其所声称的客观性就不足为奇了。许多国家的广播政策通常通过各种手段要求其公共广播系统具有客观性，以确保在有争议的问题上保持必要的公正性以及必要的独立性（相对于政府权力，参见附录 4 中的英国例子）。

5.5　客观性的局限

尽管有这些重要的好处，但客观性在实践方面还是存在着若干的重大局限，比如它意味着一个特定现实拥有唯一真实版本是可以实现的，但与此同时，对事件的所有观点都同样值得被呈现，即使其他价值观和我们的常识可能告诉我们，情况并非如此。上述客观性的每一个构成标准都有其缺陷。

准确性基本上是一个相对的概念，取决于可靠的记录、证人和支持性证据的可获得性，且在人世间的很多事情上是很难确定的。

事实性主要是指一种报道形式，主要涉及对一些特定的事件和可以追溯至其来源的相关陈述。这个核心思想本身就是不可靠的，尤其是当事情超出对谁、什么时间、在哪里等简单问题的回答时。在实践中，"可靠的"消息来源通常意味着官员、当局和活动（events）的利益相关方，外加使用了某些可接受的记录形式。关于事件的"为什么"几乎很少可能用这种套路来回答，因为真正的原因很少是简单的或可观察到的。大量可能相关的信息并不能简化为事实的形式，甚至会在试图这样做时被扭曲。

相关性要求依据清晰一致的原则，选择那些对预期受众和/或社会有重要意义的内容来报道。一般来说，对大多数人产生最直接和最强烈影响的东西都可能被认为是最相关的。然而，在公众和专家所认为的利益相关之间往往存在着差距。其中一个最常出现的矛盾存在于在根本意义上具有重要性的和被认为是有趣的、新颖的或引人注意的事物（更贴近记者的内心）之间。新闻选择常为对各个领域的名人的关注，以及对耸人听闻、戏剧性或负面事件的差异化关注所影响。"新颖性"（novelty）和"现实性"（actuality）往往比专家们所认为的长期意义上的重要性获得更大权重。"独家性"（scoops）和"排他性"（exclusive）也常被认为比深度或本质上的重要性更有价值。

公正性（impartiality）的假设是，与事件相关的所有观点都可以得到平等的承认和尊重，并且**平衡**的要求为引入任何价值判断设置了障碍，即使是在处理明显的大善大恶问题时。但保持永恒的**中立**是不自然的、不令人信服的，也不能有助于理解，何况还有促进受众利益和吸引受众注意等要求。在自由受到限制的社会或情境下，在存在尖锐的内部冲突或对社会秩序的威胁时，可能根本不可能按照"主流模式"设想的那样进行客观模式的新闻工作。

由于上述和相关的反对意见及困境，批判传播理论普遍拒绝客观性的概念，认为它既不能实现，也不是特别需要。这种批评被应用于"主流"新闻媒体的典型的监督角色。新闻信息的提供被认为是通过再生产的方式强化了权力拥有者和精英对世界的主导（基本上是意识形态的）阐释。新闻的中立性保护了既定社会秩序不会受到根本性的质疑。蓄意的鼓动实际上经常利用客观性规则，从而模糊其真实目的并增加其可信度（Norstedt et al., 2000）。

并非所有的媒体批评者都从整体上反对客观新闻业，而是呼吁人们更多地意识到其局限性，从而采取更多行动来确保新闻工作拥有更多自由，以及新闻渠道和观点具有更大多样性。放弃客观性也就意味着放弃了这样的假设，即我们可以对世界有一定的了解。正如利希滕贝格（Lichtenberg, 1991: 230）所观察到的，"如果不假设客观性的可能性和价值，我们就无法有效地展开对世界的理解进程"。

5.6 客观新闻中的差异化目标和活动

监督角色可以包括许多不同的新闻任务，这些任务在某种程度上都是由客观性原则决定的,但并不会因为上文概述的理由而受到同等或必然的反对。新闻实践的主要组成部分如图 5.1 所示,并按照其显示出的主动性和积极性的程度依次排列。正如前一章所示,在对新闻业角色的阐释上存在着反复出现的并通常是深刻的分歧,它们往往与积极性和参与等问题有关。即使在没有公开的党派立场和"另类"(alternative)或具有颠覆性目标的媒体中,新闻业内的观点分歧也可能已经被推向最大值。

最不主动

1. 接收和发送事件的通知(仅限发送功能)
   - 保存和公布即将举行的公共活动的议程,并保持记录。
   - 接收和筛选旨在进一步向公众发布的通知和信息。
   - 在宣布、启动或决定新闻事件的主要公共论坛(议会、集会、法院、新闻发布会、公众示威等)保持报道。

2. 有选择地观察、报道、发布
   - 向公众发出关于什么是当前最重要的事件、问题和议题的特定观点。
   - 发布重大时事报告,并持续性地复述关键事实的数据(从社会、经济事实到体育记录等)。
   - 为公共领域的参与者提供表达意见的平台。

3. 提供警告或建议
   - 选择性地就公众所面临的各种风险、威胁和危险提供警告。
   - 对事件和观点进行分析和解释。

4. 参与公共事件
   - 在政治事务中扮演"第四等级"的角色,调和政府与公民之间的沟通联系,并提供一种能让政府负责的公众舆论手段。
   - 积极作为公共领域活动的消息来源和渠道。

5. 积极地调查、揭露或宣传
   - 采取积极的公共利益的"看门狗"姿态,当某些主要的社会行动者被察觉违反公共利益(特别是以隐秘的方式)时发出吠叫。
   - 当所获得的信息表明出现了对道德或社会秩序的重大偏差时,自行发起选定话题并进行质询。
   - 通过信息和说明的方式为选定的事业进行宣传运动。

最主动

图 5.1 新闻界的主要任务

图 5.1 中的条目从纯粹的观察和传递者角色到随时准备采取先发制人的警告行动，最后到主动调查和采取实际行动追踪所谓的公共违法行为或过失。而所有这些活动，包括党派新闻和献身新闻（committed journalism），都可以在"监督式/告知式"角色的灵活范围内进行，但超过一定范围后，信息告知就会让位给批判辩证模式（the critical and dialectical mode），发生本质上的变化。

这个连续体也体现在常规的广播和电视媒体的纪实报道中。例如，有明显的差异存在于描述模式（受众是被记者引导的观众）、分析模式（分析并阐释所观察到的事物）、记者扮演侦探角色的模式（特别关注寻找引发社会和经济问题的原因或机制）以及调查新闻模式（需要做出判断并曝光不法行为）。通常，这些变体分布于各种出版物和报道格式（formats）中，针对不同类型的受众而设计，且在主题和报道事件的时效要求（timescale）上也存在差异。

5.7 监督角色的内部张力

中立报道与批评性或调查性报道之间存在重要分歧，这首先被描述为在"把关人"和"鼓动模式"间的不同选择（参见第四章）。在前一种模式中，新闻媒体没有用于选择关注对象的政策或标准，而是受常规的"新闻事实"（news factors）或价值观的引导，主要包括：事件的规模和潜在影响的大小；它们的时效性和戏剧性；它们含有多少已为人们所熟悉的能成为"新闻的材料"（stuff of news）；所涉及人物的知名度；具有权力和合法性的行动者或机构对于重要性的定义等。与此同时，埃特玛和格拉瑟（Ettema，Glasser，1998）认为记者是"公众良知的守护者"。然而，新闻人通常没有行使这项任务的授权，他们无法既声称能够做到这一点又不应用到自己的个人道德评价，这似乎是一个悖论，与客观性原则并不一致。不过，调查记者们声称，当他们识别受害者和不法行为时使用的是**新闻**判断，而不是**价值**判断，他们表面上代表的是受害者和整个社会来追踪罪魁祸首。

除了诉求良知之外，还有理由认为严格的客观性过于受限。可能更常见的是，参与公共生活与新闻业所经常声称的角色是一致的。这并不一定涉及对特定观点或价值的鼓吹。例如，新闻界的"第四等级"理论（参见第二章）假定，政治新闻记者将有意识地在促进政治进程中发挥积极作用，但不一定有任何个人的意图。

将事实与价值分开的难题是客观性遭遇批评的核心靶点，并威胁到媒体监督角色的正直性。当价值观和观点影响到人们对需关注的事实的选择时，即使这些选择是基于一些公众已经明确表达的关注，并且在事实上有一些显而易见的基础，上述对新闻业角色的基本理解还是受到了某种程度的侵犯。但是没有解决这个难题的通用方法，且似乎只有涉及一些获得高度价值共识的重要问题，要么是发生了严重的道德秩序违背，要么是出现一些会危害到社会整体的紧急问题，新闻业的信息角色才能够拓展到积极的现实调查。超过这一点，或者没有这些条件，新闻就会变成鼓吹。由此看来，客观中立似乎是一种**手段**，以揭示真理，而不是一个绝对的目的本身。不能依靠它来推定获取和公开信息的目的，后者还是需要进行价值判断。

对新闻记者来说，上述"两难"在大多数情况下并不会太令其困扰，因为新闻渠道和消息来源之间的分离往往可以帮助解决这个问题。这一点在传统纸质报纸上表现明显，新闻报道在版面空间上与编辑意见、专栏作家、信件等分列，而不这么做的出版物常常公开宣称自身的政治或其他价值立场。这些传统的解决方案不太容易在广播和网络媒体中适用，因为在这些媒体中不再有明确的规则。也许更直接、更根本的挑战会随着媒体垄断的增长、新闻多样性的下降，以及出于商业原因的新闻话语表面上的去政治化等趋势而凸显。我们后面也会谈到媒体结构的问题。

5.8 监督角色与国家权力

新闻的社会理论常会回溯到 F. R. 西伯特在《传媒的四种理论》中的评论，"新闻界总是在既定的社会和政治结构中形成其运作形式"（Siebert et al., 1956：1)。这尤其适用于分析新闻界与官方社会权威结构之间的关系。而本书关心的问题是，新闻本身如何处理与当局和有权势的消息来源之间总是潜伏着的冲突。一个常见的解释是，对监督角色的依赖是由于它为记者提供了一种可行的方式，以避免来自当局的严重麻烦，即使在新闻自由不被真正容忍的国家也是如此。虽然国家可以对它所认为的中立信息流动放松管理，但在前文中主动性递增的连续体的某个点上，容忍度将会降低，特别是在威权倾向仍然存在或运作良好的地方。因此，媒体可能会认为其角色没有义务，甚至可能不被允许越界进行披露或批评。虽然具体的呈现方式会有很大不同，但仍会出现在一些相当可预测的情况下，而且从来不会完全缺席。

根据政权的性质和可获得的自由程度的差异，有不同的方式来适应新闻和国家之间的权力不平衡。班内特（Bennett，1990）提出的"指数化"（indexation）理论首先适用于美国，但只要民主和新闻中立的原则仍在，也可以覆盖其他治理形式或区域情况。它的本质是，公共舞台上的各种声音都应该受到新闻界的承认，作为消息和观点的来源，并作为报道对象。政府自身及其相关机构在作为观点和消息来源方面获得显著关注，而事件中的其他行动者也应如此。广泛的承认是现有社会权力、投票和公众舆论分布、社会中的事件和交往模式流通取得相应平衡的务实基础。在构建相关指数体系被适当"解读"（read off）的基础方面，新闻媒体应发挥重要作用。

这符合中立（因为其有效性）监督者的模式规范。多元化作为实践方式是合理的，但也有一些局限性，尤其是它赋予新闻界自己决定赋予谁以近用权的权力，而且它有一种自我实现的倾向，会持续性地排除政治主流之外的边缘化的声音。在中立原则指导下的所谓的中间道路倾向于与既有制度和权力结构相一致。美国一些主要报纸承认，在2003年入侵伊拉克之前，它们没有充分地报道各个阶段的情况，这在一定程度上归因于一种固有的偏见，即偏爱官方消息来源［或忠诚于反对党（Bennett et al.，2007）］。即使"指数化"理论被认为是处理敏感的选择问题的一种合理方式，但它的缺点是使政府和有权有势的精英们以自己的方式相对更多地接触新闻媒体，尤其是在这种理论产生的美国，政治权力在很大程度上为两大

（虽然基本都是中间派）政党所垄断，因此潜在地将许多不同的观点边缘化了。

"指数化"理论的替代方案也是混杂的，而且还取决于具体社会以及政治环境。选择呈现从完全与当局的信息政策保持一致（虽然出于不同的动机，包括爱国主义或服务于"公共利益"）到拒绝一切的限制的两极化分布。对于老牌新闻媒体来说，后者几乎不可能实现。另一种选择是，基于特定的政治或意识形态的基础，拒绝客观性这一压倒一切的主张，而采用另一种多元化的新闻模式。在过去，这样的模式在一些国家是被制度化保障的，但在今天的新闻业中通常不太受欢迎。在某些自由主义者对于新闻业的目标的认知中，对于某些渠道（channels）来说，采取一贯反对权威的立场可能是可取的，也是可以容忍的，但对于整个新闻行业来说就很难了。而新闻媒体和政治制度之间的关系的一个更深层的问题将在下一章中讨论。

方框5.2　监督角色：应对国家压力的多种选择

- 根据当前公共领域中消息来源的可见性和重要性程度投入关注和近用权；
- 放弃主动"把关"，以共识为主要价值原则；
- 与当局的信息政策合作，表面上是为了公共利益；
- 在近用权和关注度赋予上积极的、显而易见的政治化（politicisation）；
- 客户至上主义（clientism）及权力资源的共生关系；
- 全面的对抗和批判立场。

5.9　监督角色与民主

监督角色如果能够被充分发挥将非常适合民主政治体制的需要，只要"监督者"独立于权力所有者的条件能满足，且不受欢迎的思想能够自由表达、令人不舒服的信息可以自由流通的话。民主意味着一种观念，认为社会中应该有许多相互竞争的声音和利益，但新闻媒体不可偏袒或推进自己的利益。而社会的概念意味着根本上的团结，在生存和繁荣方面拥有相同的基本价值观和共同利益。20世纪（特别是在美国）出现的各种多元民主理论也基于这种观点，即使其中的一些假设可能是虚幻的，特别是认为社会阶层之间存在基本的共同利益。而媒体的监督角色与自由个人主义社会观最为相符，这种社会观认为只要有足够的信息和行动自由，就会有自我匡正的力量来解决问题和缓解紧张。这种乐观的假设是值得怀疑的，它被质疑得越多，媒体的监督作用似乎就越不成立，也许除了在那些最积极的新闻业形态中。

"看门狗"角色的实现通常被认为是自由主义媒体自由模式带来的好处，其基本假设是自由和民主的主要敌人很可能是国家或政府，就像一开始那样。然而，在现代大众传媒时代，对新闻媒体行使直接权力的主要是私营企业，即使它们缺乏合法的手段直接压制记者。它们的经济利益确实可能受到政治或其他变革的损害，而且有许多间接操纵新闻内容的例子，甚至有时还有明显的意图去颠覆民主，拉美的情况是近年来最恶劣的例子（Waisbord，2000）。

根据当代公共领域理论，新闻业的监督角色是双重的。首先，它标志着公共空间的边界，通过标注这些边界内的行动者、问题和事件，并以此为基础形成公共舆论和集体决策。新闻界不断地构建和重申公共领域的形态和内涵。而那些不被注意或不被发表的东西本质上是隐形的，不容易成为政治素材，甚至也不容易成为观点和辩论的素材。公共信息告知作用的第二个方面是按照草图描绘社会世界的前景和背景，并识别其中的人物。私人和公共之间的界限必须被保持和管理。新闻界通过常规的例行报道而不是专门选定任务来完成这项工作。

自由主义民主模式假定作为选民的公民只需要有足够的知识，就能在被要求时，特别是在定期选举中，做出知情和理性的选择或决定（根据他们自己的利益）。而媒体必须是这些信息的主要来源，因为没有其他机构能够以如此大规模和及时的方式提供足够多的公众表面上不感兴趣的知识。然而，这种新闻模式在很大程度上忽视了新闻界也不能避免的价值观、信仰和情感等问题。所以仅仅靠客观性是不够的。

有人认为（例如，Zaller，2003）为了健康的民主，新闻只需具备

"防盗警报器"的功能,并不总是需要达到社会责任理论所设定的"全套的新闻标准"。在他看来,新闻应该是**可行**的(在报道和消费方面),以及在本质上是有用的。它应该以一种能够被注意和理解的形式到达足够多的人群。根据"防盗(或防火)警报器"的标准,新闻在民主国家的基本价值是使有关公民能够对新近出现的政治问题保持例行的警惕,但并不需要太多持续的关注或深入了解。有时候,公民需要知道得更多、更积极,但不是所有的公民都要不间断地去这么做。

这一观点与前面提到的监督的公民文化概念是一致的,尽管是以一种较弱的形式。这也符合自由多元主义和经济的民主理论,即认为政治信息的消费取决于个人的需要,并以其将会付出的时间和金钱作为代价。在此前的新闻研究中也有经验证据表明,当普通公众通过电视或其他大众媒体习惯性地接收新闻时,似乎学到得很少,即使面对的是广泛的和高质量的新闻(例如,Robinson,Levy,1986)。同时,格雷伯(Graber,2003)提供了一个强有力的经验研究,指出普通公众可以在不需要大量信息的情况下就能理解和学习到重要事物的基本要素。大多数时候,大多数新闻消费者似乎都能通过一个最低限度的但经过精心挑选和呈现的新闻集锦,得到充分的公民服务。提供这种有效的服务本身就是一项具有挑战性的专业任务。

这一论点受到了质疑,因为它含蓄地支持了当下媒体的"软新闻"趋势〔新闻讲话短片(sound-bite news)以及个人化、耸人听闻和丑闻〕,据说这些会转移公民对政治的参与兴趣,并使新闻流通的价值降低。尤其是,班内特(Bennett,2003)指出,如果新闻确实应该是一个"防盗警报器",那么它经常报假警或未能发出警报时就成了一个真正的问题。他还指出,这两种新闻标准不是也不应该成为可以相互替代的标准。在实践中,出于新闻文化和市场思维的原因,它们确实倾向于在新闻编辑室中处于竞争状态,而"防盗警报器"往往比全套的新闻责任标准更受青睐。最近对公共信息平均水平的跨国比较研究(例如,Curran et al.,2009)表明,这一点上的国别差异相当大,特别是在美国和一些欧洲国家之间。这也许是因为相比于美国,欧洲公共广播公司被要求(或选择)既在新闻数量和质量上达到高标准,但又同时需要实现持续的高受众达到率。但至少由此可见，新闻的"全套标准"是可以实现的，它的潜在好处远远超过"防盗警报器"模式，后者更多是完全商业化的新闻供应系统的典型特征。

尽管民主与中立客观的公共信息系统之间有着明显的联盟关系，但其他新闻业角色与民主政治也没有必然的冲突，甚至可能需要它们来满足监督角色所忽略的某些需求。这些尤其与价值、信仰和原则有关。如果没有足够的解释、倡导和推动，仅仅拥有与社会和政治问题相关的事实是不足以促成公民行动的。舆论的形成和表达至少需要一些新闻人的鼓励、参与和承诺，而相互竞争的政治党派和意识形态的存在是社会现实的一部分，不应该被忽视。这未必是新闻业的另一种形式，而是对当下问题的公共知识告知模式的一种延伸。在过去，这通常是由公开宣扬的党派报刊来承担的，而现在更有可能作为编辑和记者工作的结果，即便其所在的媒体渠道没有对任何党派或信仰具有正式的承诺。不管是否受到重视，一个充满活力、不断变化的社会需要的不仅仅是了解正在发生的事情的"事实"。

在爱国主义和国家利益问题上，偏离完全中立的情况也经常发生。对新闻内容进行跨国比较研究的证据不断地提示出新闻的国家利益倾向。在国家内部，部门、阶层和地区的忠诚也会以可预测的方式影响报道。即使在国内问题上存在许多冲突，人们却经常能在"国外"新闻话题上达成共识。这提醒我们，新闻和公共信息通常还有其他社会角色要履行，即与凝聚力、身份认同和延续性有关的那些。

方框 5.3　监督角色与民主：主要的特点

- 遵循自由多元主义民主理论——社会的共同需求、替代性的解决方案；
- 标识公共领域的边界；
- 将行动者、议题、事件等填充至公共领域；
- 作为一个最低限度的"防盗警报器"，提醒公众注意危机和危险；
- 执行"全套标准"的新闻业也是可能的，且是有益的；
- 监督角色并不排除其他对于民主必不可少的角色，例如"看门狗"、鼓吹者、批评家、舆论塑造者（opinion-formation）、变革者和社会凝聚力的推动者等。

5.10　监督角色的偏见来源

传播学研究已经揭示了新闻报道具有一种系统性倾向，会偏离于中立的信息功能的理想要求，即便新闻业渴望达到这些要求。客观新闻报道的局限性在上文中已经提到一些。虽然新闻人在对待任务的态度和报道形式方面力求客观性，但关于需要监督什么等问题上则更加主观，且容易受到其他因素的影响。世界上能够成为新闻的潜在主题实在太多了，以至于无法逃脱特定的选择模式带来的系统性扭曲，更何况许多初始的新闻来源本身就具有各种组织化的目的（organised purposes），而新闻系统的需求和容纳能力有限，难以实现充分的平衡。对新闻内容的系统研究揭示了在选择过程中可能（并且经常）出现的偏见的主要形式和来源，这里仅将一些最典型的、反复出现的偏见概述如下：

● 地理和文化（包括语言）因素限制了记者（及其受众）的关注范围，媒体的技术和组织机构实力也是如此。地理距离越近，离报道资源越近或者离公众关注的问题越近，被报道的机会就越大。

● 一个国家的边缘通常是从其大都市中心向外来观察界定的；同样，更强大的国家比更弱、更穷和更边缘的国家会得到更多的关注。新闻的关注不可避免地带有种族中心主义色彩。

● 在其他条件相同的情况下，新闻对对象、人物和事件的关注会受到规模和地位因素的影响。

● 那些被认为是吸引受众消费兴趣的东西（如体育、流行文化、名人、战争等）也会吸引大多数的新闻关注。

● 在其他条件相同的情况下，自身越是寻求公开的对象就会获得越多关注，而那些希望回避被公开的对象则会获得更少关注（这里有点违背了批判性的、看门狗式的问责角色），现实环境当然不会均匀地或中立地向观察者开放。

● 官员、当局和其他组织良好、资金雄厚的"新闻"提供者，在获取或提供其对事件的描述版本方面，拥有巨大的内在优势。

- 对于非专业人士而言,事实性信息必须置于某种背景或参考框架中,或以某种方式加以标记。这个"置于框架"的过程不可避免地打开了某种熟悉的刻板印象,而算不上是中立的阐释。
- 在主流新闻文化中,有一个得到充分证实的特征,部分是由于竞争的结果,那就是对"独家新闻"的高度重视。相对而言,掌握对某些信息的早期和独特的(排他的)所有权的价值要比其深层的意义大得多,虽然这样做通常不能很好地发挥监督者的作用。
- 竞争压力可能会导致某些非常"有新闻价值"的故事被夸大和延续,特别是在涉及负面事件(犯罪、丑闻、危险等)的情况下。这一过程被称为"媒体炒作",用于定义一种对客观性的背离(Vasterman,2005)。这与"打包新闻"类似,在"打包新闻"中,资源和注意力被集中在一个狭窄的范围内,而且提供的往往是关于现实的某个单一版本。
- 最后但也不该忽视的一点,就是不可能从事实报道中去除价值观和"意识形态"。一项对国外新闻价值观的研究认为,意识形态是"新闻报道(或多或少)偏离标准化基础的主要来源"(Westerstahl,Johansson,1994)。意识形态各不相同,但最突出的或曾出现的有爱国主义、民族主义、支持自由和反美主义等。

关于这些问题还可以说得更多,但上述这些已经足以提示出监督角色在通常的执行过程中可能遭遇的众多限制。

5.11 媒体逻辑和媒介化对监督角色的影响

另一种对于监督角色的限制来自"媒介化"(mediatisation)进程:其本质是使信息适应新闻媒体所青睐的呈现方式,而这种呈现方式往往已深深植根于新闻文化之中。专业的传播者,在代表他们的客户的同时,也寻求使讯息和形象适应媒体的要求。虽然后者经常偏离客观性的理想,但它们的价值在于有助于获得和保持公众的注意,以及实际沟通的有效性。我们也可以说,媒介化也受到新闻大众的青睐,因为它使新闻更容易获取、更有趣,甚至更具娱乐性。"媒介化"与"中介化"(mediation)不同,中介化不是指沟通的行为，而是指意义的变化以及中介之后可能产生的影响（Meyer，2002；Schulz，2004；Hjarvard，2008）。它可以被描述为一个在新闻和宣传活动中对社会现实的表征越来越受到所谓"媒体逻辑"（media logic）的影响的过程。它指涉的是一套源于媒体文化的原则或"法则"（rules），被认为能够最大限度地提高公众影响力和吸引力，其主要元素包括以下其一或全部：视觉化、个性化、戏剧化、通俗化、奇观化、叙事化等。

简而言之，形象或表象优先于现实，呈现不受不被需要的事实的约束的趋势，是对"客观性"标准的明显挑战。在新闻业的核心必然存在着一种紧张关系，产生于新闻报道原初状态时赤裸的事实状态与美化后的叙事版本之间。而新闻写作中讲故事模式的吸引力既不新奇也不难理解。在每个领域，最有趣的新闻手法都可能是在虚构故事中为人所熟悉的那些，例如：一组角色，其中有些是好人，有些是坏人或受害者；从开始到结局有一个过程；有戏剧性或令人惊奇的元素；有一些需要吸取的教训或道德召唤等。这个基本的公式让呈现变得更容易，也让受众更有动力去投入关注。问题只在于它可能带来不知不觉的扭曲和"创作"，从而变得不够"客观"。

媒体逻辑的核心是对行动、惊奇、兴奋和情感卷入的鼓励，以及鼓励以最引人注目的方式捕捉素材或将其可视化。战争报道能提供一些基于事实结果的特别明确的警示效应，在这里是一个特别好的例子。战争报道的"媒介化"鼓励并保护了那些进入战区和对通信设施拥有最大控制权的人们的宣传努力（Kim，2012）。对监督角色的追求让位于能够拥有身处采访行动现场和掌握事件第一手材料的特权的诱惑（McQuail，2006）。媒体逻辑对那些冗长庞杂的、抽象的或不熟悉的想法、记忆和解释也有偏见。进一步来说，媒体逻辑还会反过来影响着那些寻求获取或"制作"新闻的人，并将同样的"成功的新闻传播标准"传递给那些用于公众消费的信息的来源者和塑造者。媒体逻辑作为一种确保观众关注和兴趣的方式，是有价值的，而且在理论上也并不一定会干扰其他选择标准。

这些因素对新闻的根本影响引发了将现实转变为一种新形式［通常称为"新闻娱乐化"（infotainment）］的风险，这种新形式的设计主要不是为了满足受众或社会的信息需求。事实上，公共领域中的所有重要角色，特别是那些最具经济和政治实力的角色，都在努力对现代新闻媒体严重依赖的信息的提供施加影响，媒介化的进程（mediatising）从此处就已开始。

就政治领域而言，媒介化是影响选民过程的核心。候选人和领导人的个人素质，特别是他们被感知到的"个人魅力"（charisma）以及他们在媒体上的表现和吸引力，比现实中的素质或政策辩论的能力都更重要。政策的选择和呈现受到影响，政治家和媒体之间的合作关系趋于加强，从而颠覆了公共制衡的目标。现任政府的优势在于能够促成事件（events）的发生，并以许多珍贵的独家新闻和信息披露来奖励媒体。欧洲政治中的人格化趋势已经受到广泛关注，特别是与贝卢斯科尼（Berlusconi）和萨科齐（Sarkozy）等人物有关的那些（Campus，2010）。公众行动的示威和表现被鼓励并更容易获得媒体关注，甚至比理性的辩论和其他形式的公众化都更瞩目。

方框 5.4　媒介化的主要影响

- 给予消息来源以最好的媒体资源；
- 在感染力上鼓励民粹主义，在形式上鼓励耸人听闻；
- 提升个人形象和表现的权重；
- 媒体表现和表现技巧变得比其他如质量或信念都更加重要；
- 给现任政府以优势，使其有更多的权力来管理新闻；
- 鼓励"制作"和"操控"，以及新闻"事件"的良好呈现；
- 歪曲了选择和内容的客观性。

5.12　总结

如前所述，新闻媒体的监督者和信息告知者的理想角色已经充分建立，并在许多国家受到宪法或其他法律规定的保护。新闻界通常享有某些习惯上甚至法律上的特权（例如，批评公众人物、保护消息来源、到访新闻事件现场等）。然而，即使在秩序井然和相对开放的社会中，除了客观性和新闻文化所固有的局限性外，也还存在着履行这一角色的诸多障碍。其中一些问题产生于新闻收集和分发所处的特定情境，而另一些问题则根植于社会结构、媒体系统的结构以及媒体公司的需要，后者作为一类组织需要在高度竞争的市场中竞争与生存。

在拥有真正新闻自由的社会中，监督角色的实现也不可避免地容易受到许多负面因素的影响。媒体的质量是由社会的整体生命力决定的，特别是与公众、社会组织以及所享有的自由程度有关，它也取决于记者能否努力实现其专业理想。而对于明显的监督失败，没有特别或常用的补救办法，尽管有一些措施用于保障媒体系统对新进入者和替代性服务的开放性。一般来说，媒体结构的多样性有助于弥补上述一些局限。

对于监督角色存在着一些强烈的来自"自然属性上的"（natural）支持，这源于公众和社会持续的、被广泛体验到的信息需求，以及新闻界自身的传统。上文所批评的"新闻文化"中也有许多积极的方面。他们有时可能被故意操纵，但他们也为最终的新闻独立做出了贡献（只要能给他们一些自己的权力）。"批评家"和"看门狗"的角色可能更受媒体逻辑的鼓励而不是客观报道逻辑的鼓励。

信息告知角色仍然是新闻活动的核心，也是这个专业（或手艺）做得最好的部分。如果具备必要的条件（特别是自由和多样性），它不太可能完全失败或丧失自我补救的办法。综上所述，我们可以得出这样的结论：无论在哪种情况下，这一角色都是新闻业需要追求的公认标准。这种普遍性反映在新闻工作者的愿望和观点中，也通常反映在更广泛的新闻受众的愿望和观点中。不同政治和媒体系统的新闻体裁中有着明显的相似性，也证实了这一点。

延伸阅读

Bennett, W.L. (1990). 'Towards a theory of press–state relations in the US', *Journal of Communication*, 40, 2: 103–25.

Bennett, W.L., Lawrence, R.G. and Livingston, S. (2007). *When the Press Fails*. Chicago: Chicago University Press.

Christians, C., Glasser, T., McQuail, D., Nordenstreng, K. and White, R. (2009). *Normative Theories of the Press*, Chapters 5 and 6. Champaign, IL: University of Illinois Press.
Deuze, M. (2007). *Media Work*. Cambridge: Polity Press.
Meyer, T. (2002). *Mediated Politics*. Cambridge: Polity Press.
Preston, P. (ed.) (2009). *Making the News: Journalism and News Cultures in Contemporary Europe*. London: Routledge.
Weaver, D. (2012). *The Global Journalist*. Creskill, NJ: Hampton Press (new edition).

线上阅读

Go to www.sagepub.co.uk/mcquailjournalism for free access to the online readings.

Brants, K. (1998). 'Who's afraid of infotainment?', *European Journal of Communication*, 13, 3: 315–35.
Campus, D. (2010). 'Mediatization and personification of politicians in France and Italy: the case of Berlusconi and Sarkozy', *International Journal of Press/Politics*, 16, 1: 215–35.
McQuail, D. (2006). 'The mediatization of war', *International Communication Gazette*, 68, 2: 107–18.
Pasti, S. (2005). 'Two generations of Russian journalists', *European Journal of Communication*, 20, 1: 89–116.
Schulz, W. (2004). 'Reconstructing mediatization as an analytic concept', *European Journal of Communication*, 19, 1: 87–102.
Strömbäck, J. and Danilova, D.L. (2011). 'Mediatization and media interventionism', *International Journal of Press/Politics*, 16, 1: 30–49.
Westerstahl, J. and Johansson, F. (1994). 'Foreign news: values and ideologies', *European Journal of Communication*, 9, 1: 71–89.

第六章　媒体结构、媒体表现和"新闻界的权力"

6.1　引言

新闻业的特性及其与社会的关系有着比其作为职业群体的角色选择和迄今为止所讨论过的各种影响因素更为深层的渊源。简而言之，它们受到所处的特定社会条件的强烈影响，并受到不容易被改变的社会结构的根本性制约。这些条件塑造了媒体系统所采取的形式，而后者则会影响媒体公司和组织的运作，并最终影响记者们的工作。总之，社会结构（其本身是历史力量的结果）影响着媒体系统的形态，而媒体系统又反过来控制记者所能做出的选择。

这些不同的层次以垂直分层和连续的形式相互关联，但之间没有决定性关系，并总是存在差异和抵抗的空间，特别是出于文化差异或单纯的个人选择。此外，社会条件和媒体系统为适应技术变化也发生了相应变化。政治和意识形态气候也可能发生变化，甚至在短期内会发生相当大的转变。但社会结构和媒体系统的许多基本条件还是会影响记者的行为和表现，从而对新闻生产发挥长期的影响。每个国家的媒体系统在某些方面都是独一无二的，本章的目的不是要来描述所有的变异体或提出一种理想模板，而是将关注几个关键的系统性因素，它们会影响新闻业表现的水准以及新闻业对社会的"最终影响"。主要问题如下：

媒体系统和社会结构
- 这些术语指的是什么？
- 社会结构一般如何影响媒体系统的形态？

影响路径
- 政治因素以哪些方式影响媒体系统？
- 经济因素是如何运作的？
- 主要的社会文化影响有哪些？

媒体系统与新闻业
- 从系统到表现的影响路径有哪些？
- 在媒体机构中，主要的影响发生在哪些层次？
- 如何理解其中的效果和差异？

新闻界对社会的影响
- 相信"新闻界的权力"的前提是什么？
- 涉及哪些影响？
- 认知（信息的）影响是如何与观点或态度的改变联系在一起的？
- 媒体影响的主要条件变量有哪些？
- 新闻业本身有什么独特的权力吗？

6.2 什么是媒体系统

"媒体系统"一词在这里指在特定的国别环境中或具有某种国际化布局和目标的所有媒体（尤其是新闻报道和资讯类媒体）。但并不意味着它是任何有计划或有组织的一系列活动，严格意义上讲，几乎没有任何组织化的媒体系统。然而，一个系统中的不同新闻媒体通过处理几乎相同的新闻事件至少存在一些最低限度的相互关联，有时还存在共享的所有权关系而服务于相同的全国公众/受众。进一步统一的系统性影响是服从一套共同的或逻辑上相互关联的法律法规。该"系统"的构成要素也往往具有相同的新闻文化，即使各自具有鲜明的、根植于特定历史经验的差异化特征。

媒体系统通常由多个独立的公司或组织组成，每个都有选择各自目标和行为的自由。尽管系统内部有所融合，但是明显的分化（differentiation）进程发生在不同媒体类型之间，考虑到技术发展的路径，典型的现代媒体系统的要素可以概括如下。总的来说，不同的媒体**部门**（sectors）仍然有不同的管理形式、商业模式，有时还有所有权模式的差异。第一种主要的分化存在于印刷媒体、视听（广播、电视和有线电视）和网络媒体等不同媒介形式之间，分发的格式和意义之间的差异是其主要因素。第二种分化与提供新闻的各种类型的独立机构有关，其重要性不仅是因其向新闻机构提供新闻，还在于其中的许多机构也非常积极地代表自身参与到信息流中。第三种分化是，我们可以根据所服务的受众，在许多方面，尤其是地理位置（全国、本地、全球等）、社会经济地位和一系列社会文化因素来细分。媒体系统还有几个其他相关的特征，特别是基于特定的控制体系和操作原理。尽管一开始它看起来是一个相当稳定的概念，但系统内部的各种边界正日渐为网络媒体的开放性和不确定性以及更广泛的融合所模糊。

综上所述，所有媒体系统都是独一无二的，因此不可能将全世界范围内的媒体系统类型悉数总结。除了基础设施条件以及在规模及生产方面的发展水平外，媒体系统的主要差异还与下列因素有关：资金来源、政治和社会控制的程度及手段、所服务的社会和文化目标的内容范围、垄断或多元化的可能程度（及其基础）。

6.3 社会结构对媒体系统的影响

正如我们所看到的，现代媒体产生于经济和政治上的先发国家或地区，带有着城市化、工业化和集中化的诸多特征，这些又反过来鼓励了各种形式的"大众传播"。而这些形式在传统的新闻和广播媒体中尤其明显。在这些社会内部,财富的不均衡分配塑造了大众新闻分发市场在数量、种类和信息质量等方面的差异。这反映在将新闻媒体分为"精英"(或"高质量")和"大众"(或"通俗")两种类型上,这是一种广泛流行的分类方式,尽管非常不精确。

"精英"或"权威"报纸的理想型,经常可能被视为既有结构(很多时候是国家)的代言人,其产生是为了向受过教育的"资产阶级"提供服务,他们需要大量可靠的信息来做生意或者从事管理。这种报纸的读者群在社会阶层上"下沉"(down)到规模更大的中产阶级。根据甘斯(Gans,1979)对美国主要报纸和新闻杂志的研究,所涉及的记者在很大程度上与他们所为之写作的阶层有着相同的阶层立场、价值和观点。大众通俗报纸则是由与上述大致相同的阶层为他们的社会"下层"(inferiors)制作的,但在价值观、风格和内容上做出了一些简便的调整。在布尔迪厄看来,商业化已经导致"新闻领域与工人阶级和城市穷人的日常关注间发生进一步的区隔"(Benson,2006)。

后续的广播、电视、网络等传播技术的相继出现,都对新闻分发模式产生了相应的影响,并带来社会结构以及其他方面的变化。报纸集中体现了这种影响,尽管报纸阅读的程度仍然有很大的差异,它曾经只是阶级和教育程度差异的普遍反映,但这些差异到了现在也几乎没有要消失的迹象,即便是在欧洲(Elvestad,Blekesaune,2008)。电视鼓励一种新的、更均衡的跨越社会阶层的信息接收者分布,但任由旧(报刊)的分化模式维持不变。在线新闻的获取受到与其前几代媒体类似的影响因素的塑造,但这对于恢复新闻在印刷时代的作用也没有真正的帮助,尽管严格地说,印刷新闻才是新闻的原型。

新闻的分发最初主要受到地理因素塑造,原因是物理交通的困难,比如城乡之间和城市之间。渐渐地,不同城市和地区拥有了自己的印刷新闻媒体,铁路的出现则加速了这种发展,但为整个国家服务的印刷新闻媒体更多的是例外,而不是常规,尽管它大多仍然存在。

就像人口因素在塑造国内媒体体系方面起到了明显作用一样,地缘政治力量则对全球新闻流动产生了类似的影响。在国家之间传播新闻的渠道最初依循的是国际贸易路线,殖民地和帝国结构,这些在书籍发明之前就已经出现了。"工业化的"(industrial)媒体开始依赖电缆、电报和无线网络,但这些仍然反映了帝国在贸易或征服方面的战略需求,而且常常是在全球竞争中。在19世纪末20世纪初,这些不同的影响力量在国际新闻通讯社"体系"中得到巩固,这些通讯社有着各自的民族国家基础和影响范围。留给我们的是一套媒体领域的支配与从属的"世界体系"(world system),只是到了最近在面对"传播革命"以及全球地缘政治变化时才有所解体(Gunaratne,2002)。

虽然国际新闻在细节上是由一系列新闻价值观塑造的,但从总体上看,其中最具基础性的解释变量是国家和世界地区之间的贸易和外交模式(Wu,2003)。在此方面,网络新闻显示出的模式似乎也没有很大的不同(Chang et al.,2009;Arcetti,2008)。

除了物质因素,社会结构对新闻分发的主要影响是通过潜在受众的需求和兴趣来实现的。非经济学上的人口统计差异主要关注年龄、性别和生命阶段(life-cycle position)等。这些差异,虽然得到一些调整应对,但还是寻求和保持新闻受众多样性的多种努力的基本依据。这个话题后面将会在"社会-文化"因素部分再详细讨论。

方框 6.1　影响媒体系统的社会结构因素

- 地理条件;
- 社会阶层差异;
- 生命阶段;
- 基本的人口统计指标:人口规模、年龄、性别等;
- 全球传播网络。

6.4　政治因素

政治体系的差异也体现在媒体系统的结构和运行上。这些差异最明显地表现在正式法律和管理安排上，但也表现在政治行动者与记者之间的习惯性的或非正式的联系中。即使在声称民主、自由的国家中，也存在着许多根植于历史和文化的系统差异。在这些条件下，政治系统和媒体系统之间的关系因所涉及的媒体而异，但也会在其他方面有所不同。哈林和曼奇尼（Hallin，Mancini，2004）提出了三种主要的关系类型，基本涵盖了一些成熟的"西方"民主国家中政治系统与媒体系统间差异化的现实关系（见方框6.2）。这些国家大多属于这三种类型中的一种。

方框6.2 政治系统与媒体系统的关系的三个主要类型

- 自由主义模式，媒体市场（所有者、受众和广告主）决定了政治对新闻业影响的程度和类型，政府会保持一定距离；
- "民主法团"（democratic corporatist）模式，政府可以合法地干预媒体市场，以确保新闻近用权的多样性和公平性，以及政治新闻的高质量；
- 媒体与政治之间的"平行竞争"（competitive parallelism）模式，相互竞争的政党与某些媒体和记者有着密切而公开的联系（与公正原则相左），并在塑造政治新闻的方向和多样性方面发挥重要作用。

资料来源：Hallin，Mancini，2004.

这些类型从未在任何单一的媒体系统中独占过（可能除了第一种），而且后两种非市场的类型正在衰落（特别是第三种），并且在一些国家（特别是美国）几乎看不到了。但是这两类政治与新闻工作的关系背后所体现出的原则仍然适用，并且有助于新闻工作的表现和改革的尝试。这三种类型的划分试图揭示社会权力建立其对媒体系统的控制的主要机制。与此同时，它们确定了行使这种权力的理性原则，以及行使这种权力的限制可能在哪里。它们不是规范性或理想意义上的模型，尽管很难忽视其规范性意涵。这套分类作为可选的指导原则是有价值的，虽然它所基于的案例范围有限。

许多其他国家的媒体体系的布局在实质和细节上都与上述有所不同，

即使按照同样的"主流"专业模式看来，一些地方的新闻业已经相当成熟。这样的评价适用于世界上很大一部分地区，包括前苏联国家、拉丁美洲、非洲和亚洲的大部分地区以及一些亚洲民主国家。其中许多地方仍有之前独裁倾向的残留，或者是欠发达的国家状况对新闻理念产生了很大影响，但这些并不是形成差异的唯一原因。

用其他国家的案例对这套三分法的系统测试（特别是 Hallin，Mancini，2012）通常导致其作为一种解决方案的被拒绝，尽管它在识别本质问题方面还是有价值的。比较研究表明，实质上的多样性来自不同的历史经验和民族文化。真正自由主义的制度是不常见的，"民主法团主义"在很大程度上是个北欧例外论（North European exceptionalism）的议题。世界上的许多媒体系统都可能表现出某种形式和程度上的政治平行性（political parallelism），也经常同时带有独裁控制的痕迹和肆无忌惮的商业主义的成分。这两个特征都不太可能支持新闻专业价值。例如，在对俄罗斯这一重要案例的评估中，瓦尔塔诺娃指出了其中国家主义（或家长主义）和商业主义两条路径的交织（Vartanova，2012：139-142），她认为俄罗斯公民仍然接受他们相对于社会权力的从属地位（Vartanova，2012：131），但这并不妨碍记者们坚持某些或多或少具有普适性的职业价值观，并出现了新闻业内部的代际差异（Pasti et al.，2012）。

尽管这套"三分法"遭到了经验现实的拒绝，但也确实没有在其他地方找到什么真正的新"类型"，也没有哪些此前被忽视的新维度被发现（除了一些威权主义和非法/不民主的控制手段）。

6.5 经济因素

自从大众传播产生以来，人们普遍认为媒体公司的所有权所施加的影响为新闻业的自主性设置了基本的限制，特别是在那些大规模的，有时是多媒体的、集团化的媒体公司中。尽管没有理由怀疑这种普遍的观点，也不缺乏这种权力施加影响的具体例子；然而，也有一些反趋势，它们既有经济逻辑的支持，也源于专业人士的抵制。在自由主义模式的支持者看来，一个在不同新闻提供商之间运行良好的竞争市场是新闻自由最好的保障。

除了每一种技术的内在特征的影响之外，其他一些经济因素似乎也在媒体系统的运作方式中发挥着决定性的作用，并对新闻工作产生直接影响。其中最重要的似乎是资金或收入的**来源**（或类型）。罗伯特·阿特舒尔（Altschull，1984）在其"新闻业的第二定律"（Second Law of Journalism）中简洁地指出了这一点——"媒体的内容总是反映出那些资助它们的人的利益"。尤其是，通过出版发行直接从受众那里挣来的收入与更高效地获得的出版资助（特别是从广告和赞助方那里）之间有很大区别。粗略地说，这影响了编辑和记者的独立程度，也影响了与观众的关系，由受众/读者直接为新闻付费是最不受约束、最自由、最少涉及第三方利益的财务模式。

从商业广告主那里得来的报酬（至少在涉及大公司大笔款项的情况下）可能会在某些方面束缚记者的手脚（或至少在媒体管理层方面），尽管有广告和编辑内容分离的规范，以及广告青睐的是能够吸引受众的媒体（而非是在塑造内容和品味上起到引领作用的媒体）等理论（Baker，2002）。其他类型的收入也会对相关媒体产生影响。撇开贿赂和秘密支付的被采访费用不谈，还有两种相关的形式：第一种是基于政策的直接公共补助（如公共广播或新闻业补贴），这是完全公开的，并且总是带有明确的目标和规则，但它确实倾向于限制新闻业的自由，并增加政府的最终影响力（即使是以民主的方式，并享有对独立保证）；第二种是对出版的财政支持，同样也是公开的，用于支持特定的政党、意识形态、宗教或事业。此外还有其他一些不太容易被分类的收入形式，例如，为刊登请愿书、通知或宣传的付费、作为隐性补贴的公共广告等，其潜在影响相当不可预测。

第二类经济影响因素与特定新闻市场的**竞争**程度有关。争夺相同（大众）受众的竞争越激烈，新闻机构和新闻编辑室就越有压力，这要求他们把最大化地吸引大众兴趣和关注置于其他新闻标准之上。这可能会导致（不同频道之间）新闻内容的重复，导致受众的选择更少。同样的影响流也来自**所有权**的高度集中，有时会跨越不同的媒体。所有权越集中，另类出版物和其他编辑方针就会越少，记者偏离政策或选择其他就业岗位的机会也会越少。曾经，许多欧洲国家的大型公共广播的垄断也因类似的理由而备受争议，尽管它们出于善意，并配备了相应的民主监督和监管形式。

第三类影响因素来自新闻信息经济。信息是有价格的，独特的或新的信息比"旧新闻"要昂贵。所有关于新闻报道的决策都是关于分配有限的时间和金钱资源的决定。根据麦克马纳斯（McManus，2009）的观点，商业新闻制作的逻辑要求通过竞争来提供最便宜的内容组合，以保护赞助商和广告主的利益，并获得后者愿意付费来通达的最大规模的受众。经济决策的结果会影响报道的原创性、速度和深度，以及相对于现成信息的潜在提供者（各种形式的公关）和新闻机构的独立性。这些决策还以多种方式与新闻和信息的目标受众的社会经济状况有关（收入、职业、教育、居住、生活方式等）。

财务方式最重要的影响或许是对受众社会经济概况产生的作用。广告市场除了规模外，还需要在阶级、品味和收入水平上区分受众，以便准确地定位消费者。这样做带来了将"低价值"（low-value）和公众中的某些少数群体排除在关注之外的风险。互联网复兴了面向新闻消费者的直销模式，以及面向几乎所有可定义的群体的盈利潜力。但是，这样做破坏了在整个社会中或多或少平等地分发高质量信息的目标，而且很少有什么经济激励来瞄准最贫穷的消费者。网络媒体的普遍碎片化效应在其后果上并不一定是"民主"的。

方框 6.3　经济因素对媒体系统的主要影响

- 所有权形式
  - 控制着多样性的程度；
  - 所有者对编辑方针的可能干预；
  - 导致市场脆弱性（vulnerability）。
- 资金来源
  - 广告收入会影响内容和受众，反之亦然；
  - 直接从受众得来的收入可以解放媒体，赋予受众权力；
  - 公共资金限制和指导了编辑方针。

- 竞争
  ◇ 可以提高质量，但也可能导致多样性减少，并由于成本削减可能降低平均标准。

6.6　社会-文化的影响

　　社会结构的文化维度也有着令人惊讶的持久影响，即使面对技术带来的同质化、世俗化和全球化等趋势。社会-文化因素仍然推动和塑造着对各种新闻和信息（包括广告）的需求。内容供应需考虑到特定的地方情况，符合与生命周期、文化品味、规范和价值、种族或其他特性有关的不同兴趣。这一要求强烈推动了供应的多样化，即使在一定的限度之内。它为创新和扩张提供了基础，以此为视角，网络媒体的迅速发展正是因为它能够回应（和培养）这些不同的受众，而不像传统的大众媒体那样追求绝对的受众规模，并且渠道容量有限。至少在最初，网络媒体有多样化和分散化的广泛趋势。而与一两代人以前相比，要想全面了解任何特定"媒体系统"的主要特征则要困难得多。

　　尽管正在发生变化，但就时间投入和媒体或内容类型选择而言，媒介使用的模式仍然具有惊人的连续性。例如，在欧盟的 27 个成员国，2010 年底，新闻的主要来源仍是电视，报刊业也仍然出色，远超过网络媒体；只有在最年轻的年龄组且其中受教育经历最长的群体中，互联网才作为一种新闻媒介被选择（Eurobarometer, 2010）。而互联网作为新闻媒介的戏剧性发展（就像在美国发生的那样），似乎尚未成为一种全球现象。

　　尽管对媒体系统和内容的影响较小，语言作为最重要的文化影响因素仍然制约着媒体消费结构。它强化了国家边界，甚至有助于培养小国家的媒体系统，特别是如果该国有自己独特的语言，而且也足够富有，能够在供应上自给自足。同时它保护了媒体形式和主题上的多样性。在较大的民族国家内，具有地区根源的少数民族语言对全国媒体系统适应它们形成了压力。族群差异，有时是由移民引起的，也往往与语言有关，并产生类似的影响。视听媒体的兴起在一定程度上削弱了语言的孤立或保护性影响，但并没有彻底消除它。即使在早期英语占据极端主导地位之后，互联网也没有以任何显著的方式做到这一点。

任何可能促成不同需求的受众认同的文化因素都需要得到重视，且其作用情况需考虑到各地差异。即使是宗教，在媒介供求结构中也很重要，有时也与族群有关。尽管上述文化因素影响着某些类型的新闻分发和需求，但没有多少迹象表明，新闻业本身在其专业目标、价值观或常规的新闻产出方面也有相应的变化。少数群体、少数语言或少数族群对新闻质量的期望与"大多数"受众基本相同，尽管在相关性和近用权政策（policies for access）方面有着不同的标准。

方框 6.4　社会-文化因素对媒体系统的影响

- 语言是内容的塑造者，为受众设定边界；
- 品味和品味文化，往往反映了年龄和社会地位；
- 族群、宗教和其他亚文化分支；
- 本土性和地区主义；
- 阶层和地位的差异；
- 支配着社会规范和价值观。

6.7　媒体系统对新闻业的影响

20世纪中期的媒体系统表现出明显的空间分布特征，在国家边界内部呈现中心-边缘布局。大多数报纸的生产和发行都来自中心大都市，并伴有一套区域和地方的附属体系。"中心"和大城市的报纸更有影响力、更有声望、更有可见度，也更赚钱。无线电和电视最初也遵循这种基本的地理模式，部分原因是传输范围有限，内容也有限。技术进步消除了分发范围和容量方面的诸多限制，而网络媒体则完全摆脱了这些限制。但媒体系统仍然被其他因素在空间意义上锚定着，特别是与受众有关的，它们依然固着在各自的地方上，虽然能够移动化地接收信息。

在20世纪，新形式的国际传播媒介发展起来，有时作为国家系统的组成部分（例如，世界无线电网络）。伴随着电报和电缆的发明，它们成为起源于19世纪的新闻供应的一个新的主要特征。这是国际新闻通讯社的系统，在世界范围内收集和销售新闻，相互竞争，尽管每个主要机构都以特定的国家媒体系统为基础，最初的那些来自英国、美国、西班牙和法国（Boyd-Barrett, Rantanen, 1998）。这个"系统"逐渐扩大，添加了强大的新玩家，特别是苏联、日本和中国。新闻通讯社大力鼓励向本国以外的最大数量的客户和市场提供真实、"客观"的新闻。但即便如此，也不可避免地存在着国家偏见，影响着话题和事件的选择，也影响着新闻价值观。

有线电视和卫星广播在20世纪末的到来，或多或少地建立了一系列真正的跨国新闻媒体，它们没有明显固着于某一单一的国家媒体系统，但无论是如它们自己主张的还是被期待的那样，它们从未失去其国家-文化认同，这些认同源自其出身。例如，对CNN新闻表现的研究表明，CNN的基本倾向是符合美国受众利益，更多采用美国新闻来源，并时常符合美国国家政策的目标（例如，Thussu, 2000）。最新互联网的发展大大增强了这个国际"媒体系统"，尽管到目前为止还没有太多证据表明主要的新闻通讯社对此做出了多少调整，这些新的媒体形式对新闻业的要求还很不确定。

要想测量出新闻业的日常实践到底从上述影响因素中体会到多少压力，是不容易的，无论是研究整个媒体系统还是采取更直接的方式。一些记者研究提供了部分证据，例如，跨国的"世界新闻业"（Worlds of Journalism）等比较研究项目中反映出，在记者的自我认知中，最受理论家关注的政治和经济因素，似乎并没有如流程、专业和组织的影响那样会带来更多压力。此外，记者似乎对存在的政治压力不太敏感，对经济因素也一样，尽管在民主规范不太完善的地方，这两种意识都相对更高，例如，在土耳其、乌干达、智利、埃及和俄罗斯等（Hanitzsch, Mellado, 2011）。

政府拥有的媒体也被认为更有可能被施加政治压力。哈尼奇、梅拉多评论说，记者在这些压力条件下感受到的自由可能部分是由于一种"专业幻觉"（professional illusion）。同样的道理也适用于西方国家，这些国家经常声称拥有相当高的专业自治权。

在评估媒体系统因素对新闻表现的潜在影响时，以下影响途径最为显著（见方框6.5）。

方框6.5 媒体系统对新闻业影响的主要基础和途径

- 编辑和记者相对于政治或经济权力、新闻来源、媒体所有者、赞助商和广告主们独立的程度；
- 收入的类型（来源）；
- 系统中组成要素（媒体类型、公司、组织机构）的多样性；
- 媒体行业或整个系统的集中度和竞争性（competitiveness）；
- 语言、族群、国家/区域多样性；
- 媒体系统的范围和广度，媒体系统越大，记者的机会和选择就越多，受众能够得到的高质量的内容也越多样化；
- 旨在保持和提高质量标准和广泛适用性的（公共）形式的监管、治理和问责的类型和有效性。

方框6.5中列出的所有因素都会以某种方式影响以下某种或所有方面：技能和培训水平、各方面的专业化实力、与公众/观众的关系、抵抗来自政治或经济力量的不必要的干涉。在研究了组织因素之后，这些影响和其他影响作用的途径可以得到最好的理解。

6.8 组织层面的影响

新闻工作一直都是在不同类型、不同目标的正式的组织内部进行的。新闻机构本身也在以各种方式发生变化。总的来说，它们现在变得更庞大、更复杂，通常跻身于一个更广泛的媒体产业中，后者有着不同的部门和受众群体，并以高额利润为目标。媒体的任务分工更细化，管理控制也更严格。生产和传播技术在内容和覆盖面的决策中发挥着更大的作用。对新闻工作及其产出的研究揭示了这类决策中的一些系统性倾向，这些倾向对新闻实践及其社会作用方式都产生了影响。本节的目的是要引起人们对影响新闻产出的组织环境的一些基本特征进行关注，它们将被按照其在新闻生产过程中的大致顺序来依次讨论。

"新闻发现"阶段

所有新闻媒体都需要持续而可靠的新信息供应，要么来自它们自己的报道，但经常十分有限；或者来自新闻通讯社和其他媒体；或者从感兴趣的第三方处获得信息。最后一类包括用于公开传播的大量公关材料/报告、声明和公告，但不像广告一样需要支付费用。事实证明，这些信息来源在新闻内容中占了很大比重，有时甚至是主导位置。这本身并没有太多不妥之处，但它对媒体的角色和影响产生了一些潜在的系统性后果，而且其中很多并不是记者的作品。它以最容易合作的方式给那些拥有最多资源的消息来源提供尽可能多的被报道的机会，通常这些消息来源（政府、政党、大公司、大机构等）还倾向于以某种方式"制造"新闻。在更极端的情况下，"伪事件"这个术语被用来描述这种人为安排的事件。反抗当局的各种运动亦会利用各种机会，采取各种行动和措施来进行宣传。因此记者经常需要解决这样一些难题——到底哪些事件需要报道。

对供应的依赖导致新闻媒体将资源或注意力集中在那些可能会出现潜在受众感兴趣的信息的地方，例如在法院、警局、议会等。这也适用于示威、灾难现场、事故等。其结果包括强化某些新闻价值和内容的可预见性，以及给予更多社会权威以获得发声的特权。新闻"来源"的这两个特点的结合会促进记者和潜在来源之间建立互利关系。这并不是天生与公共目标相悖，但它确实系统地扭曲了注意力分配，并可能导致公正性和自主性的丧失。

例如，最近战争报道出现的一个特点是，广泛采用了向军事单位（盟军）"嵌入"合格记者的做法。在2003年伊拉克战争的一个阶段，据说有

600多名记者以这种方式参与。这既满足了人们对新鲜、生动新闻的需求，又强化了军事信息管理之手，从而不会引起与保密和审查等曾经是新闻控制的主要工具间的对抗。不可避免的是，嵌入的记者不倾向于对他们所参与一方的目标或做法持批评态度，其报道也倾向于为供国内受众消费而进行一些"净化"处理（McQuail，2006）。

另一个在这阶段起作用的因素是必须按照一定的惯例迅速地完成选择过程。这一点尤其适用于拥有大量素材的新闻通讯社。这些素材本身是此前不那么具体或方针明确的选择过程的结果，但是，对其的选择总体上有一种倾向，即强化关于"新闻"和观众的常规观念，剔除那些被认为是边缘的、太复杂的、未经证实的、与潜在观众无关的内容。选择过程不会是随机的，也不可避免地需要编辑的主观判断，后者可能反映某些个人价值观、兴趣或编辑原则。最后，所有类型的发现和选择都受到现实考虑的影响。撇开记者不谈，最容易获得、最高效的新闻报道来自通讯社。遥远地方的新鲜或突发事件需要更多的时间和费用来报道，因此需要超过一个更高的新闻价值阈值来考虑是否将其纳入选择，这可能会导致那些更基本但更遥远的信息受到忽视。

在"发现"阶段，获取独家新闻的压力，尤其是与丑闻、名人和犯罪有关的新闻，可能导致可疑或不道德的信息采集行为，以及对当事人造成的潜在伤害。通常，媒体机构会采用自己的风格和文化，这也给它们的记者施加了压力，需要符合机构的期望。

方框 6.6　在选择阶段影响报道内容的因素

● 外部来源的素材流（通讯社、公关业、公共信息）；
● 更多关注熟悉的新闻事件所发生的地点；
● 给予能够验证"事实"的权威声音以更多机会；
● 与新闻制造者（比如，政府、军队、警察等）间的密切合作；
● 编辑的主观影响；
● 偏爱头条新闻、独家新闻、名人新闻等。

报道处理和呈现阶段

在这个阶段，组织压力有三种主要的影响：首先，新闻处理的目的是向受众提示不同新闻"故事"的相对重要性；其次，选择"新闻故事"的形式和设定报道或事件的"参照系"，主要是为了获得受众的认可和理解；最后，有一些特色（features）被设计出来，旨在卷入和激发观众、吸引注意力、激发情感等。

就第一个方面而言，对于事件和"故事"隐含的重要性有其常规的提示——在快报中出现的顺序、故事或专题的篇幅，以及其他突出的标记等。对此类事项做出的判断可能被解释为暗示了某些观点或价值观/信念。"故事"所采取的形式也隐含地将角色分配给不同的卷入者，其中一些是"肇事者"，另一些是受害者等等。无论一个事件被视为"好消息"还是"坏消息"，都是讲故事的常规，也强调了某些态度和价值观，通常是传统的类型，例如爱国主义、正义、自由、族群或国家利益等。

在研究新闻中潜在的"意识形态"（无论是有意还是无意的，抑或仅仅是常规处理的结果，以使否则显得孤立的事实变得更容易理解）时，媒体将新闻内容纳入框架（framing）受到了广泛的关注（Entman, 1993）。框架有两个方面：一方面，它指的是新闻内容的组合方式，使其符合从过去的报道中衍生出来的熟悉的参考框架；另一方面，框架是指对观众的影响，观众倾向于采用被提供的框架，并以相同的方式看待世界。记者很难避免利用某些熟悉的主题和话题来为新闻报道提供背景和要点。然而，其结果也可能会窄化阐释和理解，导致接受有权势的消息来源和利益群体对事件的定义，并限制原初或替代性的视角。

上述后果有很多记录在案的例子，特别是在战争或犯罪、叛乱和冲突方面。当局有时可以预先控制新闻进程，并持续管理整个报道议程。证据表明，框架的"偏倚"效应在冲突或国家立场和价值观点分歧的情况下最为明显。例如，过去20年中的大多数重大军事行动在世界上不同国家的媒体系统中的报道框架都有很大的不同，特别是在美国、欧洲、苏联、伊斯兰世界和远东地区，世界各地媒体的目光不再仅向西方视角看齐了。并且已经有相当多的共识认为，新闻的"框架"是从消息来源开始的，这是遵循常规的记者无法避免的。

在这种情况下，还应回想到，资深的新闻服务（特别是报纸）塑造自己的个性"形象"（persona）和风格，而不太考虑意识形态，一直是相当常见的做法。机构内部文化的发展不可避免地带有个人性和特殊性（idiosyncratic）。持续的记者招募和社会化的过程往往倾向于巩固了组织最初的社会-文化特征，而受众的分化是这种做法的理性基础。

新闻呈现阶段的影响因素主要与用于吸引注意力的手段有关。电视新闻和纪录片偏好运用风度翩翩、技巧娴熟的出镜者或主持人，以吸引和留住观众。长期以来，新闻业内外的惯常假设是，受众更容易为图片/影像、极端的语言、人格化、戏剧性的事件（往往涉及暴力、丑闻和性）所吸引。最常用于描述这些的术语是"耸人听闻""小报化"或"新闻娱乐化"。虽然"小报"最初只指大众市场化报纸的形式，但它已成为各种通俗媒体的简称，并在其他地方有不同的称谓，如"黄色新闻""大道新闻"（boulevard press）等。它总是带有贬义，反映了长久以来人们对媒体根深蒂固的阶级偏见。

方框 6.7　报道处理阶段的影响因素

- 事实需要符合正在进行的叙述的需要（requirements）；
- 相对显著性（prominence）的差异为判断重要性（significance）提供了指导；
- 新闻的主题和相关性的"框架"引导受众的解读；
- 新闻媒体发展自己的风格和个性，通常采用自己的名流主持人；
- 声音、图片、词语的选择等呈现手段也能引导意义生成。

竞争对新闻表现的影响

观察家们经常对媒体市场上新闻提供者之间的激烈竞争发表评论，这种竞争因相继出现的新媒体形式（最近的是网络媒体）而加剧。从本质上讲，越来越多的媒体在追求（或反之是在损失）相同新闻内容偏好的受众，这些新闻大多符合主流新闻价值观、聚焦当前议程。

最明显的影响是，记者倾向于关注最直接、最引人注目的同一些事件。这被称为"打包新闻"，其结果是减少新闻关注的多样性，过度强调少数事件。另一个相关的趋势是，在一种自我产生的螺旋式关注和强调下，一个单一的基本故事被过度地报道，这被称为"媒体炒作"（Vasterman，2005）。"道德恐慌"（moral panic）一词也用于指称对某些据称令人震惊的事件或趋势的集中的、日益增长的关注，这些事件或趋势通常与犯罪或混乱有关。这些故事在新闻中占主导地位，直到它们达到顶峰、衰落并最终消失，并且迟早会有新的故事出现。在某些情况下，事件过后，人们会发现报道似乎与事实不符，甚至偏离事实。

总之，我们如果考虑到新闻实践所处的这些不同的情境特性，便可以发现新闻内容中的许多特征，除了那些最琐碎和转瞬即逝的，都可以被解释为在诸多压力和限制下形成的。这些压力和限制深植于基本的结构，并进一步为媒体机构的需求所塑造，特别是要满足受众对定期和熟悉的信息供应的需求。媒体结构和组织产生的许多效应（即使是计划外的）会对社会有进一步的影响。上述综合体是描述新闻与社会关系的另一种方式。

上述对新闻表现的影响明显限制了新闻业的理想实践，后者可以在规范理论和专业抱负中找到。然而，要摆脱这种约束是不可能的。在限制新闻工作者工作的同时，它们也为新闻机构和个体的工作提供了安全和连续性。

方框 6.8　竞争对于新闻内容的影响

- 在同一个市场上竞争的媒体都专注于同样的头条新闻故事；
- "媒体炒作"使一些故事保持活跃和凸显，超出合理时间跨度之外；
- "道德恐慌"的存在严重歪曲了对新闻事实的报道；
- 追求头条新闻和独家新闻的压力变得越来越大。

6.9 新闻界对社会的影响问题

以下论述仅适用于那些新闻业至少能够相对独立于政府并有一定报道自由的情况。而在威权或专制条件下，则会出现另一种可能性——从由于资源的垄断地位而拥有巨大影响力到由于缺乏信任而没什么影响。在一些地方，新闻媒体能够稳步上升到一个不能被忽视的社会和政治制度的地位，取决于这样一种信念，即新闻业能够而且确实会产生重大影响，不仅对个人，而且对其他机构、制度，甚至整个社会。这些大多是主动的和有益的（信息丰富的、整合的等等），但也包括一些可能的伤害，无论是否出于故意。其中的可能性是如此多样，以至于无法进行简单的评估，事实上，关于新闻界的影响在很大程度上取决于特定的时空条件。我们可以合理地假设，在适当的条件下，密集的媒体运动（media campaign）将在某种程度上产生预期的影响，无论是影响公众舆论还是政府议程。在不同国家的历史中都有很多这样的例子，从战争与和平议题到消费习惯，且还有更多未经证实的例子。政治家的声誉和选举机会也可能受到威胁，前面所述的"媒介化"进程似乎只会通过促进媒体的利益高于其他社会行为者的利益而增加新闻影响的可能性。

同样需要承认的是，记者不是新闻的主要发起者，而通常只是知名人士和机构的行为和观点的信使，事实上，有时他们仅仅是用于向公众传达信息的渠道。从这个角度看，新闻过程可以被看作从社会开始到社会结束的过程，是"社会的自言自语"。新闻媒体只是促进了流动，充当了中介。将新闻业视为不偏不倚的信使的观念与第五章中概述的"主导模式"相一致，尽管它隐晦地降低了新闻业的独立影响力。

相信新闻有影响力在某些方面可能是一种自我实现（self-fulfilling），因为大多数公共活动的参与者都觉得有义务表现得像新闻业拥有一些自己的权力，甚至对某些信息项目的成败及其影响有着决定性作用一样地行动。不这么做似乎有些鲁莽，但这种思维方式具有相当的投机性，尽管它是大型广告、公关和营销行业以及政治竞选的基础。虽然这套信念体系具有合理性和持久性，但事实证明，新闻业发挥任何影响的程度都是很难量化的，有时甚至根本无法证明。

这种持续不确定性的一个根本原因是，很难找到任何媒体影响的直接证据。除了新闻本身，通常有太多的因素在起作用，以至于很难对特定新闻的影响做出评估。除了信息传递之外，新闻业还有其他潜在的影响，例如，对即时行动或情绪的影响。或许更重要的是，新闻基本上是对现实世界正在发生的事情的反映，而且理应如此。很难将一个人对现实的经验与有关这些现实的新闻区分开，也很难将一种影响来源与另一种影响来源区分开。新闻报道（在自由开放的社会中）通常没有有组织的目的，因此可能产生的影响也大多非常复杂、经常相互矛盾，很少是有计划的，更是很少能被预测的。

然而，我们如果接受这样一种观点，认为新闻既不是社会的"镜子"，也不是社会的"塑造者"，就可以对新闻影响的可能性质和程度形成一些看法。这里采用的视角主要是把新闻业作为我们对周围世界的知识和理解的"中介"（mediator），包括物质的和社会的。它为我们关注周围的事件提供了大致的指导，并帮助我们以某种方式理解它们。新闻是我们没有足够的教育、能力或时间去获取的专业知识的替代品。从这个角度来看，我们在公共事务中不可避免地非常依赖"新闻"，它会影响我们看待自己与周围事件和社会的关系的方式。

方框 6.9 认为新闻业有"权力"的信念基础

- 有这样一种信念体系，它假定所有参与新闻报道传播和接收的人们都是理性的；
- 一个典型的现代社会充斥着不断更新和广泛的关于事件和环境的背景知识，这些知识有助于公共日常生活；
- 公共舞台上的行动者如果不假定新闻具有潜在的影响，是不安全的；
- 信息经济的几个部门（sectors）都非常依赖这套信念体系；
- 新闻的影响在程度和方向的不确定性可以用测量任务的复杂性和许多影响的开放性来解释。

要想更详细地回答这个问题，需要仔细研究不同类型的潜在影响，对此我们确实有一些证据。一些基本的分类已经可以做出：对知识和理解的影响、对说服和态度改变的影响，以及对个人或集体行为的影响。

6.10　新闻的信息效应

我们首先有足够的研究证据来确定新闻受众的一些**学习**（learning）行为在通常情况下是存在的，通过对新闻条目的回忆或识别来衡量（例如，Robinson，Levy，1986）。平均而言，这个量不太可能很大，理解也不太可能深刻，而且它可能很快就会衰退。然而，学习到的信息随着时间的推移逐渐积累，为"广大公众"（mass public）提供了一个共享的知识背景。

这种偶然的学习不是大多数受众所计划的或主动寻求的（为了各种各样的满足），但似乎遵循了选择过程中内置的一些相关标准。受众的能力和兴趣等几个已知并因此可预测的因素会影响学习的多少。从新闻中学习，无论通过何种媒介，都取决于受众动机的类型和强度。此外，通过其他方式，我们了解到，对重大事件的认识会通过新闻媒体在人群中不同程度地扩散（Rosengren，1987）。认识的程度和扩散的速度，首先取决于事件的性质（突出性、戏剧性、潜在影响），其次取决于媒介的能力［传播领域和覆盖范围（range and reach）］。最引人注目的事件（如"9·11"美国遇袭），其扩散可能是主要媒体和人们的口头传播相结合的结果，其传播速度非常快，范围非常广。再者，所有社会都会表现出知识扩散的不平等，这与特定的社会结构有关，也与媒体结构有关（Tichenor et al.，1970）。

在一段时间内，大众传媒的逐渐发展最初有助于缩小这些差距，但教育、收入和社会地位的持续不平等仍然是障碍。不同的媒体在缩小或扩大这些差距上有不同的作用。从历史上看，广播和电视通常有助于提高平均水平，减少社会阶层之间的"差距"（gaps），但印刷媒体赋予了社会优势群体以不同的优惠，现在的网络新闻媒体则可能更有甚之。对媒体的结构性干预（例如，通过新闻补贴或设立具有信息授权的公共广播）可能会产生一些改变，有助于社会和教育改善（Curran et. al.，2009）。但没有确凿的证据表明互联网本身有能力缩小这些"差距"，即使所谓的"数字鸿沟"（digital divide）将会被克服。

毫不奇怪的是，考虑到新闻的特性，最有可能被确证的效应是对"认知"的影响，而不是信念、态度或行为的改变。我们可以给出三个认知效应类型的例子，它们与前面所说的新闻的结构化影响是一致的。第一，似乎存在一种所谓的"议程设置"效应，公众倾向于接受这些设置，用以提示什么是需要关注的最相关的新闻，新闻媒体会对议题和事件的重要性做出相应的排序，并会内置于新闻选择和相对显著性的判断等环节中（McCombs, Shaw，1993）。然而，在这种情况下，还需要回想的是，"媒体议程"往往起源于其他社会机构的议程，特别是那些政治和经济机构的议程，然后以新闻的方式向公众传播。

第二，新闻处理中按照话题或主题将新闻信息纳入框架的环节（参见上文报道处理阶段的影响），作为一种处理各种各样的事实的手段，往往也会被公众接纳，作为一种便利的方式来组织和理解输入的信息。虽然这基本上是一个非计划的学习过程，但确实为引导注意力和传递某些类型的阐释开辟了道路。一些研究已经证实，维持新闻事件连贯性的"框架"与公众舆论间具有因果关系。例如，艾扬格（Iyengar，1991）指出，新闻呈现社会问题的方式影响了受众是否会"责怪受害者"。当然，在这种情况下，要证明到底是谁影响了谁，并不容易。

第三，在某些情况下，新闻的特性有放大某些问题、事件、态度和观点的倾向，通过表明（有时是不表明）什么是当前社会中最重要的、最正常的或共识的，特别是在涉及有争议的问题时。这种放大伴随着对另类或偏差观点和信息相应地忽视，可能导致人们不愿公开反对所谓的主流观点。后一个过程被称为"沉默的螺旋"（spiral of silence），这是一种走向社会从众的趋势，不是刻意的，但是自我实现的（Noelle-Neumann，1984），它可能是由非常有发言权或有影响力的少数人驱动的，也可能是由专横的多数人驱动的。这可能导致对某一特定时刻关于真实的舆论气候的新闻报道产生非常具有误导性的印象。新闻报道的结构越不多元化，就越有可能看到这种特殊效应。

> **方框 6.10　新闻报道的信息效应**
>
> - 关于当前事件的一般信息是定期获取和积累的；
> - 信息传播的速度和程度以可预测的方式差异化地呈现；
> - 这就产生了广泛共享的相似的背景信息；
> - 个体差异是学习中出现差异化表现的主要原因；
> - 不同类型的媒体（和媒体结构）总体上有一些差异化的影响；
> - 因此，我们发现了社会阶层之间的结构性差异（知识差距）；
> - 新闻为需要关注的问题设定了公共议程，从而也为"公众舆论"设定了议程；
> - 新闻事件以某种一致的方式被置入框架，而引导受众的解读；
> - 系统性的新闻遗漏（omission）会导致选择性的公众忽视（ignorance）。

6.11　通过新闻游说和施加影响

关于新闻界对意见、态度、价值观和信仰的影响，存在着更多的不确定性，尽管人们普遍认为，即使不是记者有意为之，这种影响也确实会产生。信息效应和评价效应之间的界限也并不那么清楚。关于可能会产生影响的假设引发了对报道中的"偏见"的重视，以及对媒体所有权和控制权（尤其是受众覆盖面上的）集中的担忧。它推动着一种信念，这种信念本身植根于广告业，即政治人物和其他公众人物（他们的"形象"）的被接受度和受欢迎度可以由大众媒体塑造。宣传能够影响一个人的公众声誉，这种信念是根深蒂固的，而且与经验相一致。进一步的观点是，那些控制宣传机构的人可能会利用他们的权力来伤害或助力他们的政敌或朋友，这种观点也被认为是合理的——集中在一群人手中的宣传力量越大，它看起来就越危险。

对新闻中无意的或隐藏的偏见的关注往往取决于观察者的政治或意识

形态立场。除了媒体所有者对新闻编辑方针的指挥外，人们还经常对记者们和社会的总体政治倾向表示怀疑，认为其要么是左倾的，要么是自由主义的，要么是过于接近政治或经济权力而不能独立或无法具有批判性的。近年来，这两类偏见被指责出现在不同的媒体系统中。来自利益群体的普遍关注通常是为了确保自己的利益、组织或事业不会因为与某些"坏消息"（bad news）的关联而受到损害。这是一个主导印象（关于政客、政策、公司、行业等）形成的问题，这些印象没能为客观公正的新闻实践所避免。以对自己有利的方式去管理新闻的普遍（竞争性的）努力，强化了这样一种信念体系，它认为新闻界对社会关注的关键问题具有重要的影响力。

方框 6.11　通过新闻游说和施加影响

- 新闻业通常并不主动谋求以任何立场去影响观点或信念；
- 然而，影响可能来自某种形式的非意图性的"偏见"，例如，通过置入框架或总是倾向于客观地报道负面事件等；
- 蓄意施加影响的企图可能通过以下方式进入新闻：操纵事件、有效的公关和新闻管理、所有者的干预、新闻人的意识形态倾向；
- 一些上文讨论过的认知过程也可能带来意见和评价影响；
- 所有权和新闻媒体的控制权在同一个系统中过分集中在同一些人手中，会增加蓄意和片面化的影响的危险。

6.12　对社会行为的影响——个体的或集体的

在政治和选举领域，考虑到对投票行为可能产生的影响，并通常作为政治竞选活动的辅助手段，新闻媒体经常受到密集和细致的审查。调查结果证实，影响确实会发生，虽然有时是有意为之，但通常最终还是会追溯到时间、地点和事件本身等许多语境因素。更普遍的影响是对民主进程的参与，特别是在一个投票和政治兴趣似乎在下降的时代，这被归咎于新闻业对政治和政治家的忽视和消极态度（"小报化"就是典型例子）。

对新闻业的指控（或许尤其在美国和英国）在一段时间以来大多集中于政治领域，认为新闻业总喜欢关注一些与政治无关的问题，比如专注于个人特质、选举的"赛马"性质以及政治中那些最为阴暗和最不受人喜欢的特征。其后果是忽视了充分告知公众那些重要的政治议题（Blumler, Gurevitch, 1995；Capella, Jamieson, 1997）。虽然已经提出了一个看似合理的假设，有一些相关的证据支持，但在这个复杂的论断中有太多的变量，无法实现任何确定性。但该指控触及了一个更深层的问题，即谁应该控制那些"大门"——记者还是政治家。

除了上述问题，还有一个长期存在的观点，即另一些被大众媒介中介化的文化比新闻的影响还要大。一般的新闻报道当然既不打算鼓励也不打算压制社会中的犯罪、暴力或混乱。但这样的报道还是可能会产生意想不到的后果，特别是当这类新闻高度集中的时候。这种情况倒是至少可以被推定，有时还可以作为需要控制媒体的论据。从理论上讲，犯罪倾向可能会受到宣扬和犯罪细节的刺激，后者使犯罪看起来迷人或者被当作惯常的社会现象。这可能会导致对犯罪后果脱敏，从而减少社会常规的约束力。

另一种更有可能的影响是，新闻有可能识别和污名化那些可能受大众厌恶的对象和可能出现的暴力，特别是针对那些外部群体，如吉卜赛人、移民、性变态者、精神病患者、有罪犯前科者等等。每隔一段时间，都会有就新闻对国内动乱、示威和抗议活动的激化作用的谴责声浪。这类事件经常被新闻以耸人听闻的方式处理，强调其暴力性质和由此产生的公众危险，但也突出了这类事件的刺激性和广泛性。这有时似乎会损害议题相关的事业或者所涉及的人。或者，就像其经常被指责的那样，它可能会激发和加剧问题行为的扩散。此外，它为抗议者提供了一个强烈的动机，促使他们以一种吸引新闻关注的方式来设计自己的行动。当然，新闻并没有"引起"集体"暴力"，而是放大了集合式的暴力，并有可能"蔓延"开来。一些这样的影响甚至会受到活动组织者的欢迎，但更多的时候，新闻媒体被认为是站在"法律和秩序"一边的压制性力量。

139　第六章　媒体结构、媒体表现和"新闻界的权力"

> **方框 6.12　对行为的影响**
>
> - 新闻可以激发社会政治兴趣和参与，也可以通过娱乐和消极情绪使人失去动力；
> - 选举的投票倾向和投票率通常会受到一定影响；
> - 媒体报道可能会刺激集体抗议和内乱，或者充当宣传者、扩音器、动员或塑造了更暴力的抗议策略；
> - 在紧急情况或危机时期，也可能促成"亲社会"（pro-social）效应。

6.13　回顾：新闻权力的主要决定因素

第一，新闻业所发挥的无论是被期待的正面效用还是有问题的影响大多源于一些已知的社会结构、媒体系统和新闻操作等条件。国家媒体系统的受众覆盖范围是学习行为和意见影响的先决条件之一，所有权的集中度和新闻供应的缺乏多样性也是主要因素。由媒体提供的新闻内容越集中、越具有一致性和累积性，就越有可能随着时间的推移形成相应的世界观。缺乏所有权和媒体系统的多样性也增加了系统性偏见的风险，在缺乏有效的"意见自由市场"的情况下，扭曲和遗漏将发展到难以修正的程度。

第二，受过良好教育、积极参与民主的公民群体，似乎可以纠正利用新闻媒体谋求部门或意识形态目的的操纵或鼓动行为，这听起来并不奇怪。他们表达了确保质量的需求，他们作为新闻消费者提出的要求有助于将"新闻权力"从为政治和经济权力持有者服务转移到其他目标。正是这些观众的存在，回答了上文提出的关于对"新闻界的权力"施加限制的问题。

第三，我们可以举出几个相互关联的有助于**信任**（trust）和**可信性**（credibility）的条件，这两个条件使新闻更有可能发挥更大的影响，因为它更有可能被相信（在这种情况下，通常是为了有益的目的），为了增进公众对媒体的信任，媒体需要争取被感知为诚实的和权威的事件目击者，专业和技能娴熟、公平公正。此外，信任还可以通过有效的问责制和及时改进来促进。

出于不同的目的，还有其他一些可以形成信任的方式有助于新闻对某些部分的公众产生影响。例如，党派新闻可能会很有影响力，因为其面对的是关系更为紧密的自我选择的公众，特别是因为其公开的立场、利他主义的目标以及振奋人心的风格。有关名人或者耸人听闻的呈现方式则可以增强对没有立场或者消息不灵通的那些受众的影响力。

上述对有助于产生新闻的社会影响的条件评估，没有充分考虑到记者有时会认为自己具有独特的影响能力，也没有考虑到许多人会认为他们或其他人会有如此大的影响力等情况。所谓的"新闻界的权力"（power of the press）和"新闻专业的权力"（power of journalism）是不一样的。后者从未被评估过，部分原因可能是它既不适合社会科学研究方法，也不适合人文研究方法，而且就其本身而言，很难被界定和检验。

当然，很显然，新闻业是在以一种例行惯例和持续性的方式担任重要的见证者和记录者的角色。在一些特殊时刻，其产生影响的可能性要大得多，记者们很可能会珍惜这些机会。新闻业能起到卷入、揭示、启发、推动和激励作用，尤其在关键时刻。作为例子，有一些著名的照片或电影图像曾吸引了公众的注意力和想象力，它们中可能出现过上述任何一种影响。有时一个新闻工作者的声音（个人或作为一个团体）会雄辩而勇敢地说出真相。在关键场合发展和运用的创造力和修辞技巧可能会产生显著的特殊效果，即便新闻业在平时的影响力并不凸显（Eide，2007）。

某些已知的有害影响经常为特定的个人、团体和组织所遭遇，这一事实支撑着人们坚信"新闻业的权力"确实存在。这种权力的主要本质是公开性（publicity），因为是新闻界自身在很大程度上决定了给予什么事务以多少关注。公开性的分配往往不是以客观、公正甚至道德规范为指导的，而是由每个新闻机构自己选择的方针和文化决定的，有时甚至是由个别编辑和记者的个人偏好决定的。

对"新闻界的权力"的普遍认可和我们对促成其更大影响的条件的了解，并没能足够帮助我们预测未来在不同的新闻环境下可能会发生什么。

尽管如此，我们的知识足以证明，在保护新闻自由的同时，采取某种形式的公共规制、监督和问责制是合理的。当然，"好的"和"坏的"影响之间的区分是不确定的，而且在新闻可能对民主起到至关重要的作用的争议领域中，这样做可能存在禁止发布的风险。这些争议领域包括：曝光丑闻和滥用职权，"为了公共利益"而披露机密或秘密信息（但可能侵犯私人利益或公共权威），以及给少数群体和不受欢迎的事业以机会等。由于影响的大小和"质量"对结构和系统因素的依赖，还是可能存在一些形式的规制，可以既尊重新闻内容的自由，也顾及公共利益的需要。

方框 6.13　"新闻界的权力"的主要条件变量

- 主要媒体系统对社会的广泛渗透；
- 新闻媒体所有权集中在少数人手中，而不是有多样化的来源、渠道、公司和组织；
- 新闻内容在话题、主题、价值观等方面的调和（consonance）和共识（consensus）；
- 能够接触到大众中最不被感兴趣和最不被关心的部分（从而容易受到影响）；
- 公共活动的活跃度和媒体受众的受教育程度；
- 新闻媒体为政治或其他事业服务；
- 资金充足且开明的公共服务媒体的存在；
- 公众对新闻界的信任/信心和对新闻界的尊重；
- 某些事件为新闻界发挥强有力的即时影响提供了例外的机会，或者为新闻界在集体意识和记忆方面的长期贡献提供了机会。

6.14　总结

在此我们将对我们所知或愿意相信的新闻业的诸多影响进行总结。从整体上，本章证实了新闻对社会具有潜在的重大影响这一观点。几种不同的影响过程的核心是一个简单的事实：在现代社会中，我们作为个体，几乎完全依赖于远程的他者和中介机构来获得大量信息以顺利履行父母、公民、员工等必要的社会角色。组织或机构的情况与此类似，只是方式不同且更加复杂和有依赖性。需要注意的是，这里所讨论的权力（不是强制的权力）在某些方面是通过自身的行使而自我实现的。此外，在许多方面，它只是一种更直接和更实在的权力的表达，这些权力已经掌握在那些拥有最多的媒体近用资源或者被中介的信息资源的发端者手中。

更有趣的问题现在可能与"新媒体"的新闻业有关，根据所讨论的一些条件，新媒体虽然在其他方面缺乏潜力，但具有特殊的能力将其触及范围溢出那些已经被说服或动员的受众，其所处位置似乎有助于发挥独立的影响。

延伸阅读

Baker, C.E. (2002). *Media, Markets, and Democracy*. Cambridge: Cambridge University Press.

Boyd-Barrett, O. and Rantanen, T. (eds) (1998). *The Globalization of News*. London: Sage.

Eide, M. (2007). 'Encircling the power of journalism', *Nordicom Review*, 28: 21–9.

Gunther, R. and Mughan, A. (eds) (2002). *Democracy and the Mass Media: A Comparative Perspective*. Cambridge; Cambridge University Press.

Hallin, D.C. and Mancini, P. (2004). *Comparing Media Systems*. Cambridge: Cambridge University Press.

Hallin, D.C. and Mancini, P. (2012). *Comparing Media Systems: Beyond the Western World*. Cambridge: Cambridge University Press.

Iyengar, S. (1991). *Is Anyone Responsible?* Chicago: University of Chicago Press.

线上阅读

Go to www.sagepub.co.uk/mcquailjournalism for free access to the online readings.

Elvestad, E. and Blekesaune, A. (2008). 'Newspaper readers of Europe', *European Journal of Communication*, 23, 4: 425–47.

Fengler, S. and Russ-Mohl, S. (2008). 'Journalism and the information-attention markets', *Journalism*, 9, 6: 667–90.

Hanitzsch, T. and Mellado, C. (2011). 'What shapes the news around the world? How journalists in 18 countries perceive influences on their work', *International Journal of Press/Politics*, 16: 404–26.

Ravi, N. (2005). 'Looking beyond flawed journalism. How national interest, patriotism and cultural values shaped the coverage of the Iraq war', *International Journal of Press/Politics*, 10, 1: 45–62.

Rosengren, K.E. (1987). 'The comparative study of news diffusion', *European Journal of Communication*, 2, 2: 227–55.

Van Gorp, B. (2005). 'Where is the frame? Victims and intruders in the Belgian press coverage of the asylum issue', *European Journal of Communication*, 20, 4: 487–507.

第七章 社会对新闻业的问责制

7.1 引言

前一章已经相当清楚地说明了为什么新闻业可以承受一些问责的压力。由于其所处的媒体系统与现代社会、政治和经济生活有着紧密关联，虽然有新闻自由的保障，但期望没有任何监管是不现实的。总的来说，这是一种限制性的保障，与几个世纪以来政府为维护其权力而使用的多种法律手段有关，主要的手段是针对出版的事前审查和事后惩罚。

然而，这为其他形式的监管留下了可能性，也为自由和控制之间的界限以及保护社会免受潜在伤害的正当手段留下了讨论的空间。新闻界不能凌驾于保障其他个人和组织权利和自由的法律之上，也不能简单地拒绝为其可能的失败或伤害性后果承担相应的责任。媒体本身甚至可以争取从可以保护其利益的监管结构中获益，而不仅仅是受其限制。更何况媒体还可以通过提高透明度和对批评做出反应而增加其公众信任和影响力。

当然，具体的情况是微妙的，那些有权力进行监管的人们往往也是那些为了自己的目的而施加控制者，有时他们代表的利益是需要新闻业监督并与之保持距离的。所有实施监管的举措都可能被媒体以怀疑的眼光看待，即使有时它们是对公众普遍感到的不安的回应。不管出于什么原因，新闻业在公众心目中的地位和信任度通常都不太高。各国公众对新闻质量的评价各不相同，往往同时反映出个人经验的差异以及媒体系统的弱点。本章的基本立场是一些形式的问责乃至监管是必要的，且对媒体及社会是有益的，它们所采取的形式以及它们的适用对象的界定是争取社会利益和新闻业所追求的目标之间平衡的关键点。

从上述评论中，我们可以发现人们对问责制的评判角度可能各有不同，主要的差异出现在**政治体系**（国家、政府和政党）、**公众**（无论是作为受众、集群还是作为受媒体影响的个人）、社会中利益关联的**第三方**和机构（政治、经济和社会的）、**媒体市场**与**产业**、编辑和**记者**自身等。不同利益群体对新闻问责的重视程度不同，发起约束的能力也不同。权力和利益的配比因时因地而异，所涉及的关系和达成的解决方案也随社会和媒体系统的变化而发生演进。

负责制（responsibility）和**问责制**（accountability）相关的主要议题如下：

- 最常见的形态是怎样的？
- 其在范围上是个人的还是集体的？私人的还是公共的？
- 有可能带来哪些危害？哪些效益？

内涵与形式
- 涉及哪些类型和程度的负责制？
- 什么是问责制？有哪些形式？

问责的过程
- 对谁负责？由谁来问责？
- 它是如何运行的？有哪些机制？
- 媒体变革对现有的媒体治理框架有何影响？

7.2　监管和问责制的主要议题

上一章对新闻业可能产生的影响的讨论，为呼吁相应的监管提供了指南。新闻自由原则本身的模糊意味着这些问题往往没有得到清晰的界定，但还是可以预见一些最常见的问题以及抱怨的来源。政治家通常主导了对媒体的监督，他们要么是关心自己地位的民选官员，要么是行政官员，对与政府政策看似相悖的新闻报道心怀怨尤。对于这两个群体，可进行的正式投诉都是有限的。政客们声称只是为了寻求准确和公平，这也是新闻人们所看重的，但实际上他们通常想要的更多。与此同时，各国政府会要求新闻业尊重司法制度和国家安全所提出的要求（正式或非正式的）。在敏感信息的发布问题上，其与新闻业不可避免地存在着（或应该存在）一种实际或潜在的冲突状态。撇开这些问题不谈，政客和政府还可以宣称自己相比于未经过选举产生的新闻人，更具有民主合法性。

虽然没有多少迹象表明，公众舆论是推动在政治和政策事务领域实施更严格新闻监管的重要力量，但有大量证据显示，公众担心受到安全威胁，甚至担心媒体在道德或文化问题上会产生冒犯行为。对大多数人来说，自由原则本身并不妨碍对冒犯的新闻内容和新闻采集中的不当行为采取更多的限制，在社会组织中也常常有很多有见识的意见要求提高新闻质量。有时这与所谓的新闻"琐细化"（trivialisation）和"耸人听闻"（sensationalism）以及公共信息的低质量有关。这些批评可能会导致对媒体结构的干预以及对更多新闻监管的呼吁。

在那些自封为"公共利益守护者"（guardians of the public interest）的人士中，有许多批评家对新闻媒体的表现提出了不少有根有据的抱怨，比如其扩大了对社会中各种少数群体的偏见甚至仇恨等。这类案例中的受害者通常无法或不愿意自己做出反抗或抱怨，提出抱怨的往往是那些遭遇声誉损害或隐私侵犯的实际或潜在受害者。法律可能会提供一些保护和补救措施，但更多情况往往无法可依。

虽然大多数的问责案例与具体某个媒体的失败举措或所遭遇的难题有

关，但总还是有一群活动家试图推动新闻业在整体层面上能够实现改进，以更好地做出其在社会和文化方面的应有贡献，并以此获得相应的自由作为回报。有时，改革的压力在一定程度上可以得到缓解，例如通过提供公共服务的新闻业形式（在广播领域），后者要求对专业自主权进行一定的限制，但又要保护自己免于承受许多市场压力的影响。互联网作为一类主要新闻提供者的兴起，引发了将公共服务模式扩展到网络领域的呼声。问责制和潜在控制相关的主要问题详见方框 7.1。

方框 7.1　新闻问责制的主要议题

- 在国家安全和法律实施方面维护国家的根本利益；
- 敏感议题（暴力、性、犯罪、宗教等）因出版而产生的道德和社会规范问题；
- 通过全面和公正的报道，以及通过充实公共领域和支持政治体制，来保障公众整体的社会和文化权益；
- 提高新闻工作的专业和道德素质，特别是在信息采集环节中的行为，以及新闻的质量等方面；
- 防止在名誉权、隐私权和经济利益等方面对个人造成损害；
- 防止对个人（如诱导自我伤害）或社会（如煽动混乱）的直接伤害，以及防止对社会或群体的普遍危害（如偏见或误导）。

尽管在大多数情况下，我们关注的是那些被认为是有害的影响，但某些形式的监管也可能有造福社会或新闻业（或两者都有）的潜能。

7.3　新闻负责制

负责制（responsibility）涉及责任或义务等问题。但是新闻业的义务究竟有哪些，似乎没有确定、清晰的答案，这主要是因为新闻自由和新闻业的功能本身的多样性。正如我们在第二章中看到的，关于新闻业可能或应该对社会做出什么贡献，有相当多元的见解。众所周知，新闻界作为一个整体并不愿承担任何具体的义务，也不能被用法律或条例来强加这些义务，否则会损害新闻自由。实际上，仅有部分新闻行业（公共广播新闻机构或者致力于某项事业或价值的新闻组织）有一些规定的信息或文化角色，新闻媒体可以从中选择和定义自己的角色和对这些责任负责的程度。

152 然而，正如我们已经看到的，更广泛的社会背景以及新闻本身的历史传统，决定了新闻界是许多期望和压力施加的对象。其中一些在某种程度上已经得到新闻机构的认可，并融入自身追求的目标，不会被轻易忽视。至少，新闻工作者与其受众一样都是同一个国家的公民，受到同样的法律约束，并对其他公民的利益、价值观和意见怀有普遍的同情。公众舆论、爱国主义和利己主义等非正式压力，将自身与关于公共利益的广泛共识联系在一起。在此情况下，可以把新闻责任分为三种类型：被指定的责任（如公共广播或其他法律规定的责任）、契约责任（主要涉及对客户、广告主或受众的服务责任），以及那些自我选定的责任（自愿的，通常是出于某种理想或公共服务的情怀）。

需要补充的是，许多新闻工作者受到对真理和正义的个人信仰的驱动，都会选择并遵循强烈的专业负责理念。

最后，尽管大多数正式的问责制是可以被拒绝的，但还是有相当多的"责任"常被提起，即使对新闻理想的一般承诺可以对其有所调和——这些理想要求新闻业准确和公开地报道，并且"不带怯懦和偏袒"。详细条目可见方框7.2。

方框 7.2　新闻业的潜在责任

- 遵守相关法律规定（主要涉及从"国家机密"到"数据采集方法"等诸多方面）；
- 提供高质量的信息服务，至少是准确和可靠的；
- 作为普通公民的一员与执法部门合作，并在国家紧急情况下提供帮助；

- 遵守专业自律规范中的行为规则；
- 为自己的良心、责任感和使命感负责；
- 接受特定情况（例如涉及司法体系或在社会紧急时期等）下的行为规则。

7.4 新闻问责制

在一些理论家看来，"负责制（responsibility）的核心是……新闻人被期待满足哪些社会需求。相比之下，问责制（accountability）的核心则是……社会如何能够要求新闻人履行其所被赋予的那些责任"（Hodges，1986：14）。问责制是指对媒体提出要求的过程，目的是使投诉、索赔、惩罚或补救行动得到满足。以新闻自由作为基本条件意味着，在不违反任何法律的情况下，不同媒体系统中常见的各种问责形式都会被详细限定。

通常情况下，问责制只在一些负面后果发生或被指出时才会启动，它期待当新闻界被以正当理由质询时，可以对相应行为给出恰当的阐述（account）或解释。这种阐述可以在自愿或不自愿的情况下给出，并可以采取多种形式。新闻人可能要对各种不同的质询者负责，但首先要对自己的受众负责、对那些被新闻报道点名或直接受到报道影响的人们负责，还要对那些代表社会发言的声音负责（参见下文谈到的问责路径）。问责过程的构成要素见方框 7.3，但并非每次都必须经过所有环节。尤其是相当一部分投诉，可以通过道歉或纠正的方式迅速得到处理，根本不需要启动问责，更不用诉诸裁决。

方框 7.3　问责程序：要素和顺序

- 提出者；
- 诉求；
- 有争议的出版事件；

> - 特定的行为或表现的评判标准；
> - 对诉求的回应；
> - 需要遵循的程序；
> - 相应的裁决。

许多对新闻业的投诉并不涉及违反正式的法律，尽管公共广播或持有许可证的私有广播常常受到外部强加的条件或规定的约束，这些要求通常是用于补充而不是取代新闻工作者的常规义务。在公共广播领域，尤为重要的是广播新闻工作者必须遵守平衡和公正原则，即使不是强制性的，这些原则也在专业中得到了广泛的认同（参见附录4中的英国广播公司公正规范的案例）。民主政府也会以公平和公共利益（特别是民主政治的需要）为理由，要求在公共广播系统中的记者给予其一些优惠待遇。

在这里，我们需要把上文中定义的问责制和其他形式的控制区别开来。相比之下，控制本身意味着一种权力关系的不平等，带有一些强迫意味并且缺少协商。虽然问责制主要被认为是为了公众福利，但它也可以为媒体服务。作为一种来自公众的反馈，尽管很少受到记者们的欢迎，但其影响并不一定是负面的，一些形式的问责和控制是媒体制度的必要组成部分。媒体系统日益增强的技术复杂性和跨国性也导致了某些形式规制的增加而不是减少，尽管不一定都带来对媒体表现的更多问责。

问责的主要形式可以根据外部强制或约束的程度来划分。更准确地说，我们可以将"责任"版本（"liability" version）的问责制与基于"可回答性"（answerability）的较为软性的问责制相比照，前者最适合用来推行那些明确和有约束力的责任，尤其是在有法律规定或明确约定的情况下；后一种不是用于控制，而在于促进对商定的准则和良好的意愿的遵守。

责任模式假定，媒体能够且确实可能对个人或社会造成实际伤害，可以追究其责任，并启用某些司法程序，甚至可以对某些特殊的传播情况施加干预（即使无法证明有直接的实质性伤害发生）。这种模式将媒体和社会置于一种对立关系中，媒体有义务为自己辩护，特别是在被判有罪，可能会受到实质性惩罚的情况下。

问责制的另一种可回答性模式强调的是对受出版物影响的利益或愿望的自愿负责。其重点是通过理性的讨论来解释、辩护和维系有争议的出版物,诉诸真理等更高层级的价值以及传播者与社会之间的相互义务。它假定双方都具有善意,并寻求理解以及和解。必要时,进行道歉和补救,而不是惩罚。当出现对媒体的指控和投诉时,不是要求实质性的惩罚,但要求口头上的让步。在很大程度上,这种路径关注的是内容质量及其所遵循的标准,而不是所造成的伤害等问题。

选择哪一种模式取决于具体情境以及当时的政治文化和社会思潮,但每种模式都有各自的利弊。简而言之,责任模式可能更有效力,但可回答性模式与表达自由的传统更加契合。前者可能有些不良的副作用,比如对批评的寒蝉效应;后者可能带有建设性的副产品,例如改善新闻业与客户和公众的关系。主要的区别见表7.1。

表 7.1　两种问责制模式对比

责任模式		可回答性模式
以法律为基础	VS	以社会/道德为基础
施加的	VS	自愿的
正式的裁决	VS	非正式的
对立的	VS	调和的
实质性惩罚	VS	非实质性惩罚
关乎伤害	VS	关乎质量

7.5　新闻问责制的路径

在没有明确的公共目标或角色定义的情况下,新闻问责制主要以非正式的路径进行,由一系列不同的外部协作者的期望和要求来指引,辅以一些内部机制。可回答性模式比责任模式更常见,尽管是非正式的并缺乏强制性,新闻人却总是会受制于与他人和机构的关系网。如果我们不考虑由所有者、经理和编辑决定的日常内部职责,以及政府和社会等外部监管机构设定的那些限制，那么新闻人还是可能需要对以下几种伙伴负责（见图7.1）：

- **受众（实际的或潜在的）**，他们的期望终究是不能忽视的，即使与新闻人的问责关系往往通过机构内部的管理程序（management）间接发挥作用。
- 各种**游说团体**和**利益集团**，他们或者为满足自身目的寻求使用或影响新闻渠道，或者密切关注已发表的内容，并试图反击或纠正其认为不利的报道。
- 商业、法律、医疗、治安、教育等领域的其他**社会机构**，尤其是政治机构。所有这些机构都有自己的公共信息需求，并试图影响对事件的新闻报道，以进一步实现自身目标。
- 消息**来源**是另一个不可忽视的合作伙伴，他们通常有自己的议程，有时不得不加以警惕。消息来源通常与记者处于交换关系，并基于他们所能控制的信息来施加影响。
- 在新闻中，有各种各样的人和机构作为**被指涉者**（报道的对象客体），但他们本身并不是消息来源。虽然记者可以在合法的范围内自由地选择具体报道对象，但反过来，这些对象也可以有足够的社会、政治或经济影响，要求媒体承担一定程度的可回答性责任。通常情况下，记者会在敏感问题上谨慎行事，尤其是在可以因此而获取财富或权力的问题上。
- 最后，新闻媒体有各种各样的**客户**，特别是广告主和其他出于商业原因间接"赞助"新闻内容并在某种程度上"补贴"新闻的人。虽然新闻业应该独立于这些利益方，但不可避免地存在着与其合作的压力。同样，这种问责路径不太可能是正式的或直接的，而是通过市场的方式。

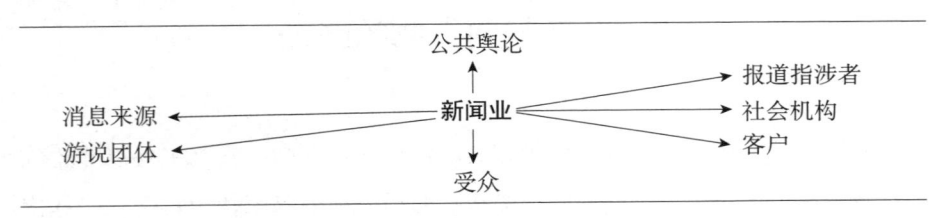

```
              公共舆论
                 ↑              → 报道指涉者
消息来源  ←                    
游说团体  ←      新闻业        → 社会机构
                 ↓              → 客户
               受众
```

图 7.1　问责路径

问责的实施是非常复杂的，并因具体情况而异。对于新闻人来说，一种普遍的需要是调和其对之负有责任的人们（或要求被负责的人们）之间经常发生的利益冲突，但究竟如何去调和却并没有通用的模式。新闻业的"专业意识形态"对谁的利益应该优先等问题并没有给出明确答案，尽管它最有可能偏向于公众意见和受众一方。实际的情况更多取决于特定新闻机构的主导意志（dominant ethos）。新闻机构的社会学研究认为，新闻机构所做的选择范围主要是在取悦受众、管理体系或某些社会中的外部参照框架（专业的、社会的或政治的）之间。在商业化的媒体系统中，主导逻辑通常是"跟着钱走"，而不是任何假定的新闻业美德。

新闻媒体对于适用于自身的问责类型和程度的决定权更多取决于特定新闻机构自身的地位和威望（不要忘记其经济和政治实力），以及个别记者的专业地位。但即便如此，也不能保证那些资深的、权威的、资金充足的媒体机构就能够完全摆脱其不想要的外在压力。新闻机构的地位越高或受众面越广，就越容易受到来自外部的压力或激励。

7.6 适用于新闻业的治理和问责模式

"治理"（governance）一词指的是所有形式的监管或控制，在此有必要对其中的外部和内部类型，以及正式和非正式手段进行一定的区分：外部类型指的是相对于媒体所有者、管理者或新闻专业团体本身施加的约束，来自媒体组织或机构之外、较难拒绝的要求和压力。而具体采用正式还是非正式手段，一方面取决于其自愿接受问责的程度，另一方面取决于可能涉及的约束的程度（硬性控制还是软性控制）。此外，正式的控制是根据既定的程序制定和实施的，而非正式的控制涉及的是未被规划的或间接的影响或压力。

问责的发生，往往与受出版物影响的特定地区（例如区域或城市）政府或民众有关，尽管在大多数情况下，新闻业也需对全国负责。虽然有些国际媒体没有特定的效忠国家（且这种媒体正在增多），但几乎没有什么可以超越国家的权威需要新闻业对之负责，除非是为其提供了主要运作基础的所在国。出于这个原因，基本上难以对网络新闻问责（除非是一个既有新闻机构的线上活动），尽管它可能由于特定的案件触及某个国家的司法管辖范围，从而遭遇一些意料外的问责。

在实践中，网络新闻业可能比传统媒体受到更武断的干预，它的言论自由权利通常得不到保障，虽然它同样需要承担法律义务。国际新闻工作就经常受到来自不同地区受众的压力，而没有享受到各国系统对新闻自由保护，尽管它们应该受到保护。

撇开新出现的或不确定的情况不谈，由于各地新闻和政治文化条件不同，既定程序间的差别也很大。一般来说，越是自由主义或是市场导向的社会，问责制就越有可能由市场机制或私人发起的法律行动主导；而更强调"公共传播福利"的社会，则可能会呼吁更多的公共负责、对新闻业施加更多的法律约束，并有更多的公众压力要求新闻业进行自我监管（self-regulation）。主要的差异可能与问责的位置有关（外在的还是内化于新闻机构的），也可能与现有程序的正规化程度有关。不同问责制的呈现轨迹（locus）也有不同（结构、条款或内容）。伯特兰（Bertrand，2000）用"媒体问责体系"来指称"任何使媒体对公众负责的非政府手段"，它包括许多类型，但主要指的是自我监管。我们将对现有的主要机制进行分类和简述，详见下一节。

7.7 外部问责机制

正式的外部问责机制

- 通过诉诸宪法或法律条款，保障新闻自由，但也承认对社会的某些责任并需要尊重他人的权利。

- 司法制度和一般法律为向新闻界提出诉讼提供了一些有限的可能性，但各国立法各有不同。这会涉及一些具体问题，特别是诽谤、隐私、言论自由、藐视法庭、知识产权、竞选活动、官方机密、公共秩序、人权、回应权（rights of reply）、尊重国家象征和权威、亵渎神明，以及其他事项。尽管可能触及问责的事项很多，但在实践中，在自由主义民主国家对新闻业采取法律行动通常被认为是不可取的，只能作为最后的手段。

- 有些国家有专门的媒体法,尽管这些法律主要涉及结构、所有权和经济等问题。公共广播新闻的标准有时会被媒体法笼统地提到,但其执行和详细解释通常归由编辑判断或相对独立的媒体监管机构(见下文)。
- 伯特兰(Bertrand,2000)描述的正式或外部的"媒体问责体系"主要是一些不完全受新闻媒体或新闻专业机构控制的新闻委员会和投诉程序。其主要手段通常包括道德或行为守则,以及接收和裁定投诉等固定程序(参见附录5中爱尔兰新闻委员会业务守则)。
- 目前有一种日益增长的趋势,即面向所有媒体建立独立的国家监管机构,往往从公共服务媒体手中接管问责职能,有时还会为媒体自我监管机构提供机构依托,特别是在广电新闻媒体领域。这样的监管机构力求站在媒体和国家之间,旨在保障消费者和公民的公共利益。媒体融合的总趋势增加了新闻界和广播媒体受到类似监管的压力(Just,Puppis,2012)。
- 一些国家的政府偶尔利用某些机会对新闻标准进行广泛的公众调查,特别是在涉及犯罪或公共秩序面临危险的情况下。在欧洲,这类调查(例如,Royal Commission on the Press,1947,1974)主要发生在战后,当时传媒业的过度集中似乎威胁到新闻界在民主政治中所应发挥的作用。

非正式的外部问责机制

- 媒体市场可能是外界对媒体行为和内容最有力(和最有效)的压力来源。它具有非强制性和自我调节的优点,但也有缺点。市场质量标准可能是最相关的标准,但不能涵盖媒体表现的所有方面。市场(以大众需求或广告主压力的方式)本身有时也要为新闻业的一些所谓的"失败"负责,尤其是在信息质量、良好品味和庄重感等方面。
- 外部压力团体也可以参与非正式问责,以就特定的新闻标准问题组织公众意见,或代表一般消费者,特别是在新闻业被指控具有偏见、歧视或导致潜在伤害时。这些活动可包括对新闻进行系统监测,以提供支持其主张的证据。其主要目的是利用不受欢迎的媒体出版案例作为推动变革的杠杆。
- 媒体本身越来越多地受到其他媒体的日常评价、批评和评论,新闻业的表现也不能幸免于这种可能会促成改革或改变的评价形式。
- 新闻的教育和研究通常是由一系列独立的非营利机构(包括大学)

来进行的，而这通常包括对当下公共利益相关问题的新闻活动（例如，媒体对战争或政治的报道）进行系统监督。在新闻评论和学术期刊上发表有关媒体表现方面的文章也有助于问责。在缺乏适当（如果有的话）的编辑控制的情况下，互联网已经引发了许多呼吁去关注其中的恶劣内容，对例如性虐待或激发暴力、仇恨等内容的社会批评。

● 一些国际化运作的机构会去监测新闻记者的自由和人权，特别是在某些压迫性的国内局势下，以及在当局或其他主体使用非法控制手段时（参见下文谈到的非正式非法机制）。其宗旨不是去批评新闻业的表现，而是要支持其表达自由。

方框 7.4　外部问责机制

正式的
- 新闻或媒体法；
- 其他适用的法律；
- 具有公共成分的新闻委员会；
- 媒体监管机构；
- 公众要求。

非正式的
- 压力团体/公众舆论；
- 媒体市场；
- 新闻教育和研究界；
- 媒体回顾和媒介批评。

7.8　内部问责机制

正式的内部问责

在此我可以对两种问责路径进行一些区分，一种可能会延伸到一般媒体管理系统的"内部"(back),以及新闻制作机构的起源(origins)和来源(sources)中;另一种则"前伸"到受众。第一种问责的主要形式是对新闻媒体决策的日常管理,通过从编辑到记者的等级控制制度来实现。通常情况下,新闻机构在新闻选择、编辑意见、体裁和风格方面遵循一套共享的方针原则,而且记者要对编辑负责,以遵守这套原则。最终,所有人员还都有义务对所有者或出版商负责。在涉及诽谤、保密、版权或司法系统的情况下,通常会对发布的内容进行正式的审查。虽然作为一个经常宣称捍卫自由的机构,新闻媒体往往具有明显的等级制度,甚至在内部管理方面有些专制。

就与受众的问责关系而言,每家媒体机构都可以自由地选择是否建立一套正式的问责制程序。做法千差万别,但越来越多的人认为需要有一些正式的投诉程序,以及各种评估公众反应的方法,并在必要时做出回应和改正。一种日益普遍的做法是,媒体或渠道任命自己的"监察专员"或受众代表,有时还出台自己的有关敏感问题的业务守则。但这种形式的问责从根本上说是缺乏约束力的,完全在其管理层和所有者的控制之下。作为一种公共关系或防止被采取更有力措施的一种手段,它们的目的可能更多是为新闻媒体的利益服务,而不是为公众服务。

非正式的内部问责

记者和其他专业人员一样,在许多方面受到同事和工作环境的影响。他们为工作场所的规则和新闻媒体的文化所"社会化"。他们与同事竞争、合作,持续地讨论或评估新闻决策,并学会如何看待成功与失败。同时作为个体,记者也是社会的一员,不可避免地接触到公众(经常是在偶然的个人接触中)对他们发表的关于新闻报道和新闻事件的反馈和意见。

由于数字化的发展,许多记者拥有网站或博客,可以由此接收公众的直接反馈,而有限形式的非正式问责是大多数网络新闻服务的基本特征。经济压力增加带来的后果之一是使新闻人对公众的批评更加敏感,并寻求与受众建立更牢固的关系。内容付费模式的复兴是其中的一种反映,而改善与受众关系的方式也因在线接触的互动性而得到了加强。

一个新的概念——"响应性"被用来描述对公众意见和公众反馈差异

化的开放程度。布兰兹和德汉(Brants,de Haan,2010)曾揭示有不同的动机促成记者们响应性上的差异,"策略性"动机(市场考虑占主导地位)和"公共"动机(更好地为公民服务是主要目标)带来的区别是显而易见的。此外,响应性还可能产生与公众间的"移情"效果。

方框 7.5　主要的内部问责机制

正式的
- 管理层的控制;
- 编辑和生产方针;
- 受众和市场调查;
- 通过申诉专员等投诉。

非正式的
- 记者的社会化;
- 合议评议(collegial review and evaluation);
- 受众反馈和回应;
- 个人接触;
- 在线对话(online dialogue)。

7.9　非正式和"非法"的控制/问责机制

上述对问责框架的描述假定相关的规范和治理模式之间存在一致性,但这与现实是不太相符的。新闻问责的展开并不总是与新闻专业理想(尤其是自由和公正原则)相协调,毕竟,在许多国家实际运行的对新闻的社会控制形式太过多样,所提供的框架只是作为一个识别差异的基础。从本质上说,核心问题在于发现其中不同的压力类型和实施方法。具体问责的模式取决于当时的政治文化,以及关于哪些做法已被习惯或可容忍的深层历史传统。这不仅涉及威权的程度,还需要考虑各种经济动机和影响,以及可能从对新闻业施压中获益的其他潜在群体。

除了由国家及其相关机构主导的，新闻控制还包括以下几种方式：

- 通过"游说系统"(lobby systems)、记者资格认证和信息自由（或不自由）流通来控制从官方渠道获取的信息。日本的新闻俱乐部制度（kisha）就是在"新闻自由"所允许的合法范围内对出版进行制度化控制的一个例子（Gamble，Watanabe，2004）。

- 如第六章所述，在以"政治平行性"作为媒体-政治关系的主导模式的国家中，新闻业自身（以及新闻媒体整体）的"政治化"是一个广泛发生的过程，它以常见的和有计划的方式进行着信息披露或隐匿等工作。

- 政府对广播网络的控制在专制政权中很常见，并且也没有在其他地方完全消失。它不可避免地会带来一些系统性的限制。甚至在某些情况下，印刷媒体仍为地方或地区政府所有。

- 记者专业协会也是一种有效的垄断组织（如在一些拉丁美洲国家），可以发挥各种社会控制功能。

- 尽管取缔了审查制度，但国家安全部门仍可以"国家利益至上"为理由限制出版（例如，英国的"D"通知制度、美国的《爱国者法案》都以安全为由限制新闻自由）。

- 控制也可以通过给予或撤销政府设立的某些奖项或奖励的方式来行使。

- 如果国家决定超越合理范围，可以采取许多可能的制裁措施，而不需诉诸武力。以俄罗斯为例，"国家主义"(statism)传统由来已久，可以有选择地采取一些法律手段（例如，使用税收惩罚或安全法规，或对诽谤采取法律行动，以打击"反对派"）。通过控制基本物资的供应或以其他方式造成经济损失，也可能产生经济压力。在苏联时代，限制常常是公然的和非法的（Richter，2008）。

几乎没有什么国家能够真正免于使用政府手中的某些压力手段，有时这些手段与"合法的"(legitimate)市场压力（例如，由于垄断媒体的自身利益需要而产生的）结合在一起，严重限制了新闻自由。

7.10 问责关系的三种框架

在暂不考虑市场问责的情况下，我们可以区分出三种主要的问责关系框架，尽管市场可能对媒体行为提供了最有效的约束，并塑造了需承担的责任的可选范围。新闻内容和新闻行为的每个方面都可能需要在经济效益方面对所在媒体组织负责。大多数时候，问责只是受众对其自身满意度做些例行评估，或者媒体公司对其在新闻市场上的相对成功进行例行考核。这时的重点不仅在于新闻质量，还在于价格和被感知到的价值。这些标准也适用于评估不同提供者和不同媒体在分发和服务等方面的表现。新闻与其他媒体市场产品的不同之处在于，它被认为具有更广泛的社会和政治价值，以市场为基准的评价体系经常受到记者的质疑和抵制，即便媒体管理者不能忽视这些市场标准。

除此之外，本书试图重点分析的三种问责框架可以概括为政治和法律问责、公众问责以及专业问责。其中第一种涉及那些新闻业必须遵守的、源自相关政治体系的**正式规制**，虽然具有地区差异，但一般适用于以下情况：擅自公布官方或商业秘密、违反知识产权、诽谤或中伤、违反隐私法、淫秽色情、特定新闻报道所造成的危害（包括诱发暴力、仇恨或犯罪）、冒犯司法尊严（包括藐视法庭和匿名保护相关争议），以及违反选举法等。

公共广播一般都会受到更具体和有力的规制约束，甚至延伸到报道内容。这些规制具有明确的须遵守的程序和一系列既定的惩罚措施（从要求声明更正到罚款和监禁），要求媒体对受指控的罪行负责。其基础逻辑是**指责**媒体是具体伤害的实际或潜在原因，其话语模式源自司法体系。根据在前文的分类，这种问责制主要是外部的和正式的，通常遵循的是责任模式。

公众问责框架没有第一种那么严明，其驱动力部分来自公众舆论的压力，还有部分来自对不同出版目标的追求。除了要求新闻人需要避免造成伤害，新闻业还对社会提供了许多潜在的效益和服务（如本章第二节所述），为此它将接受一定程度的责任义务。这一框架内提出的问题主要涉及向公众提供的信息和评论的质量，并以相关性、多样性、准确性以及道德或伦理规范作为主要评价标准。除了公共广播，外部强加的问责制是不被接受的，尽管可能会有对外部诉求的自愿或出于自我监管的回应。在某些情况下，公众舆论的压力加上一些政治动机确实会促成建立更有力的甚至是法定的监管形式，包括设立投诉论坛、对违反行为进行实质性惩罚，以及提出其他要求（例如，要求"回应权"）。在这些情况下，媒体可能很难抵制上述有效力的问责形式。

专业框架主要用于处理新闻行为以及新闻内容质量等问题，其所依托的技能标准和伦理规范是由新闻机构根据既定的内部传统，并在特定的机构情境下制定而出的。自我监管最常见的正式手段是成文的道德规范或行为准则，但投诉、回应或补救的程序各不相同。与其他形式的问责一样，专业框架既有优点，也有明显的缺点。自我规制的总体目标是提高新闻业的表现水平，保护新闻业的专业和实践声誉。该路径总体上与可回答性模式相协调。

许多涉及专业负责制的问题都在道德规范或新闻制作规范中得到了标注。这些准则通常建立在国别框架上，虽然有一些相关的国际规范，但许多这类的准则并没有明确承诺对社会的责任，而是聚焦在新闻质量和对记者的保护上。莱蒂拉（Laetila，1995）比较了31个欧洲国家的新闻准则，发现这些国家或多或少都认同相似的道德原则，主要包括真实性、捍卫言论自由、坚持平等和不歧视、信息采集的公平性、尊重消息来源和被报道者（例如隐私和尊严），以及独立和正直（例如抵制贿赂），有的准则还包括对雇主的忠诚和对国家机构的尊重。

同样的问题可以在不止一种问责框架中得到处理，虽然通常有一个惯用的处理框架。值得注意的是，这些框架是根据不同的标准和逻辑以及现有可用的问责手段来实施的。可以观察到，市场表现与专业和公共责任框架的标准间存在不一致，因为高专业素质可能并不会为广大受众所欣赏，而为社会做好事也可能没有利润。在满足商业目标和法律要求之间也可能存在冲突，例如，如果要满足观众对丑闻、感官刺激和性刺激等内容的强烈需要，就与隐私或体面等规范产生了矛盾。表7.2总结了所讨论的三种框架的主要特性。

表 7.2 三种问责框架的比较

	问责框架		
	政治和法律问责	公众问责	专业问责
主要议题	结构性的	危害/冒犯公众	专业标准
	个体伤害	公共福利	自主性
	财产安全（property）	质量	职业道德
	司法体系	舆论	
程序	正式的	可选择性的	自愿的
	外部的	非规则化的	内部的
	责任确定（liability-fixing）	辩论	自律的
			可回答性
效益/代价	较为有效	开放式的	不可靠
	寒蝉效应	灵活的	尊重自由原则
	应用范围有限	相关的	

7.11 问责制的回顾

由于上述原因，新闻业总会遭遇一些监管或问责，但出于原则和实践两方面的考虑，监管或问责仍存在一些争议。但在另一方面，尽管专业自律有可能发挥一定作用，但它不能在所有"需要新闻人负责"的情况下都能提供有效补救，也无法完全取代与新闻业和新闻自由原则相冲突的所有限制或控制。然而，推行强制性的问责除了有违新闻自由原则，还可能严重限制新闻界履行其一项公认职责——在需要时充当批评者、看门狗甚至反对者。

本章的基本观点是：问责与控制不同。问责制不包括事先审查或因冒犯当局的行为所遭受的惩罚。但也不认为新闻业可以免于承担因其出版的影响或反应而产生的相应责任。因此，问题的核心就转向了所需遵守的具体问责诉求的压力程度。在实践中，这要视具体情况而定，也取决于提出"问责"要求一方的相对实力。

本章提出的中心议题是：与新闻业面临的各种要求和期望相对应的、可用的问责手段是否适当。尽管有许多问责方法可供选择，但它们尚未形成完整、连贯的体系，而在自由的社会为了自由的新闻界需要这样一套完备的体系。无论如何，一些形式的问责不仅不可避免，而且可以帮助新闻界履行其责任义务。关于问责是否适当的问题取决于产生投诉或批评的深层根源。

在结构和媒体系统层面，可采用的问责手段其实很少。此类问题（例如所有权过度集中）往往深深植根于历史和社会、经济力量中，实际上没有哪个"媒体系统"能够自我革命，因为它是一个影子实体（shadowy entity）。民主政府也不能以任何显著方式进行干预，除非在极少数有明确的变革授权的情况下，如当专制政府被推翻，或在媒体因其他原因发生根本性转变时，否则媒体结构中的消极方面只能由社会（如果可以的话）以零碎的方式或者在自愿的基础上处理。

关于对公众（甚至私人）实际或潜在的伤害，有相当多的问责方式可能是有效的，尽管这些做法同样没有多少一致性。在某些问题上，公众压力加上政治动机可能会促成采取法律措施来阻止或惩罚损害行为。而在其他方面，通过外部或内部手段敦促新闻界履行其责任的情况也很多。为实现公共利益的期待，强制遵守的问责可能较少，更多取决于特定新闻机构自愿接受某些公共责任的程度，再加上专业规范的推动力。此外，在不受其干预的情况下，对公众的回应还能给新闻界带来合作的好处。公共广播就是通过建立更好的媒体来实现社会目标的一种确定的方式，因为这就是它存在的理由（raison d'être）。

现代传媒公司出于自身目的，往往打着履行"企业社会责任"的旗号，运行自己的监管体系。虽然意识到了"服务社会"和为新闻受众保持高质量要求的必要性，但这其中有很强的利己主义成分，新闻媒体的自我监管不能只依赖于特定企业或媒体行业自身。专业自律需要建立更独立的、更多元的论坛，如果尚未有这样的论坛存在，那就必须将其创立或想象出来。

最后，在新闻媒体的"失败"一词的广泛范畴里，还有一些混合的问责手段可供选择，特别是在涉及新闻人的行为（而不是其产生的内容）

时。媒体自律和专业团体最有可能介入此类问责。然而，许多所谓的"新闻失败"很可能逃避任何有效的问责，因为它们根植于日常新闻程序中，只是反映了控制新闻方针的商业诉求，或"新闻文化"自身的某些特性。

本章涉及的大部分议题中，几乎很少论及对互联网的问责或监管，主要是因为它还没有以任何系统的方式被进行监管或自我监管。事实上它曾经被视为是难以规制的（regulable），原因部分是它有时是作为一种私人交流的手段，部分是它的边缘性，以及一些操作上的考虑——在线新闻业缺乏固定的身份或位置，除非它与既有新闻机构的分发系统相协作，否则，大多数通过互联网发表的人会拒绝各种问责。

然而，根据法律界的意见，对互联网**事实上**的不监管不会一直如此，尽管执行起来很困难。莱斯格（Lessig, 1999）认为，到目前为止，互联网所享有的自由是从一开始就有意设置的特定"架构"的结果，但不是唯一的可能性。目前正在对互联网施加的更多控制，部分是出于商业和国家安全的需要，部分是由于出现了新的社会和政治问题。例如，互联网上出现的各种"禁止使用"（forbidden uses）等问题可能会被阻止，甚至被惩罚。

7.12　总结

自愿问责制度在理论上比其他形式更符合自由原则，手段的多样化也比那些一致、连贯的问责体系更有利于自由。然而，这种自由可能不得不以牺牲效率为代价。争论的焦点是问责制所应达到的目标，这个问题反过来又源于新闻社会理论及其在社会中所发挥的作用。在许多情况下，问责制的目的仅仅是调和相互冲突的利益，使沟通更偏向受众。然而，有时的目标是防止某些特定形式的危害，例如对名誉的不公正损害或犯罪、混乱造成的危险，在这种情况下自愿问责都不太可能起作用。

涉及责任和实质判罚的问责制会更有效，但这有可能带来进一步的控制和惩治，甚至同法律规定的新闻自由原则相冲突。且本章在很大程度上忽略了媒体-市场关系所带来的各种问责关系。记者无法回避倾听和回应来自受众的愿望或抱怨，无论这些受众是忠实的还是随意的，他们都构成了新闻消费者的主体。市场问责制被称为"策略性的问责制"(strategic accountability),而互联网使得这种反馈链条变得更加连续且不可避免。

延伸阅读

Bertrand, J.-C. (2000). *Media Accountability Systems*. Brunswick, NJ: Transaction Books.
Dennis, E.E., Gilmore, D. and Glasser, T. (1989). *Media Freedom and Accountability*. New York: Greenwood.
Feintuck, M. (1999). *Media Regulation, Public Interest and the Law*. Edinburgh: Edinburgh University Press.
Hallin, D.C. and Mancini, P. (2012). *Comparing Media Systems: Beyond the Western World*. Cambridge: Cambridge University Press.
Lessig, L. (1999). *Code and Other Laws of Cyberspace*. New York: Basic Books (new edition 2006).
McQuail, D. (2003). *Media Accountability and Freedom of Publication*. Oxford: Oxford University Press.
Trappel, J., Niemenen, H. and Nord, L. (eds) (2011). *The Media Democracy Monitor*. Bristol: Intellect.

线上阅读

Go to www.sagepub.co.uk/mcquailjournalism for free access to the online readings.

Brants, K. and de Haan, Y. (2010). 'Three models of responsiveness', *Media, Culture and Society*, 32, 3: 411–28.
Hills, J. (2008) 'What's new? War censorship and global transition', *International Communication Gazette*, 68, 3: 195–216.
McQuail, D. (1997). 'Accountability of media to society: principles and means', *European Journal of Communication*, 12, 4: 511–29.
Richter, A. (2008). 'Post-Soviet perspectives on censorship and freedom of the media: an overview', *International Communication Gazette*, 70, 5: 306–24.

第八章 不断变化的媒介技术：对新闻业、新闻制度及新闻与社会关系的影响

8.1 引言

虽然媒体以及新闻实践总是随着时代而变化，但还是有一些相对重要的转折点，在这些转折点上发生了更为根本的变化，例如印刷媒体的工业化，以及后来的新闻传播的电气化（electrification）等。每一次重大转折都会扩增新闻界的活动范围和规模，也会改变各种社会期待与新闻界的社会影响之间的既有平衡。当大众化报刊作为新型媒体出现时，也曾带来了新的读者群体（他们有着不同的品味和兴趣）、广告类型和商业动机，并为以新闻推进某些政治诉求或其他宣传目的提供了新的可能。

广播和电视最终在这个方向上走得更远，但同时也为社会控制公共传播的近用权提供了新的方式。这些变化同时带来了新的体裁、制式，甚至在某种程度上产生了新的内容类型。广播和电视发展出了一些自己的新闻活动类型，但在很长一段时间里，这些活动主要用于服务媒体的其他内容领域（文化的、娱乐的、营利的、体育的等）。但在成为"新闻发布者"（originators）方面，广播和电视经常稍逊于报纸，在当天的主要新闻议题

第八章　不断变化的媒介技术：对新闻业、新闻制度及新闻与社会关系的影响

上经常由印刷媒体领跑。尽管如此，在许多国家，它们还是迅速成为大多数人的主要新闻来源。获得这种优势地位的部分原因在于其覆盖面和受欢迎程度要大得多，但也在于其媒介技术本身的特性：更逼真、视觉化、具有情感冲击、更直接，以及能够实现即时的传播。

主要的媒介变化
- 当前媒介技术和媒介系统的主要变化有哪些？
- 为什么预测其会产生显著的影响？

主要的潜在影响
- 对新闻行业会有哪些影响？
- 对媒体产业和媒体系统会有哪些影响？
- 对新闻制度会有哪些影响？
- 对民主政治和公共领域会有哪些影响？
- 对表达自由和新闻自由会有哪些影响？

长期的趋势
- 新闻与社会的关系将受到哪些影响？
- 我们能期待可以对之进行一些问责或控制吗？

8.2　互联网和其他新媒体的潜力

有人认为，随着近年来的传播（技术手段）革命，媒体和新闻业的基本运作路径会发生再次改变。原因在于新兴网络媒体的自身特点，外加报道和接收的流动性增强。同时，使用电信网络进行各种电子传播成本的大幅降低也刺激了变革。与新闻业角色变化最为相关的"新媒体"特性有互联网原则上对所有人开放、制作和发布新闻内容的可选形式大幅增加、互动的潜能使其传者-受众关系逐渐区别于传统印刷或广电等大众媒体的单向模式，以及多媒体技术提供了对文字和图片进行任意组合的潜能。

虽然这可能不是网络媒体的专有属性，但网络媒体确实创造了一种可能，即任何人都可以选择以很低的成本向广大公众发布观点和信息。传播的渠道不再能被新闻人或他者很好地控制，甚至可能无法控制。互联网绕过了此前对大多数本土和卫星广播都相当有效的许可和监督的规制安排。

上述变化带来了供应方、分发平台和接收机会的多样性。大众媒体（新闻报道）的接收不再像以前那样是集合式的——那时大众观看的是同一期晚间电视新闻或者与同一大群读者共享一份喜爱的报纸。如今的受众更加个体化，原则上可以自由创建自己的个性化新闻包（package of news），并在方便的时候选择关注（或不关注）。具有启蒙意图的传播者和积极的公众也可以有更多方式聚集在一起。移动无线技术的发展意味着接收互联网内容不再需要（或多或少）固定或稳定的位置，而且其在可携带性方面的优势甚至可以超越报纸（但要付出较高成本）。

这些只是一些主要的变化途径，但提示了关于传统报纸、新闻制度、新闻人的工作、新闻媒体在媒体系统中的位置及其社会影响的一些关键问题的转变（这些问题在第六章已经勾勒出来了），并会带来双方与更广泛社会间关系的重新调整。尽管如此，这些评判还总是会捎带上一句警示性的话，即实际发生的变化通常远远滞后于预期，而且最终难以实现其全部潜能。

方框 8.1　作为变革动力的互联网

- 更少的（或根本没有）进入公共空间的阻碍；
- 受众个性化，大众关注度下降；
- 信息接收的脱域（观众的流动化）；
- 多媒体成为标准格式（the norm）；
- 媒介使用方面，互动性取代了被动性；
- 控制和监管减少；
- 供应方和供应内容都更多样化；
- 推动了全球化进程；
- 绕过了曾经占主导地位的报纸和广电媒体。

8.3 媒介变革的问题所在

大多数情况下，人们对新技术及现有媒体系统的调适持有积极态度，至少从民主和开放社会等理论视角来看是如此（参见第二章）。新闻人和新闻理论家大都表达了积极的态度（McGregor et al.，2011）。主要的期待是希望新技术能给公共领域带来更多的参与、更积极的交流和信息流动，使多样性和平等得到促进，传统大众传媒系统中已经根深蒂固的市场或国家垄断或控制能由此得到缓解。然而，不论新技术到底能在多大程度上会去主动寻求或实现上述正向潜能，逃离那些已经可以用来牵制媒体去满足民主社会需要的既定做法本身，亦会带来可能的损失。其可能产生的后果如下：

- 由于"新闻业"类型和来源的日益多样化，"新闻制度"会变得更加边缘和虚弱，新闻业的"专业性"会被来自未经训练的"业余的"同类内容生产者的竞争"稀释"。
- 日益虚弱的新闻制度、去专业化（de-professionalisation）和碎片化三股趋势加在一起，会使对新闻业的社会问责越来越难以实现。
- 人们甚至怀疑社会是否有能力对网络媒体进行有效的监管，无论是控制还是问责制都无法采取强硬的审查措施。
- 首当其冲的是报业，随着其在整个传媒市场和特定媒体系统中的衰落，其作为"新闻界"基石和新闻质量标准裁定者的地位开始丧失。它不再能轻易地宣称自己是"新闻界"的代言人，而且在很大程度上，新闻界也不再有处于主导地位的代言人了。
- 一些关于新闻界在社会中具有潜在效益的既定观点受到质疑，特别是那些认为新闻业会增强社会凝聚力或更容易受到霸权控制的相关观点（由于大众传播模式的终结）。
- 民主政治制度和公共领域的基本信息需求仍然存在，但满足这些需求的途径变得更加复杂和曲折，明确能够实现这些目标的手段也变得更少。

- 一项更根本的不确定性是，网络媒体所预兆的那些好处是否只是进一步增强了少数的积极群体，而让广大公众在信息方面的处境更为不利（知识沟的进一步扩大）。
- 公共通信网络和个人通信网络不再泾渭分明，其后果也尚不清楚。
- 人们对新的网络新闻来源的可靠性和可信度以及它们能在多大程度上获得公众的信任表示怀疑。
- 互联网的不断商品化（货币化）取代了其早期可为公众和社会服务、在民主进程中发挥更大作用的可能性。

这些议题所涉的问题相当广泛，并在不同地区显示出很大差异。还有一些世界范围内正在发生的重大变化改变了各国社会的相关地位和面貌。

方框8.2　互联网的潜在弊端

- 新闻制度的弱化；
- 与社会的联系被侵蚀；
- 报纸的衰落；
- 新闻业的去专业化；
- 媒体负责度的下降；
- 对公共传播的积极效用存疑；
- 产生新形式的"知识沟"；
- 对在线新闻的信任度和在线新闻的可靠性更低；
- 内容日益"商业化"和流于表面。

8.4　最初的变化迹象

在本书写作之时，世界上大多数地区的媒体结构更多受到经济力量而不是政治力量的影响，全球范围的变化使所有主要产业的短期未来都比以往更难以预测。无论如何，新闻媒体所遭遇的压力，尤其是广告和其他收入的下降，加速了许多长期涌动但因惯性而一度受到抑制的变革趋势。网络媒体对新闻产业的入侵已经运作了近20年，并已经度过了初试阶段，一些重大的变化开始显现。线上传播的机会最初是由既有的新闻媒体，特别是报纸发掘，作为现有业务的延伸或补充，它们要么被视为有待控制的潜在竞争对手，要么被视为在传统新闻业务衰落之际创造的新机遇。我们尚未走出这个阶段。

在线新闻在很大程度上是现有活动的延伸，但有着差异化的、仍然不确定的商业模式。在媒体进行尝试的同时，新的网络运营商，特别是搜索引擎和服务提供商开始在其门户网站上提供一些新闻内容作为额外的服务。虽然这通常不会增加新闻的多样性，也不会增加原创性，但这种替代性的、超出任何国家和新闻机构范围的新闻产品供应已经稳步扩增，并开始削弱对传统新闻业的需求，至少看起来是如此。

对消费者来说，在线新闻的优势包括它们通常是免费的、时新的、易获取的、易懂（读）的。在大多数实际用途上，简短和最新的消息足以满足日常需求，特别是消费者可以随时查阅并能够充分控制时间和话题。与此同时，在线新闻还可以提供特定主题的深度专题。目前，从线下转移到线上的受众主要是年轻人，他们是广告主特别感兴趣的群体，对报纸的未来至关重要。

这场"大型实验"还远未结束，但支撑传统媒体业务和机构主导地位的前景却并不乐观。对新闻内容收费的努力可能会成功，但这样做会使新闻转变为针对特殊群体的专业信息收集和分析服务，尤其是在金融或政治领域。其后果是降低了与整个社会的相关性，也降低了媒体的编辑角色（作为守门人、守护者、评论员或批评家），并会加剧信息获知方面的社会不平等。

与此同时，互联网带来了新的媒体和新闻报道类型的爆炸式增长，这些新形式往往更适合用于表达意见和形成观点，同时也扮演批评家的角色。总的来说，这种趋势似乎有很多益处，尽管其实际影响有限。通过更多渠道传播的新闻信息数量在不断增加，但却没有带来对由新闻人作为收集者和原始信息来源或评论员、批评家等工作的需求增长。

早期的一些担忧是，记者将不再是事件/消息来源与公众之间信息流动的调解者和评估者（把关人）。在传播链的源头/发送者端，这种情况似乎没有太多发生，因为其与老牌新闻业的联系仍旧紧密，只有在这里才能找到资源和组织化的机构来应对重大事件的报道需求。然而，与公众的联系可能就不再那么有效了，因为互联网确实允许个人自行选择搜索和参阅他们想知道的话题来源。甄选和调解很可能会像以前一样继续下去，但专业记者在这项工作中的投入会减少，而以直接链接原始材料作为补充。同样，我们对这些原始材料的认识也会首先取决于新闻业的引导。维基解密事件和2010年美国外交电报内容的大规模披露，就说明了新闻业作为信息放大器、编辑者、引导者和验证者的持续作用。

从世界上大部分地区的媒体结构的总体特征上看，技术变革尚未促成新的转向。但广受争议的是，越来越多的媒体活动正在被少数的全球公司接管，并因此产生更多的垂直整合。互联网在很大程度上为拥有自己新闻服务的全球互联网提供商所控制。像谷歌这样的搜索引擎在新闻过滤和排序方面发挥着重要作用，不受任何政策规范影响，但却在议程设置和界定当前现实方面拥有巨大潜力，其更为强大的资源在塑造选择过程方面不可避免地获取了优势。

上述趋势加强而不是削弱了对尚未迁入互联网的专业新闻业的需求。

方框8.3 互联网的主要变迁趋势

- 互联网作为一种新闻媒介的发展是由既有的印刷和广播新闻机构促成的；
- 在线新闻平台开始在盈利和部分受众市场中超越传统媒体；
- 互联网上有大量新的供应方，但内容主要是意见或宣传，而非信息；
- 既有新闻媒体的权威性受到挑战；
- 新闻人作为信息接收过程中的重要调解者的地位被削弱了，但并没有受到根本性的挑战；
- 在线新闻由少数几家大型跨国公司主导，很少有证据显示其内容受到外部干扰，但有迹象表明它们遵守了实体机构所在地区（国家）的规范。

8.5　互联网：未实现的解放？

互联网在早期被寄予了大量的乐观主义期许，认为它可以解放、提升、丰富公共领域。但正如刚才所提到的，其已经发展出的所有权结构并没有鼓励上述趋势，虽然它确实有助于扩大使用规模并创造了受众对新传播渠道的依赖。这套系统的逻辑是寻找最终有利可图的应用，而不是增强自由和民主。借用来自新闻场域理论的术语（参见第四章），我们可以说，经济场域进一步冲击了新闻场域，政治场域可能也是如此，政客们寻求从这种新形态的中介化政治中获益，而政府则试图去控制这些未受监管的媒体渠道。

开放获取和更多自由的承诺仍然摆在桌面上，但到目前为止，对大多数人来说，其结果并没有带来新闻以及来自新闻来源的观点的多样化。将在公众内部以及成员之间传播中采用的新闻应用进行合并和重新大众化已成为一种普遍趋势。这一点可能最明显地体现在社交媒体在世界范围内的迅速蔓延，以及随之而来的广告、营销甚至宣传机会的增长。毫无疑问，网络博客的发明体现了言论自由机会的实际扩大，特别是在最受限制的那些情况下。但是网络博客在类型和重要性方面差异巨大。一个基本的问题是，要维持受众关注，以覆盖面为成功评判标准（尤其是在自由市场体系中）的博客可能需要寻求（或倾向于）更加机构化，但同时也就会失去一些关键的自由主义特征。目前，准机构化的社交媒体推特（Twitter）似乎正在向曾经是博客圈的领地殖民。

新媒体向新闻供应领域的进军并没有明显影响到新闻报道的性质及对其的总体需求。然而，它却导致了曾经的主要报纸，尤其是有声望的优质媒体和广泛发行的大众化媒体的相对边缘化。前者曾领导并支持新闻界成为一项具有公共目标的社会制度，后者虽然想要赚钱，却往往具有对新闻业神圣角色守护者的同情。如今，"声望"媒体声望锐减，且由于不再盈利而拥有更少的独立性，虽然其政治影响力尚存。而大众化媒体倒是可以相对更容易地被转变为更有利可图的形式，且不会引起政治和文化精英的不安。

上述结构性趋势主要是由意图发掘新机会的经济动机驱动的，从而不可避免地导致了该系统的商业化。事实上，这才是一系列变革的驱动力和核心逻辑。商业化虽然对于所有者和管理者来说具有积极意义，但对新闻内容的影响却分化了新闻行业，并经常被评论家批评为信息和文化质量标准较低、回避在没有受众回报的情况下做昂贵的新闻报道、回避引发"错误的"争议或"坏消息"（这可能会使受众反感和/或冒犯当局以及商业客户）、（迫于成功的压力）使用可疑或不道德的报道手法等。而对"商业主义"（commercialism）的替代方案则是：以专业理想和职业道德或记者的公众良知为指导的新闻业、遵循被指定的公共目的、通过补贴或其他方式从一些无私利目标的公共来源获得奖励等。

由于一些与技术无关的原因，新媒介的兴起和应用的时代通常不利于公众对既有媒体的支持和保护，无论是基于意识形态（或"原则性的"）理由，还是仅出于实用性的考虑。这方面最显著的变化出现在1990年后苏联和东欧社会主义政权结束之后（Jakubowicz，2007）。在许多相关国家，早期对自由、多样性和公共目标的热情为经济现实（有时是政治现实）所抑制。在欧洲，公共广播一直在后退，并不断遭受基于意识形态和可行性等理由的各种攻击。公共广播的线上表现，尽管存在争议，但考虑到生存问题，还是为其复兴提供了一些前景。

新兴在线媒体并没有在组织和所有权形式上创造出新的独立媒体部门，所涉及的媒介创新主要是既有国别或国际媒体结构的延伸。这与融合的逻辑是一致的，即调平媒体监管和控制的竞技场（如在不同技术之间）以及整合不同的形式和实际业务。目前仍没有确凿证据表明，有任何会为网络媒体创建新的监管机制的趋势。对于未来的监管者或批评者来说，麻烦事会越来越多（从重大"泄密"的威胁到通信自由和隐私问题），但现有的法律、规则和程序正在被调整和应用过来，而不是建立新的规则。互联网的"可监管性"（或不"可监管性"）的基本问题仍然悬而未决，尽管这越来越显得无关紧要，因为当局倾向于按照自己的意愿行事，而且现有法律或习俗中也缺乏充足的抵制理由。新闻业的实践受此影响很大，无论是受聘用的专业人士，还是自由职业者或自愿加入的局外人，都有可能获得潜在的收益或损失。

方框8.4　互联网与自由的相关要点

- 政治和经济利益试图利用和控制互联网；
- 在线新闻缺乏对其独立性的传统保障；
- 商业化趋势强于实际上的自由化水平；
- 尚未出现什么重要的具有新形式的新闻部门，也没有创建新的公共空间；
- 对互联网没有统一的控制结构，也没有充分的自由保障；
- 未经授权的信息有了新的传播可能（例如维基解密），但主流媒体仍然可能因其可信度和影响力而被需要；
- 在互联网上，民主参与和鼓动以及操纵功能共存，而且这种情况常常是被容忍的。

8.6　媒介变化对新闻业本身的影响

毫无疑问，媒介变革已经对记者的工作环境以及专业身份和地位等问题产生了重大的影响。最直接的是，新技术改变了新闻编辑室，要求新闻人采取新的技能和工作方式，但在这里，我们更关注的是对社会产生的长期影响。其中一个普遍的变化是其与新闻来源间的关系。普通人已经和记者一样，可以立即获得大量信息和背景材料，即使仍然需要能够掌握一些独家的一手消息来源，并培养与内部人士间的长期联系。但与过去相比，确实可以用更少的时间和资源来进行更多的常规新闻收集和处理。一些观点认为，依靠广泛和积极的公众参与，新闻业可以做得更好。但这种工作组织形式（更多地坐在办公桌前）也意味着与消息来源、事件和地点的实际接触变得更少。一些评论家（例如，Deuze，2007）谈到了产销者（prosumer）这个受众中新角色的崛起。在记录设备和互联网的协助下，许多个人用户可以通过提供视频剪辑、意见观点、内部信息等方式参与到新闻内容的制作（以及消费）中。虽然这样可以起到信息补充的作用，但产销者仍是一个从属角色，并可能涉及一些剥削问题，各种新形式的电视纪录片和"真人秀"节目已经开启了这条道路。尽管"用户生成"内容的重要性有所增加，但除了提供事件的照片和视频证据外，它们似乎在"硬新闻"报道中没有发挥多大作用。

即便如此，如上所述，网络新闻的基本内容模式似乎与我们所熟悉的传统模式并没有太大变化。对新旧新闻形式的比较研究表明，新闻产量的增加并没有带来多少形式或内容上的真正创新。也没有像其曾经所宣扬的那样，会带来更大的多样性（除了传播渠道数量有所增加）或者更多的全球信息流动。来源于有权有势者的新闻，无论在线下还是线上，都还是会被显著地发布。由主要通讯社和大型媒体机构建立的国际网络传播对世界新闻的理解也并没有太多变化。新闻仍然像过去一样在几个主要国家之间流动，因为构成新闻流动的基本供需结构尚未受到根本性的影响（Arcetti，2008）。

对新闻的议程设置仍然存在，线上线下大同小异。总体看来，要想建立一套"新的媒体秩序"，这个世界需要先行改变，但也没有特别充分的理由能够指望，这样的新世界如果真的到来，会比如今好上多少。还有一些缺少明确证据的预判，比如在线新闻制作的那些最显著的特征和潜能，尤其是"互动性""人与人相互关联"和"随时随地可以访问各种渠道"等，能够真正产生长期的影响。当然，如果真能如此，对新闻人和现有新闻制度也不会有太大的好处，而只会进一步遭到削弱。

但是我们如果停止寻找大规模的范式转变，就会发现更多的变化迹象。事实上，上网以及以不同的方式访问确实会一些不同。新闻必须以碎片化的形式呈现，以便获得快捷而短暂的关注，即便有可能通过超链接等方式提供更深入的跟进。其结果是"新闻集锦"式的呈现方式激增，这对报业来说相对较新，尽管在一些免费报纸中已经有所预示，它们为处于移动状态中的读者提供可被随意关注的内容（如地铁报）。这就进一步推动了新闻规范从"全套标准"转向"防盗警报器"模型（参见第五章中的监督角色和民主）。这种事件导向（event-based）的报道模式首先有利于那些"制造"事件者，例如大公司、政府和其他当权者。对事件的分析和解释会被降级到以后再说，如果真的还会有的话。

尽管网络媒体的互动性常被强调具有积极的变革潜能，新闻媒体也声称欢迎受众的反馈，但与其他投入和压力相比，媒体在如何使用这些受众的贡献方面有多大的控制权或影响力，还存在许多不确定性。这是一把"双刃剑"，依靠来自受众的信息可以增强对受众的管理，但却不一定会带来双向的对话。记者们也许会接触到公众的反馈，但可能没有时间、意愿，甚至没有进行回应的权限。

为了节省效能以及由于许多报纸的经济状况衰落，传统新闻业的工作机会逐渐减少。这也意味着更不稳定的就业形势和更少的个人选择自由。许多新类型的"信息工作"可能会增加，但这不再是新闻工作。新闻工作者可能需要拥有一系列差异化的新技能，这会降低原有的身份和职业认同。有观点认为这会带来一些新的普遍趋势，即投资于少数明星记者或名人，但同时将其他新闻人降级（Preston，2009）。

除了这些工作性质的变化和先前就已有铺垫的新闻业形态的多样化，一个新的不确定性来自在正式新闻机构边界之外从事新闻活动的机会增加。网络出版的主要形式是网络日志或博客，通常由个人（起初是）定期发表信息和评论，且任何人都可以开设。由此产生的"博客圈"以各种各样的方式关注当下事件，由大量的网络站点构成，其中一些的地位、影响力和知名度通过口碑或既有媒体的推广而得到提升。这些新的来源有时候会利用内部信息，发出独立的声音，但也经常会混入些没有什么公众影响或特殊价值的意见和八卦。博客和既有新闻业之间的界限甚至并不明确，因为记者们也常在其主要的雇佣工作之外写些自己的博客。

对博客的划分标准有很多，但主要可以分为个人或"公民"博客，以及那些受雇于正式新闻机构或寻求转化为新的常规出版物的博客两大类别（Domingo，Heinonen，2008）。有理由认为，自从博客开始作为一种新兴的新闻业形式，它已经改变了一些初始特征。有证据表明，许多博客为了生存，就要变得更加"机构化"，并开始搭载广告（Lowrey et al.，2011）。也有人提到了互联网的"媒介化"过程，因为它呈现了既有媒体的许多特征（Fortunati，2005）。在政治语境中，"常规化"（normalisation）一词被用来指将政治竞争者纳入既定惯例和战略的过程。所有这一切并不奇怪，但它确实改变了创新所应有的显著意义。

人们似乎普遍认为，博客圈并没有增加多少第一手的事实性信息，特别是因为许多消息来源通常是匿名的，而且缺乏可验证性。在常规社会和事件中，博客似乎需要被既有新闻业认可才能获得广泛的受众关注。在大多数国家，既有媒体作为通往更广泛社会的"大门"的地位尚未受到根本性挑战，除非这些"大门"的原本设定只是用来排除反对者的声音。然而，这些新形式的新闻业确实进一步模糊了一个老问题——究竟什么才算是新闻业。

方框 8.5　互联网对新闻业的影响

- 生产效率提高了，但新闻报道（news）的本质并未改变；
- 记者们的工作机会变得更不稳定，更多的自由职业者、随机加入者、外包业务，以及出现一个新的明星记者系统；
- 新的新闻业形式（forms）不断发展；
- 新闻业的专业地位变得更加不确定；
- 为争取"博客圈"的受众而产生新的竞争；
- 新闻业基本的信息告知功能并未受到博客圈的挑战；
- 既有媒体的守门人角色受到了挑战，不只媒体有权力报道（或不报道）新的消息来源；
- "用户生成内容"的兴起；
- 与权力来源的关系发生调整。

8.7　新闻制度的未来

制度（institution）被定义为"在一个社会中主持某个特定社会领域的组织间可识别的社会行为模式"（Cook，2006：161）。在这本书中所讨论的社会领域是信息和意见的公共流通领域，而"组织"则是各家新闻媒体。新闻制度的基础假设是各家新闻媒体都会按照大致共享的目标或标准来运作，所遵循的规则和程序也基本一致。另一个相关的假设是既有媒体都会被它们自己以及一般公众和社会中的主要行动者认定为在某种程度上能够主导自己的社会场域。但这两个假设都容易遭到质疑，前文所述的微妙结构也很容易为正在发生的新闻供应方式和供应结构等方面的变化所倾覆。

新闻制度支持新闻工作者追求专业地位的夙愿，这反映在诸多提高职业道德和工作质量标准的项目中，同时也可以帮助新闻业获取一些行动和言论自由，以及在执行容易树敌或者招惹不受欢迎的朋友等任务时获得相应保护。对新闻自由构成威胁的不仅是政府和法律，报道新闻的行动本身也可能造成潜在的（甚至致命的）危险（刑事的或制度上的）。承认新闻作为一种社会制度，也加强了记者在面对媒体所有者时的控制权，后者有权决定是否雇用新闻人，并有权决定基本的报道方针。

新闻制度在20世纪的出现建立在新闻工作者协会和工会的基础上，通过许多斗争才获得，同时也需依托媒体所有者联合起来，他们更多是作为一个行业利益集团而走到一起。但是，它们之间以及与政府和法律之间的相互作用有助于确定一个相当明确的活动领域，一系列不同的行动者都公开参与其中。考虑到利益冲突以及新闻业的不同类型及其差异化的目标，任何国家的新闻业内部一致性都是有限的，对其程度的判断也几乎没有共识。在网络媒体出现之前，广播作为一种新闻媒体的崛起，常常遵循不同的基本规则，并有更多的限制和被指派的责任，显示出在网络媒体出现之前，新闻业早已开始裂变。

新闻制度作为这项公共职业的守护者和旗手，支撑着多种问责机制。当权者在与现有媒体打交道时，可能采取的直接行动方式会受到限制，而通常需要通过其他一些非强制性的控制形式，其中就包括新闻制度，其结果是本该用于支持新闻界的新闻制度会发生相应的妥协。当权者可以诱导新闻界遵守规定，并对不遵守规定者施加某些惩罚。从这个意义上说，新闻界的去制度化可能会产生一些解放作用。

> **方框 8.6　媒介变化对新闻制度的影响**
>
> - 新闻人队伍的构成更不确定；
> - 新闻制度对大部分网络新闻业几乎都没有权威效力；
> - 现有的自我监管形式和程序都不再适用，对社会的负责将减少；
> - 新闻制度在作为社会控制机制方面的效能在降低；
> - 对于消息来源、受众、网络记者和那些受报道影响的人们来说，游戏规则变得很不确定；
> - 对传统新闻自由权利的保护可能会减弱；
> - 无论是在任何国别还是全球论坛上，都未形成统一的声音来代表在线新闻发言；
> - 将现有媒体形式延伸到网络平台的做法可能会限制媒介变革可能发挥的效力。

8.8　新闻与社会的关系

　　数字化和媒介融合带来的新闻生产和发行的广泛变化，打乱了新闻工作与更广泛的社会诉求之间相当脆弱且通常只是偶然出现的协定安排（arrangements）。新闻人队伍的构成和新闻工作的性质变得更加多样和不明晰，在最初的"模型"中，只有那些被聘用来执行特定的报道、写作和编辑任务的人才被认为是新闻人。而如今，新闻报道（news）已在很大程度上脱离了其生产环境，通常由一些并不具备新闻职能，也与任何新闻机构或国家社会没有什么关联的机构来发行，成为可被交易的商品。新闻的负责制主要取决于其与社会中他者间的关系，特别是它的受众、客户和被报道者，也正是在这些基础上划出了责任的范围（参见第七章）。前面提到的新闻业的新趋势似乎进一步削弱了追求"统一的"新闻制度的信念，无论是在建立一套一致性的原则和优质的操作实践方面，还是在形成一套能够为社会广泛认可并会带来更多福祉的社会制度方面。

然而，在新情况下，尽管网络媒体的互动性有助于在一些细节上促成更强的连接和真实互动，新闻与社会间的联系在总体上往往会比以前更弱，受众也变得更遥远和未知。这主要是因为受众与新闻媒体的接触是如此短暂，对任何具体新闻媒体的忠诚度似乎都在下降，报纸读者人数相应地持续下降，受众注意力分散于许多（通常是移动的）信息来源。新闻制度向来依托于新闻业和社会之间强烈的相互负责意识，而这种意识正受到变革的威胁。这些关于变革对新闻制度带来的普遍悲观判断还没有考虑到新闻业受制于全球传媒公司和运营商的程度，后者对上述问题毫不关心，并且缺少对任何社会、共同体或专业的依恋。

新闻业已经变得十分碎片化，与其具体的国别基础之间的联系也有所削弱，尽管新闻业在社会和公众导向上仍然主要是国别和本地的，但有越来越多的努力通过各种形式的专业合作，尝试建立新闻自由和新闻操作的国际规范标准，并取得了有益的结果（Hafez，2011）。在一些地区（例如欧洲，以欧洲理事会为代表），共通的原则已被接受，但仍缺少正式的裁定或问责程序。《联合国宪章》也提出了一套新闻自由的标准，并得到了广泛认可。许多组织机构都在努力寻求在世界范围内监测和维护新闻自由和新闻人的福利。

尽管它们的实现方式存在很大差异，一套相当一致性的基本新闻价值观得到了相对普遍的认可（Hallin，Mancini，2012；Hanitzsch et al，2011；Preston，2009；Weaver，2012）。然而，所有关键的战斗都必须在主要战场打响——上述标准的国际共识可能更多地反映了由共同的技术、生产组织形式、相似的生活方式和对共同信息市场的参与带来的新闻产品的标准化，还不是理念上的趋同。

将新闻界作为一种社会制度跻身（并服务）于其他社会制度间的观点引发了一系列需要讨论的议题。这种观点的主要依据是媒体在过去 300 年左右的政治进程中所扮演的关键角色。在一些具有某种民主形式的国家中，新闻界的任务已经十分清晰，即向广大公众报道当天事件和问题，以及政治角色的行动和相互反诉，并且反映公众的意见和观点。在这种（曾经被称为"第四等级"）角色中，人们强烈期望新闻界能够诚实、多样化和准确,以及向所有公民充分告知。新闻媒体为实现这些目标所作的安排和努力是广为知晓的,并且可为他者所信赖。新闻媒体因此在促进政治进程方面发挥了至关重要的作用,包括对政治家和政府的社会问责,以及对政治权威的合法化。在这里,政治涵盖了在某种程度上可能属于正式政治范畴的所有公众关注的事项,而这些事项的本质尚未发生显著变化。

即便如此,"媒介化"的进程,以及将媒体在民主权力争夺中的角色提升到接近首要地位的做法,已经扭曲了媒体与政治之间的关系,夸大了(以一种可以自我实现的方式)"新闻的权力",并且至少间接地将新闻的主要活动从告知转变为各种微妙的宣传(表象变得比实质更重要)。这会把优势的天平向那些拥有丰富媒体资源或者仅仅是有钱能买到恰当宣传的权力竞争者倾斜。虽然从公众尊重度较高的新闻媒体那里购买有影响力的支持可能并不容易,但当难以在众多声音和新闻供应商中识别优质来源时,这点限制往往起不到什么实际作用。

方框 8.7　媒介变化对新闻与社会关系的影响

● 自我规制的形式和程序弱化,网络媒体对社会的负责度较低;

● 与受众和共同体的关系弱化;

● 互联网没有扮演传统媒体或者"第四等级"的角色;

● 对于消息来源、记者、观众和被报道者来说,"游戏规则"变得更加不确定;

● 社会权力会转向媒体和媒体资源丰富者;

● 新闻的全球化是真实的,但变化的范围是有限的。

8.9　信任的问题

对媒体(新闻界)公众信任的研究显示,各国之间存在很大差异。总的来说,新闻界和新闻行业受社会尊重的程度不如其他更资深的制度或部

第八章 不断变化的媒介技术：对新闻业、新闻制度及新闻与社会关系的影响

门，随着时间的推移，在一些地方还出现了部分衰落，而且这些衰落与新媒体的出现本身关系并不大。总的来说，不信任的部分原因在于，人们倾向于将媒体所报道的一些社会弊病归咎于媒体，或者因其所谓的政治联盟和政治倾向而不喜欢某些媒体。与其他部门相比，媒体也更容易受到公众对其表现的评判，且经常成为批评的目标。而就新闻人而言，有证据表明，他们往往对许多主要社会机构部门表现出相当低的信任水平。这可能只是一种健康的怀疑主义，与他们作为公共利益守护者的角色相匹配，但也可能被视为破坏了社会凝聚力。

一般来说，更受监管的广播业在保持公众信任方面更为成功。例如，在27个欧盟国家进行定期调查的结果显示，在大多数国家，广播新闻的信任度明显高于印刷媒体（Eurobarometer，2010）。电视也是欧盟国家政治新闻的主要来源，据推测，这与对报业的信任度低也有关——有时（如英国的情况）对报业的信任度非常低。早期的推断是，在线新闻的可信度会低于既有媒体，互联网提供了大量在真实性、准确性以及消息来源的诚信度方面难以评估的信息。

老牌新闻媒体供应模式的优势是，受众有一些方法可以用于其评估可靠性或不足——基于经验、媒体的公众知名度、发送者的声誉等，并且也有地方可以去投诉。这种自信可能是错误的，因为大多数受众似乎仍然能够很好地区分不同的网络信息来源，从而做出相应的关注选择。无论如何，声誉良好的网络平台不仅已经获得了大量新闻受众，它们似乎也普遍被认为是可靠的。**欧洲晴雨表**（Eurobarometer）的例子表明，人们对互联网作为新闻来源的信任程度与对印刷媒体的可能没有太大区别。大多数时候，我们提供的新闻内容在类型上并无不同，它们来自既有机构和其他媒体，由简短的事实简报组成，没有太多隐藏的议程。在某些方面，新闻报道甚至比以前更加"客观"，更符合"防火警报器"的模型（参见第五章）。

8.10 对公共领域的影响

"公共领域"这个概念本身就可能太不明确且多有争议，以至于很难

对其正在发生的变化做出任何精确的判断，且目前可供观察的时间太短，尚不能做出任何确定性的结论。当哈贝马斯（Habermas，1962）为当代复兴这一概念时，公共领域指的是社会"顶层"和"基础"之间的一个概念上的开放空间，可供思想和信息自由流通和交流，并可用于广泛参与的辩论和审议。新闻媒体为这些安排提供了基本要素，且必须保持自由和多样化的才能实现这种功能。哈贝马斯同时对大型媒体公司为了追求利润而对公共领域的"殖民化"提出了警示，这会导致新闻质量的下降（例如耸人听闻、小报化等）。

关于新媒体对公共领域的影响，人们的预判是分化的。比较乐观的观点认为，利用电子邮件、社交媒体和其他论坛提供的机会，新媒体将在公民之间广泛开展相互交流、进行辩论和传播新想法方面带来很多好处。实际上，互联网确实有创造一个自己的"虚拟"公共领域的基本能力（Papacharissi，2002）。且互联网上可能不只有一个公共领域，而是可以有好几个，甚至可以是一种"对抗公共领域"（counter-public sphere），来促进根本性的变革（Milioni，2009）。有人认为，一个新的"网络之网"（network of networks）会出现，将所有参与者和部门自由互联，可以构成"第五等级"，补充但不会取代"第四等级"（Dutton，2009）。早期公共领域概念的一个基本要旨是，应该为新的、多样化的声音提供更多机会途径。但我们还不能完全确定这种"虚拟参与"，除了那些喜欢这种模式的人会选择参与之外，能够在多大程度上等同于在其他人在场的情况下参与辩论和行动（Goldberg，2011）。

不可否认，老牌媒体作为公众讨论的"大门"的垄断地位（并往往与有权势的"看门人"相联合），已经被严重削弱。现在有了许多更有效的切入点，通常是那些不受惯例或客观性制约，也不受用于防止披露的实际法律所限制的消息来源。有许多泄密和揭发的例子，从非制度化的线上来源传播到公共领域，即便"新媒体"也不能免于被报复。之前提到的2010年维基解密（Wikileaks）的重大泄密事件，已经激起了一个强大的敌人，使得这个故事既不完整，也不太可能以同样的方式重演。当然上文也提到，既有媒体在实际传播和核实这些被披露内容方面也发挥了关键作用。

新媒体的互动性和互联性使得社会运动和社会团体的形成成为可能，

特别是那些聚焦单一议题，通常为帮助主流政治体系中的"局外人"就其所追寻的事业本身的闪光点而获得更广泛的公众支持。最近一段时间，人们非常关注一些危机时刻——网络媒体上的社会动员，在形成舆论或实际上使反对派团结起来并付诸行动方面发挥了重要作用。

许多既有政治体制已显示出僵化的趋势，追随者减少，对常规政治的兴趣和参与也持续下降。新出现的更具地方性、更具体也更国际化的问题现在有了在公共领域的主题/活动范围内发挥作用的机会。新的政治活动形式已经出现，通常是由既有政治组织的旧秩序不情愿地、笨拙地采用而产生的。公共政治和社会生活的新时代尚未到来，但人们对可能性和变化有了新的认识，并有了许多产生过有效干预的成功事例。

但也有人表达了保留意见，何况还有另一种可能性，即公共信息领域的大量在线活动已经为来自政府的主导声音以及政治和经济领域的资深玩家所渗透。利用网络媒体来进行任何形式的公民或公众参与辩论和民众自决（self-determination）的发生概率仍是有限的，这些新的参与方式可能更多是一种行动的转移，而不是把参与范围扩大到曾经被排除在外的社会部分。这在一定程度上是由于"数字鸿沟"的仍然存在，即使在基本访问权限上差异缩小，但在访问"质量"上仍然有较大差异。积极的参与需要动机和能力（以及资源），这些仍然与教育、职业和收入密切相关，在大多数社会中仍然非常（甚至更加）不平等。

也许对过度乐观的最有力反驳是这样一个非常明显的事实，即新媒体已经广泛而成功地被一些潜在的传播者利用，他们试图通过社交媒体利用自愿互联的力量来推进其商业或意识形态目的。网络媒体不仅为那些被剥夺了进入公共空间的其他途径的人们提供了开放的机会，而且也向那些已经在公共空间并希望捍卫自己立场的人们敞开着大门。互联网的开放性、自由和匿名性使其对那些资金雄厚者开放，他们试图管理和操纵网上发布的意见和信息，且几乎很少能受到抵抗或纠正。显然，大量的公众支持和准许是可以在不被发现的情况下购买的。因此，公共领域既可以被新媒介充实，也可能被蓄意或玩世不恭的滥用毒害。

人们对新兴的媒介环境最负面的质疑，是担心它会将此前缓慢而艰难的民主改革取得的成就碎片化，例如它会使公共领域及其制度化支持变得更不稳定。受众分散到许多新的新闻来源的一个首要后果是，这会减少公众可以共同持有的思想和信息储备，从而更难被动员起来实现更广泛的社会变革。根据消费者的个人兴趣定制新闻供应向来是网络新闻提供商惯用的一种扩张工具，尽管目前还不清楚这种趋势已经渗透到了什么程度。

　　国内和国际新闻议程相对的连续性和稳定性等新近证据表明，"量身定制"的新闻供应将是当下共享的公共空间的补充，而不是替代。然而，对现状更具威胁的是，其他类型媒体带来的使用时间上的竞争从而导致对公共议题的参与减少。参与公共议题可能会成为另一种需要迎合的小众品味，具有良好的素养，但不再能成为集体社会行动的基础。

方框 8.8　对公共领域的影响

- 公民更广泛、更自由地参与信息和意见的流通和交流；
- 有更多机会积极参与政治进程，特别是对草根阶层来说；
- 政治角色与公众间的互动增强；
- 通过在网上曝光，进行更广泛的问责；
- 由少数资深媒体控制公共空间"大门"的情况减少；
- 在危机时刻有更多的机会来为变革动员；
- 在涉及国家或国际议题时，仍有可能为公民建立一个受保护的公共空间；
- 新的危险也出现了，因为互联网也可被隐藏的鼓动滥用；
- 一般来说，对社会的归属感会更加碎片化，公共领域随之弱化（随着定制化新闻的兴起）。

8.11　回顾

　　现在我们来对本章开头所提出的由于媒介技术的变化而产生的主要问题加以回顾，并得出一些暂时性的结论。

第八章　不断变化的媒介技术：对新闻业、新闻制度及新闻与社会关系的影响

在**新闻制度**的问题上，这一本来就相当脆弱且非实质性的体系似乎确实有可能被已经发生的变化进一步削弱（或在其潜在影响上受到限制）。由于历史原因，它的主要体现和代言人是前数字时代的传统主流媒体（尤其是报纸），这些媒体正在努力保持其支配地位。忠实的阅读（或观看）公众的加速流失削弱了它们的权威性或它们对新兴新闻生产和流通等方面的影响力。谁能代表"新闻界"的利益和声音等问题变得更加不清晰，如果仍有可能产生此类"代表"的话。

新闻界作为一套制度的健康状况很少是具体媒体所有者的首要关注。对言论自由而言，其可以预见的衰落并不一定是坏消息，因为"老牌"媒体在政治和经济压力面前本已经很脆弱。虽然通过更多地问责，强有力的新闻制度可能有助于高质量的公共生活，但它也可以被视为更有效地控制新闻的途径，以及媒体所有者实现自身经济利益的一种手段。而来自不那么顺从和未定型的互联网的竞争可能更有利于民主。

与此同时，新闻"专业"的发展很可能没有因为未经训练的业余生产者的加入而得到帮助，他们与传统新闻人有着类似的目标，但在所提供的内容上形成竞争。即便如此，没有太多证据表明，新获得许可权的在线传播者确实产出了大量实质性的新闻（而不只是意见和评论），当然也不是以有系统的方式在运行。有迹象表明，"新闻"出版物的这些新形式是扩展和补充品，而不是替代品。然而，当常规的新闻流动受到限制（由于异常情况或政府干预）时，新渠道会承接一些被压制的渠道的功能，为专业新闻业提供一个阵营。互联网是可以控制的，但难度更大，而且这些控制也很难不引起国际注意。

如果谈到新闻业的**碎片化**和**去专业化**，我们很可能会认为社会问责的潜力会有所丧失。但与此同时，还有一些新发展（例如新形式新闻报道的产生）和新趋势可能对问责制产生支持性和创新性的助益，例如，通过记者和媒体及受众之间的更多互动来实现制衡。限制所谓"专业"的影响也可能有好处，专业往往是自利的，在与权力的关联中呈弱势，从而限制或偏移了做"好新闻"的理想。

过去，"媒体具有强大且持续的效果"这一假设的基础在于内容信息（message）的一致性和曝光的广泛性。媒体所谓的"中性"效果（比如设

定政治公共议程)、非意图影响或隐性宣传,乃至一些积极影响(例如广泛传播和分享公共知识以及增强社会凝聚力)都是基于上述假设。碎片化和更多样化的新闻供应可能导致信息内容的不一致,其影响就更不统一,宣传人员能够构建或有计划地引导重大事件相关社会舆论的可能性也就变得更小,既有大众传播研究中所熟悉的"强大"媒体(Bennett, Iyengar, 2009)将因此而进一步被削弱。此后会发生什么还有待观察,但低估同样强大的既得利益者以新方式为其既有目标利用新媒体的能力,肯定是不安全的。

"知识沟"一词由来已久,用来描述社会不同"阶层"之间公共知识水平的差异。其中最大的问题是,大众媒体能在多大程度上以及到底其中的哪些媒体能帮助缩小这类差距。网络媒体的出现最初让人们相信,对新信息资源的不同获取方式会扩大这种差距(这一看法现在被称为"数字鸿沟"),但随着接触渠道的放开,人们逐渐表达出相反的观点,认为新媒体在向每个人提供信息方面可能比大众媒体更有效。当然,人们也逐渐认识到,变革的基本条件并不在新闻媒体身上。几乎可以肯定,在访问和使用媒体方面仍然存在"阶层偏见",即使经济和硬件差距已经缩小,但在公众接收到的信息质量的不平等问题却难以在近期内得到解决。

8.12 总结

经济学中,在得到更明确的证据之前,很难在持续变化的收益和成本之间取得临时平衡(interim balance)。同样的道理,到目前也还没有足够的证据说明出版自由的基本原则以及新闻在社会中相应的角色需要进行根本性的修订或扩展。甚至在可预见的将来,也不太可能有新的形式或设置出现和被采用来实现上述由新闻业所承担的社会功能。技术带来的影响会有其限度,而且也不一定会朝着新的方向发展。

延伸阅读

Domingo, D. and Heinonen, A. (2008). 'Weblogs and journalism: a typology to explore the blurring boundaries', *Nordicom Review*, 29, 1: 3–15.

Kung, L., Picard, R. and Towse, R. (eds) (2008). *The Internet and the Media*. London: Sage.

Livingston, S. and Bennett, W.L. (2003). 'Gatekeeping, indexing and live-event news: is technology altering the construction of news?', *Political Communication*, 20, 4: 363–80.

线上阅读

Go to www.sagepub.co.uk/mcquailjournalism for free access to the online readings.

Arcetti, C. (2008). 'News coverage of 9/11 and the demise of the media flows, globalization and localization theories', *International Communication Gazette*, 70, 6: 463–85.

Chang, T.-K., Himelboin, I. and Dong, D. (2009). 'Open global networks, closed international flows', *International Communication Gazette*, 71, 3: 137–59.

Fortunati, L. (2005). 'Mediatizing the net and intermediatizing the media', *International Communication Gazette*, 67, 6: 29–44.

Fuchs, C. (2009). 'ICTs and society: a contribution to the critique of the political economy of the internet', *European Journal of Communication*, 24, 1: 69–87.

Goldberg, J. (2011). 'Rethinking the public/virtual sphere: the problem with participation', *New Media and Society*, 13, 5: 739–54.

Lowrey, W., Parrott, S. and Meade, T. (2011). 'When blogs become orgs', *Journalism*, 12, 3: 243–59.

McGregor, P., Balcytiene, A., Fortunati, L. et al. (2011). 'A cross-regional comparison of selected European newspapers and attitudes to the internet', *Journalism*, 12, 5: 627–46.

Milioni, D. (2009). 'Probing the online counter-public sphere', *Media, Culture and Society*, 31, 3: 409–33.

Papacharissi, Z. (2002). 'The virtual sphere: the internet as public sphere', *New Media and Society*, 4, 1: 9–27.

Singer, J.B. (2003). 'Who are these guys? The online challenge to the notion of professionalisim', *Journalism*, 5, 4: 139–65.

第九章 结语：争取一种规范的平衡

9.1 引言

虽然在过去的一个世纪发生了诸多巨变，但新闻对于社会实际的或者被期待发挥的作用却没有太大变化，不同国家/地区间的差别也不算显著。可能的变化或差异一般出现在新闻业的价值优先排序、其所持有或所追寻的标准、具体的运作情境、社会整体的文化和政治条件、新闻业感知到的社会需求以及相应的社会责任等方面，而这些变化刺激我们重新评估前面章节中所概述的那些规范原则的有效性。对此，我们将首先回顾新闻实践所处的总体制度框架，并为不同的分析层次提供用于指导或评估的价值规范原则。通过对影响新闻与社会关系的主要议题的回顾，我们还会对第一章结尾处的那些问题进行回答。本章的最后部分还将为了更好的公共生活对如何维护或改进新闻业进行一些思考。

显而易见的是，新闻业的那些更理想主义的抱负并没有得到普遍认同或实现，且其不足之处也可能是相当显著的。与此同时，我们也认识到，新闻业本身的目标以及来自他者的期望各不相同，这不仅源于社会背景的差异，也源于评价立场的分疏——新闻的潜在好处是多种多样的，但往往会服务于相互冲突的利益诉求，而这些想法不可避免地影响了最终对规范的思考。本书总体上强烈支持这样一种观点，即新闻对当代社会具有重要意义，新闻的未来不能简单地任其随机发展或由当下的生产者决定。当然，任何试图维护或改善新闻的努力，都首先取决于实际想要和需要什么，以及由谁来实施，且任何上述变革都需要面对可行性的质疑，并需要相应的社会理论和公共政策的支持。

9.2 新闻与社会关系的参考框架

首先，我们不妨回顾一下本书的基本论述框架。将新闻作为一种制度化的活动"领域"的看法，借鉴于皮埃尔·布尔迪厄。对我们来说，"领域"这个术语用于提示新闻与其他形式或类型的公众传播媒介以及其他相关类型的信息工作或制度机构（如政治、经济、演艺界）间的边界。其中，新闻人主要从事公开传播与公众有关的当前情况或事件的信息，这些信息往往具有政治性质，但新闻业的营生主要遵循市场原则。

说新闻是制度化的，是指新闻活动是有其自身目标的、得到充分确立的、由系统化的程序管理的，并遵循一定的规则和标准，而这些基本上由媒体组织和媒体系统（主要涉及新闻媒体）或记者、编辑、媒体所有者的专门协会来承担的。新闻界（press）一词有时（在这本书中也是）用来识别相关的制度机构，但它可能也引发误导，不仅因为它突出了报纸这种较早的媒介形态，还因为许多新类型的新闻是在既有主流媒体及其既定规则和程序之外发展起来的。

新闻业的制度化特征也需通过对共享的价值观和目标的觉悟，以及来自社会其他部门的认可而得到强化。这种认可首先来自其他得益于新闻业服务的制度领域，比如政策、治理、法律、商业、文化、娱乐、体育业都被认为是其"邻近"领域，与新闻人的工作有着直接的关联。新闻业与其他领域间的界限常常是有争议的，这不仅是因为其间存在着诸多控制和引导"新闻力量"的企图，也反映出公共信息工作中许多重叠和差异化的目标（见图9.1）。例如，新闻业必须与相关的传播活动保持距离，包括广告、市场营销、公共关系（或"公共外交"）等，因为所有这些都偏离了新闻业作为公正的信息提供者的核心价值规范。而随着新闻业和媒体越来越成为公众生活的中心，它们对其他领域的影响也在增强，特别是通过"媒介化"的进程。

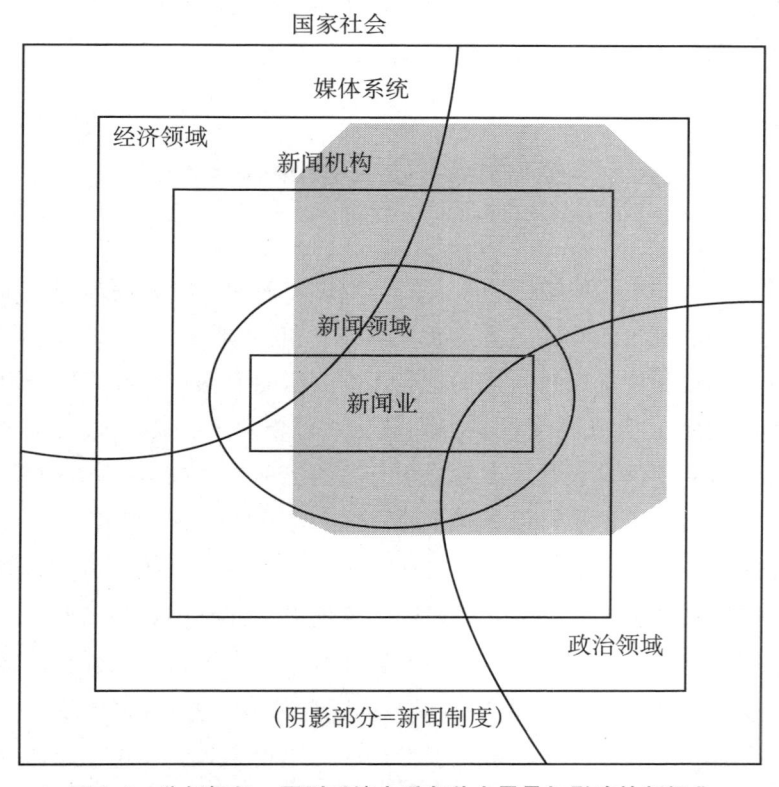

图9.1 分析框架：国别系统中受多种力量叠加影响的新闻业

虽然新闻本身并不是一个羽翼丰满的制度领域，但它确实具有一些制度化的特点，特别是在它要求独立性以及服务于"公共利益"的独特使命等方面。当然，作为一类活动，它可能屈从于市场体系中新闻媒体的经济利益，或党派新闻体系中的政治压力，或在更为集权条件下的外部指导。

问题的核心在于新闻业对社会其他部门确实起到一系列关键作用，且都在广义上与信息收集和公开发布有关。其中一些角色和功能是新闻业自己选择的，另一些则不是。社会其他部门并不是一个模糊的抽象概念，它首先由许多新闻信息的生产者和消费者构成，而信息来源则是各种为了自身利益或利他目的而试图通达广泛公众的机构或组织。新闻报道的消费者主要是个体化的公民，但同样也包括那些作为消息来源的组织机构。由此，在社会自我对话的过程中，新闻业成为一个必不可少的组成部分，从而构建了共同的知识、意识、记忆和身份认同。同样重要的是，它可以在复杂社会生活的多重关系网络中告知和促进参与者之间的互动。政府和权威者也对新闻业有浓厚的兴趣，将其作为了解民意的情报来源，以及持续性地通报事件的方式。而在更抽象的层面上，公共领域的概念力求体现的是生活在同一政治实体中的公众之间的相互交流与合作之总体性，其前提是与公共决策有关的当前信息和各种思想能够自由流通。

上述各元素间都存在相互关联，图 9.1 描述了在新闻机构内开展的那些典型的新闻实践，而新闻机构又是特定媒体系统的组成部分，在国别框架下运作。每个国家都有其独特的规范和结构性影响，每套媒体系统都倾向于在特定的原则下运作。所有这些新闻工作都属于新闻领域，尽管其与经济领域和政治领域有很多的重叠，新闻业的自主权总是受到限制或威胁。另外一个因素（由阴影区域表示）是新闻制度，也是国别性的，其地位和影响多有不同且并不固定，但在原则上大都支持新闻自治。但这张草图还没有显示正在发生的变化，特别是互联网带来的影响。

9.3 规范的情境和选择：不同层次的应用

新闻实践最常见的客观性模式希望对事件的报道能够做到"价值无涉"（value-free），但即便如此，还是不可避免地会受到不同价值体系或特定价值偏好的影响。这些价值观通常并不外显，它们的影响也往往是在无意中发生的，新闻人自己都可能没有意识到。我们将再次（参见第一章）区分各种价值体系运行的不同"层次"，包括：**社会层面、媒体系统层面、职业或专业层面和个体层面**。首先，在最广泛的**社会层面**存在许多价值体系，且往往各自伴有许多相互竞争的变体，反映着政治、宗教、意识形态、文化、人道主义等不同信仰。虽然这些价值体系的动机程度各有不同，但都希望通过新闻业进行一些公共表达，并得到了不同程度的实现。除此之外，通常还有一些更为恒久、被普遍认可的价值观念，例如爱国主义、维护国家利益、维护安全与社会秩序等，所有这些都可能不知不觉地影响到新闻选择。

在**媒体系统层面**，新闻工作可能受到两组最主要的价值因素影响：第一组包括组织原则、控制原则和问责原则；另一组涉及对第四章中所概述的媒体主要社会功能（例如，信息传递、社会凝聚、权威批判、增强协作等）的优先选择。关于前者，媒体系统可以进行多种设计安排（只要在相应范围之内，并符合政治及公众需要），以促进社会公平（通过普遍地信息提供）、公共教育、多样性以及自由。虽然实际的新闻表现与这些规范要求仍有一定"距离"，但还是可以从报道内容中看得出对它们的遵守。至于后者，媒体系统主要功能的选择通常是比较模糊的，但这些理念作为一个整体成为新闻人获取其自身角色和责任意识的潜在来源。

这也反映出**第三个层面**，**新闻工作者**，无论是作为个体还是集体，往往对自己在面对受众和更广泛的社会时所能做出的选择有着清楚的认识，且这些选择往往涉及价值偏好。也许比角色认知更具影响力的是许多关于专业责任的理念（如真实性、准确性、公正性、公平性等），这些理念已被组织化为道德规范和行为准则，用于专业自律。"新闻制度"往往会支持这些理念，但更直接的影响来自媒体雇主、新闻工作者协会或工会。最后，在个体层面，我们会回到另一个（也可能是主要的）路径，一个社会的价值观由此而为新闻产品着色，即使专业理念似乎明确地要将个人色彩排除在新闻文本之外，但这些个人价值观并不容易被排除或完全隐藏。关于这种价值选择框架将在本章后文中进一步阐述。

9.4　信息社会中的新闻

在 20 世纪后期，有很多关于新兴的"信息社会"的研究，关注以新技术和新传播手段为基础的传播革命所带来的各种后果。信息社会被认为是超越"后工业社会"的又一步，而后工业社会本身是以开采和大规模制造为基础的工业社会的继承者。也有人倾向于将当下这种新的社会形态统一称为"后工业的",因其逐渐从体力劳动向服务业和信息劳动的转换趋势。随着知识被应用于提高生产力和提供一系列新型消费品,新兴的"信息经济"(information economy)也被普遍认可。而信息社会走得更远,因为其当下的重点已经是信息本身,不仅仅是它的应用。新闻可能不是上述转型的核心特征,但作为一项行业或产业,并作为类型范围不断扩大的信息产品的一部分,也不可避免地日益受其影响。

信息社会的核心现象是,各种形式的信息(私人的和公共的)生产和传输以各种方式呈指数式增长,这主要是由于电子通信和数字化的发展,远远超出了人类获取或处理信息的能力。虽然各种形式的公共媒体和人际连接的崛起只是"信息革命"的一个相对次要的特征,但即便如此,它在促进变革方面还是发挥了重要作用,并在如今越来越受其影响。这些影响主要有两种形式:一方面,关于"真实世界"信息的传播不再受新闻媒体完全控制,而是有了许多替代性的在线来源,且往往更专业、更快捷。另一方面,新闻业面临的挑战是,必须处理和理解大量潜在的公众相关或感兴趣的数据,这些数据很容易为过剩信息所淹没。甚至可以说,新闻业在某种程度上充当了信息社会的"啦啦队长"。

对信息社会的另一种理解是将其视为一种"网络社会"(network society),至少从传播的角度来看是如此(Castells, 2001)。当代社会通过许多重叠的传播链接日益相互联系,有些呈"中心-外围"结构,另一些则是互动的(例如通过移动电话、社交媒体等),出现更多横向而非纵向的关联模式。由于各种类型"博客"的增加、更多的"用户"参与和"用户"内容生产以及对反馈的鼓励等,新闻业以多种方式受到这种网络化特征的影响。网络社会的模式还促进了受众/用户与公共媒体的频繁互动,跨越了两者曾经相对固定的边界。此外,传播的全球化进程(尽管是缓慢的)也得到了网络社会的促进。

我们可以初步断定,首先,除了在信息"过载"的情况下提供指导时依然需要新闻业具有基本的独立性和被感知的公众信任等之外,新兴的社会环境普遍威胁着新闻业的自足和自主性;其次,如果有必要的话,新闻业可能变得越发开放、反应灵敏和负责任,更有可能参与国家或国际的公共生活；再者，新闻业的其他一些特征也可能会延续下去，尤其是经由市场决定等运行逻辑，但新闻业的产品则可能需要适用一些新的（以及不同的）价值判断标准。此外，虽然仍主要在国别媒体系统内运行，但新闻活动与国家层面的联系将不再那么密切。

9.5 新闻与社会关系的主要规范议题回顾

在接下来的部分，笔者将回顾本书的主要结论及其规范意义，并提示其中一些有争议的方面。

新闻业在满足社会需求方面所做的贡献

新闻业对于有组织的社会生活实际上或者目标上所产生的影响，是关于新闻业或者媒体的社会理论的一个基本议题。尽管人们承认一些所谓的"基本需求"尚存争议，这些抽象理论却没有把我们带得太远，主要包括以下方面：

● 需要关于影响社会环境的事件及条件的多种多样和可靠的信息，需要广泛的公众传播，以利于改进、适应和应对。

● 需要形成至少是最低限度的共识和社会凝聚力，以支持共通的认同、协作以及有效的自治。

● 需要协助其他社会机构开展公共传播和活动衔接等工作，尤其是在政治和经济领域。

这些需求似乎都与新闻业的实际运作相一致，虽然并非是专属的或是直接的。例如，促进其他社会机构工作的作用并非是公开宣称的，但很容易在社会生活的一系列领域中找到印证，包括体育和娱乐、贸易和商业、政治和政府等。"增强凝聚力"的作用也不是不言自明的，即使它至少在理论上似乎是合理的，对一个共同的新闻供应的关注将在一定程度上塑造大规模且分散的人口群体（如城市、地区或国家）的集体意见和舆论氛围。这项工作并非被有计划地开展，而是反映出大多数新闻人对他们所在的社区或社会的依恋及其所感知到的公共利益和价值观。新闻十分倚重共同的文化、象征和记忆，从而构成共享的集体认同。除了国家"意识"和身份认同，还有在社会生活中无数正式或非正式网络和关系内部和之间的积极合作与相互作用，每日运行的新闻业是一个重要的来源，通过持续的、多样化的信息供应，上述互动过程得到不断的润滑和整合。

虽然新闻报道可能会凝聚公众共通的关注，但也可能产生分化，包括将获知程度不同的人群区分开来，或者由于不同程度地提供党派化来源的消息，以及对"事实"的不同解读而形成不同的舆论圈层。例如，支持少数族群认同的"美德"（例如移民群体），可以被视为不利于民族融合和国家团结，也可以被认为是在做积极贡献。新闻也经常倾向于报道"负面"事件，以及难题、犯罪、冲突和暴力，不过社会映照到自身和展示出来的形象，也并不一定需是和谐的。但一种对新闻报道更根本性的批评是，它缺乏多样性，其主导意义框架一贯倾向于既有权力和精英立场。

新闻业对传播后果的负责范围和问责程度

言论自由和新闻自由的原则限制了社会可能对其施加的义务和责任。一般来说，"新闻界"可以自由选择是否对其信息传递工作的结果负责。这一点同样适用于避免出版可能造成的伤害等问题，前提是新闻人对这些影响和风险有明确的认识和可靠的证据。对于更具争议性的问题，尤其是那些与积极的"看门狗"角色，或与由当局设定的促进共识的期望等有关的问题，新闻业可能会接受，也可能不接受。在这些问题上，新闻业可以声称有揭露、批评或不这样做的自由，也可以拒绝履行任何外加的义务，例如为政治或商业系统提供合作服务，甚至以爱国主义为由对新闻业提出的要求。具体的情况在很大程度上取决于国别环境也取决于特定新闻机构的宗旨，有时还取决于新闻人的个人偏好（如果还有剩余空间的话）。

问责制不可避免地涉及一些对行动自由的限制——这在所有社会关系中都是常见的，但对新闻人来说可能更成问题，因为会直接影响到他们的核心角色。当然，问责的类型和程度不同，新闻人的接受程度也不同。

最被接受的责任义务是向受众提供高质量的服务，最不被接受的是对具体出版行为的干预，尽管新闻界可以接受承担一些普遍的公共责任。对商业客户的负责通常是必要的，否则会涉及类似民事索赔之类的法律问题，但它如果影响到了编辑决策，就也将受到质疑。通常，这种问责制依托市场机制或法律体系来实施，且在实践中，对公众意见一定程度的回应是新闻工作的一部分，但更集中于对其直接受众的回应，而专业理念本身就包括对行为和表现的负责承诺，呼吁自律并拒绝外部形式的强迫。

作为责任和问责限定条件的新闻自由

"新闻自由"原则并不意味着完全的出版自由，大多数对新闻自由的正式保障都是基于对他者权利设定的条件（参见附录2），以及社会整体的福利。在实践中，新闻业作为一项公共活动，只有在法律允许，而且在习俗、文化及其与社会其他部分的关系允许的情况下，才能自由地进行批评或反对。在许多国家有一种不成文的惯例，即新闻自由的程度因主题而异。在自由主义模式中，新闻自由意味着对政治言论、宗教信仰和一般信息的最大保护，对道德上可疑的出版物，以及恶意的流言蜚语、某些类型的宣传以及通常意义上的广告等保护的最少。

最后，新闻自由的程度还取决于特定的情境和所涉及的出版物或新闻业类型。在某些情况下，敌对和批评模式是被期待的（如每周的舆论报道），并被制度化，但在其他情况下则不是。广播媒体一般不被允许有与报纸媒体等量齐观的报道自由，尤其是在发起批评或对抗式报道方面。同样，广播新闻的中立性和客观性规范通常也是通过内部的自我控制来实现的。人们相信某些出版行为会带来伤害，也因此会对新闻自由进行一些事前限制。

一般来说，新闻工作者并不自愿承担由于合法和善意的报道而实际引发的后果，即使后果是可以预见的，也最多会承认对后果负有一些道德责任。某些类型的故意后果（例如，煽动暴力抗议）可以事先受到限制，其他大多数只能通过警告或事后处理（但会产生"寒蝉效应"）。可能造成后果的范围也是影响新闻自由的一个因素。通常，如果一家媒体的传播范围越小、越边缘，造成的影响就会越小，也就会务实地被允许更多的自由，个人通过这些媒体渠道公开表达个人观点也可以期待更多的宽容，但那些非制度化的网络媒体的兴起给这种惯例带来了新的不确定性。

新闻界的批评和对抗行动还需适用一些普遍的准则。其一是比例准则，一种冒犯或恶行看起来越恶劣，新闻就越被允许对其进行攻击；其二，所批评的对象越强大（因此也就越有自卫的能力），例如政府或大公司，批评的空间就越大，而新闻机构的潜在成本抑制了"不负责任"的批评。同样的道理，越是无能为力、边缘和无助的对象，批评就越应该受到约束（这是一个伦理问题），尽管在实际中往往约束较少，滥用的情况也较多；其三是谨慎原则，任何批评的措辞越强硬，作为证据或论断的依据就必须越牢靠。

新闻出版通常比个人表达要受限得多，因为其后果可能更严重，受影响的人更多。公开出版的内容（因此具有更大的影响力和更持久的形式）受到的审查更多，适用的限制条件也更多。此外，要在实践中保障出版自由，需要的不仅是成文的法规。对自由的威胁不仅来自国家，还来自政治、经济甚至犯罪活动，还有很多现实的例证表明存在许多为应对压力而例行的自我审查，以及人们没有真正利用好新闻自由之正当性的诸多依据——例如，权力制衡是一种被重视的新闻界权利或特权，但随之而来的责任义务却常常被忽视。大多数时候，大多数新闻活动所表现出的小心翼翼和墨守成规都遭到了广泛批评。

新闻业与民主的关系

新闻业通常被认为是民主的促进器，是民主的必要条件，并且与民主有着内在的关联——民主的时代也是新闻的时代，二者始终相互支持。主要原因在于新闻业的作为——向公民提供有关当前问题的基本信息，使他们能够做出明智的选择，并对政策和政治家做出判断。新闻业还满足了政治家和其他机构与公民广泛交流的需要，在意见的形成和传播中起着至关重要的作用。

尽管如此，新闻业在非民主社会中也得到广泛建立，但其民主资质并非无可置疑，这时的新闻业更应被视为一种在不同的市场上为不同的目标（自身的和他人的）生产和销售的服务。此外，即使新闻业为民主服务，也不是全然无私的，或总是对民主产生积极影响，非民主、专制政权或运动也会以新闻业为手段。虽然源于对真理、自由和平等的历史承诺，新闻对民主有一种偏向，但不同系统和结构可能会削弱和偏离上述专业和道德的目标。

新闻业的专业或职业地位

对于新闻业专业地位的问题，给出一个明确的答案既不可能，也不必要，但思考这个问题本身可能会有所启示。虽然那些在"新闻机构"内部从业的记者有着对专业地位的热望，但关于专业理念的内涵却存在版本上的差异。对少部分人来说，新闻专业理念意味着根据选定的价值观，为服务于一个更加公正和井然有序的社会而对真理的执着追求。对于更大范围的新闻界来说，它意味着致力于就公众关注的重大问题提供原创和深入可靠的信息。而对另一些人来说，则更多是在商业框架内运用创造性的技巧，尽可能广泛地吸引公众的注意力和关注度。

这些版本的共同点是至少在事实性信息方面坚持客观性和可靠性原则，并将公众视为主要受益者，但更有变数的是对这些目标和规范要求相应的责任义务的接受程度。妨碍实现专业地位的长期障碍还在于自主性的有限，服从于商业目的，对公共信息提供者、评论家或艺人等来源缺乏制度化的或专业的垄断等，而最近的趋势甚至可能不利于专业地位和团结，特别是开放新媒体渠道，让许多新的声音和群体加入，却没有对其操作标准或目标进行控制，也没有问责程序。有证据表明，由于过去为新闻业提供港湾的传统媒体机构受到经济压力，新闻工作出现了随意化，甚至是"去技能化"等问题。与此同时，"信息社会"的复杂性对新闻业处理大量原始信息的技能提出了新的要求。

新闻业角色的自我认知

新闻业的"功能"是一个相当抽象笼统的说法。对新闻实践的实证调查为分析新闻业的社会任务和目标提供了更坚实的基础。这些研究发现在很大程度上证实了本书所概述的新闻业功能的理论观点，且更容易与实际联系起来。角色认知可分为几个基本维度，尤其是从积极的、批判性的到中立的观察者/报道者的坐标轴分布。这些选择反映了两种更为根本的观点分歧：一种观点认为新闻业是一种利他和对社会负责的专业（类似"僧侣"的形象）；另一种实用主义的观点认为新闻业是一种面向顾客或客户需求的服务提供者，这些服务可以是关于八卦、娱乐和社会认同的，而不仅仅是关于事实的、有用的信息或深入的分析。当然混合的专业理念版本也是可能的，实际上也是常见的。

在没有稳固的民主体制或有序治理的情况下，监督和对抗式的作用通常要弱得多，甚至是缺位的，新闻业通常倾向于成为客观信息的提供者，即使在现实中往往因与统治权力合作或者为避免受到罪犯侵害而偏离这个方向。有时即使是提供客观信息也会被视为一种挑衅行为，参与其中是危险的。在发展中国家，推动战略性的变革被认为与传播信息同等重要。这些总体模式似乎相当可预测，反映了不同国家的"新闻文化"。

从新闻业内部视角来看，记者的自由主要是政治和国别问题，尽管财政和经济限制以及组织要求也会影响新闻自主性。此外还有其他许多因素，特别是与政治立场和党派主张有关的各种可能影响。而在那些被上述研究提出的自我认知中，许多在新闻业中相当普遍（而且往往占主导地位）的"耸人听闻"和商业目的并没有得到应有的关注。展示给研究人员的公众形象掩盖了其他不太理想的目标和做法，特别是与鼓动、公共关系和隐性广告有关的那些。

"新闻界的权力"

"新闻界的权力"这个说法既常见又容易引起误解，因为在很多情况下，人们讨论的实际上都只是"影响力"。真正的权力包括强力或强制效用以及直接的影响，无论是否有意。新闻业本身并不是一种典型的权力来源，而是**一种工具**，可以被真正的权力拥有者使用或作为其代表，也可作为**反对**的工具或独立的批评者。更多情况下，新闻业在社会上的影响更多是间接和渐进的。主流版本的专业理念中，新闻的采集和传播应不具任何特定指向的影响动机，新闻业的主要目标是引起兴趣和告知信息，而不是鼓动和惩戒，也不是鼓吹或批评，即使公开报道的信息可能带来其他社会机制的卷入从而启动这些进程。但主流版本也认为新闻媒体在日常事务上有相当大的自由，可以选择关注的焦点和报道的措辞。有时，上文中所提到的新闻业的许多短期和直接的影响也可能是累积的和显著的，出于各种原因，"曝光力"（power to publicise）很容易导致一些人的坏消息被放大，损害名誉，带来偏见和错误信息。

因此，新闻业（或"新闻界""媒体"）的潜在影响是相当大的，并普遍在社会权力和关系进程中从边缘转移到了中心位置，有关各方都不能忽视或轻视新闻业的协助或抵抗。从当下社会权力拥有者的行为中可以很明显地看出，媒体被视为获取、使用和维持权力的战术工具，并据此采取行动。理由之前已经提到过，因为公众对当前事件和情况的"知识"以及主流舆论的方向和平衡往往取决于人们从新闻媒体上获知的东西。这些"知识"可以被差异化地解读，一经传播，就不再是中立的，而是被注入了价值，从而有助于形成具体的态度或观点。记者虽然没有明确的政治目的，但也扮演着"把关人"的角色，让人们能够接触并关注那些拥有实权且往往带有自身目的的人士和观念。新闻报道顺势依据当权者当下即将关注的议题"设置议程"，并提示"谁是决策者、他们在想什么"。

在民主国家，权力分配的合法性依赖于"人民"的偏好和判断，但在现代政治生活中这成为激烈的争夺对象，卷入了大量媒体专家和公共传播渠道。虽然结果通常是不可预测和缓慢出现的，但也会在一些关键时刻或事件中，新闻业的作为可以且确实发挥了至关重要的作用，没有一个真正有实力的"玩家"能承受得起对新闻业听之任之。

第六章概述了限制新闻界相对影响力的诸多条件，其中一些经常出现，特别是由于媒体所有权集中、政治和其他压力以及新闻生产中诸多减少多样性的因素。以抵抗或反对的形式产生影响权力的作用也曾在上文中提到，自由的新闻业以及公开报道（负面内容）所具有的毋庸置疑的（尽管是软性的）权力可以对最终依赖公众舆论的政府和权威产生强烈的警示作用。一个联合起来坚决反对的新闻界可能是一个很难对付的对手，即使这种情况很少发生。但新闻界往往被视为防止权力滥用的重要手段，因为它有能力并有意愿公开揭露公共权力行使者的过失和不当行为，对权力持有者的持续监督通常被描述为一种"看门狗"或"校验"（checking）功能。

"新闻界的权力"可能被用于让权力对公众负责的积极目的，也可能被有意地滥用。例如，试图引起个体的恐慌或顺从，或任由新闻报道被用于代表利益群体、派别或意识形态的灰色鼓动。

批判理论通常认为，主流新闻媒体代表着国家或统治阶级利益，虽没有刻意如此，却往往作为国家或统治阶级精英霸权控制的手段。该理论认为这种支配体系是工业社会的基本条件，新闻媒体具有系统性偏见的现实似乎支持这一观点，但这并不是对这类证据的唯一解释，而且这种批判论点自身也存在循环论证的风险。

问责制是通过可靠新闻来源的曝光来实现的，且必须建立在证据充分的基础上。基于民主自治的理论假设，所开启的问责需要由公民或公民组织参与完成。充分实现上述功能的必要条件包括新闻业的独立性和多样性、出版自由和敢于面对冒犯强权的后果。新闻业需首先促进其他问责主体（比如，政治家和社会组织）发挥作用。虽然"看门狗"的形象在新闻界的神话中很受欢迎，但也有人提出过其他模式，包括"哈巴狗""警卫犬"或"攻击犬"等。

"客观新闻"是一种意识形态？

如果专业理念得以充分实现的话，作为新闻业主要产品的新闻报道应主要由当下重要事件的信息组成，根据真实性、客观性、重要性和相关性原则进行选择，因而这些信息应该是事实性的、准确的、平衡的、可核实的和可靠的。这种结果虽无法保证，但可以通过一些已被广泛理解和认可的做法来不断切近，其中包括核查事实、引用消息来源/证据/证人以及在解释"事实"时采取公正中立的态度等。在理想情况下，记者应该是一个中立和超然的"现实"记录者。而从理论上讲，这种新闻报道风格使"真实性"的价值得以最大化，它的核心特点是要减少新闻"读者"的不确定性。

对客观性效力的坚信常受到批评家的挑战，新闻人有时被指责固执于自己的意识形态，而不承认客观性模式的局限。新闻报道是一种文化和组织产品，由一系列因素塑造，而这些因素往往与之前提到的信息标准相冲突。其中一些因素与技术和组织的要求和有限性有关，另一些因素与新闻制作者或预期受众的文化背景有关。"媒体文化"也同样具有影响力，具有吸引注意力和推动个性化等内在需求，并倾向于将其遇到的所有现象"媒介化"。新闻业确实试图以自己的方式"反映"社会的现实，作为一个独立的观察者，只进行有限的解释或评价，但其结果可能是不可避免地片面、肤浅和非有意的误导。

"现实世界"只能被选择性地记录和再现，这导致了过分强调不正常或戏剧性的、具有高度或深度的事物，而忽略了常规和平凡的那些。在新闻选择过程中，不可能消除所有的价值判断，只可能掩盖或忽视它们的影响。新闻报道的其他特点和要求与严格的客观性概念也很难相容，特别是那些用于吸引和留住受众的叙事形式和手段。同样可能有问题的是新闻业和新闻来源的关系，显著性和相关性不可避免地受到这些消息来源的影响。此外，大部分新闻业与大型媒体企业间的所有权纽带，以及这些企业自身的经济和政治利益，让人们对其能否真正做到公正产生了质疑，新闻业很容易受到"媒体系统"中普遍存在的压力和限制的影响。

9.6 一套通用的新闻规范理论？

本书对新闻专业理念及其实践者的阐述揭示出一些共同点，特别是现代社会广泛存在信息需求，以及所有此类信息供应都容易受到既有权力来源的影响。大量证据表明，无论时间地点，新闻业的实际产品（"新闻报道"）都有相似之处，且新闻人对其主要角色的认知也有广泛共识。然而由于国别条件的多样性，很难令人信服地谈论任何通用的"新闻理论"。新闻业的变体种类繁多，对于"主要任务"的表面共识遮蔽了太多相互冲突的目标和理解。民主制度和公共领域的基本要求为维持公众告知者（public informant）的核心作用提供了最为坚实和广泛认可的基础。反过来，这一角色要求新闻界承诺尽可能地提供真相，在选择用以广泛传送的信息以及就事件发表（或被允许发表）的意见时保持中立和善意。不过，民主体制自身尚未在全世界范围内得到巩固确立，并且存在许多差异化的，甚至不乏冲突的内涵阐释。

民主国家中同样流行的观点是，新闻业确实或应该在"公共问责"过程中发挥重要作用，牵制权力行使者使其向公众负责。大多数时候，新闻人并不会充当原告或法官，但他们确实通过提供信息和证据以及发表支持性意见的方式使其他人能够行使这些功能。这种观念不仅对新闻业中的利他主义者有吸引力，也吸引了务实主义者，因为它既可带来有销量的新闻，还可以服务于"公共利益"为理由，使与富人、权贵和名人精英有关的丑闻和八卦报道合法化。这进一步证实了"公共利益"概念的模糊性，可以是完全的自由，也可以是过于谨慎地尊重权威。最后，实用主义往往占了上风。毕竟，现实的情况是，在许多国家，独立和自由的条件还不足以使新闻界具备制衡权力的实力。

本书已经多次关注过在新闻业表现出更多利他主义的时刻以及在新闻业的宣称中那些启发和引导了新闻业的诸多美德（价值）。虽然还不具备普适性，但越来越多的新闻工作者几乎认同大致相同的价值观，即使实践中会受到各种"现实"的限制。至少在新闻业的理想抱负中，常见的价值观列于方框9.1中。

方框9.1　新闻业的规范价值

- 忠于真理和理性；
- 支持法律上的公正，社会财富分配上的公正，家庭和个人关系上的公正；
- 关心弱者和被剥削者，关心社会的受害者，以及偶然遭遇不幸的受害者；
- 支持并表现出对更广泛社区的忠诚和依恋，可能首先体现在直接受众中，但会进一步延伸到社区、国家和其他更大的范围；
- 勇于揭露错误行为，敢于承受试图忽视或隐瞒信息的压力；
- 在沟通方法方面运用专业的技能；
- 重视作为机构、组织和从业者的地位独立性和行动自主性。

有时，这些价值观因其在已发表的新闻报道中的缺位而引起关注。这种反差和不一致反映了新闻工作目标的多样性，以及"现实"和人性弱点总是会影响理想主义动机的事实。在任何情况下，正常或平均水平都不是最重要的（即使它可以用于计算和比较），更需要考虑的是在重要的时候，那些作为个体的新闻人是否遵守了上文总结出的规范价值。社会需要有效

的新闻业及其良好表现，而这反过来又需要承认和保护新闻制度以及结构基础以确保其运作条件（多样性、自由等），并支持有效而不具有压迫性的问责形式。

规范理念还会以一些不那么模棱两可的方式影响日常活动，包括影响信息采集、处理与消息来源的关系以及如何使用信息等问题的伦理规范。许多行为守则会就一些敏感问题制定规则和指导方针（参见附录3中的例子），还会受到同事、主管的"监管"，偶尔也会有更正式的处理程序。一致性（conformity）通常是通过实际经验和工作中非正式的社会化来实现的。外部形式的问责，如新闻委员会和监察员制度，在对公众和其他受影响者发起的投诉做出裁决时，也会采用相似的标准。有证据表明，各国媒体系统对几乎相同的伦理和专业规则的正式（formal）接受程度都很高，尽管遵守和执行情况各不相同。各国也都存在一些有效的自我监管的发展空间，即使在体系层面没有出现多少结构性的变化。

9.7　媒介技术和结构的当下变化对新闻与社会之间规范关系的影响

虽然这场变革的方向和力度还不够清楚，无法明确或预见其后果，但我们有理由相信将会出现以下趋势：

- 传统的新闻媒体形式（报纸和广播）正在衰落，新闻业也在适应新的在线出版形式，但迄今为止，在目标、做法、价值规范等方面还没有发生根本改变，存在一定的延续性。一个可能的影响是，常规新闻的传播不再那么完整和统一，这会对社会平等和多样性产生影响。
- 本就松散的"新闻制度"正在变得更加松散，边界也越来越模糊。个体新闻机构往往规模较小、整合程度较低、工作更随意、目标也不那么一致。社会更不太容易实施问责制，制衡政府也变得更加困难。
- 由于竞争加剧和新的多元观点的发声渠道出现，曾经威胁到新闻自由的垄断趋势可能会有所减弱。然而，新闻业本身可能正在失去其在不断扩张的媒体产业的核心地位。此外，新形式的集团化也可能会威胁到新闻业的社会作用。
- 互联网正在加速新闻供应的全球化趋势，更可能削弱而不是加强新闻的社会作用，以及在任何国家背景下实现问责的可能性。
- 媒体作为公共领域的主要"看门人"的地位正受到其他非机构化的在线来源的挑战。2010年，"维基解密"对美国机密通信的披露就是这一趋势的例证，但也证实了媒体继续扮演着传播者的角色，以及证实泄露信息可靠性的重要来源。
- 法律和国家权力的力量并没有被削弱，而是将更多的注意力转向了各种网络媒体。事实证明，这些媒体并不像人们曾经以为的那样不受控制，总体而言，它们的权利并没有得到明确的保护。
- 尽管互动性更强、参与度更高、内容来源更多，但公共交往的"大众传播"模式尚未发生根本上的转变。新闻业在很大程度上对这些变化介入不深，新的在线形式也正在调整以适应于许多既有的目标。
- 公众对新闻业的信任程度仍然需要讨论。早期的担忧是，在线新闻不会像传统形式那样具有可信度，因为它没有一个专门的机构和历史悠久的新闻媒体所掌握的消息来源作为后盾。目前的证据似乎并不支持这一预判，事实上，大量在线新闻仍然来自与以往相同的来源。
- 在互联网时代的头十年或二十年中蓬勃发展的许多新的新闻形式已经迫使"专业"新闻的"主流"版本调整为"不带有特定动机的"和"客观的"当下信息。其结果在范围上仍然有限，对新闻与社会关系的潜在影响仍未充分显现。
- 那些新近出现的多种形式的在线新闻业正在形成一种熟悉的"二元结构"，进一步加剧了商业化的"主流"媒体、多数人媒体、媒体供应方与社群主义或者批判的、另类的、小众的新闻界两个派别间的分割。
- 通过积极利用和扩大新的可能性以及捍卫现有的自由，最有可能使民主获益的动力一如既往地"来自下层"。"来自上层"的政治和其他力量将试图边缘化和阻止进一步的变革，并逆转一些已经获得自由的状况。
- 主流媒体霸权中的许多利基和裂缝已经被许多此前被排除在社会权力和话语权之外的少数群体和政治运动打开。互联网在不受直接监管的情况下允许用户近用方面的优势是真实存在的，即使是准威权政权似乎也准备容忍其无法轻易压制的东西，只要互联网的覆盖范围和影响是有限的。此外，这种近用权也为监察持不同政见者提供了一个现成的机会。

● 尽管新闻业通常在漫长的"民主时代"的政治动荡中扮演着进步角色，但在一些极具戏剧性的变化时刻起决定作用的还是事件和潜在的现实。"新媒体"能否通过新的新闻渠道和形式发挥更大的作用，还有待观察。

这些回顾总结表明，技术和产业变化的影响既可能是积极的，也可能是消极的，哪一面将占主导并非是随机的，因此我们需密切关注公共政策和新闻专业所面临的挑战。

9.8　为了更好的新闻，我们可以做些什么

我们不难得出这样的结论：从宽泛的意义上，新闻业未能充分实现其抱负和潜力，但成就的有限并不意味着这项事业的失效。新闻业不能靠自身的力量改变或对抗它所处的世界，而只能为社会本身提供信息渠道和动机来发起变革。各种限制是由每个社会的特殊情况以及所涉及的观点和利益的多样性设定的。关于什么可以算作"改进"的观念，在不同"标签化"的群体看来常有所不同，此外，实现变革的手段并非随处可及。

在考虑有哪些切实可行的保护或改进新闻业的方案时，我们需要再次回顾本书前面提到的在新闻业整体社会过程中的不同"层次"。这种区分有助于明确规范性问题产生的主要背景，并辨析有助于捍卫或推进"好的新闻业"（从社会角色和社会影响的角度来看）的不同价值观和实现手段。

从**社会和媒体系统**的层面来看，新闻业的运作环境受到广泛而多样化的社会和经济条件的塑造，其中的变化是缓慢的，且难以操纵。同样，文化和政治背景是长期复杂的国别历史的产物，过往历史具有强大的影响力，即使发生了根本性的变化，过去的牵绊依然挥之不去。例如，俄罗斯媒体的历史表明，尽管在相隔70年的时间里发生过两次革命，但仍可以看到一些沙皇时代的延续。虽然可以制定新的法律和原则，但影响统治者、公众和记者自身的关于新闻业在社会中作用的潜在舆论氛围却无法如此迅速地改变。

一般来说，在政治文化有着深厚历史根源的其他国家中，情况并没有多少不同（Hallin，Mancini，2012；Mugham，Entman，2002）。例如，在美国等国家，即使有证据表明公共信息供给不力，对自由市场原则深刻的意识形态偏好也并未减弱。尽管技术和其他变革带来了全球化和普遍化的趋势，新闻也不太可能变得不再那么"全国化"或"地方化"。同样，无论法律保障了多少新闻自由的基本原则，依附于共识和公共形式的社会生活以及公共治理也不会欢迎更多的表达自由或者让新闻业启用更多新形式的对抗式和调查性报道。

尽管如此，当今全世界的新闻业似乎确实为同样一套宽泛的目标或主要功能所指引，包括信息提供、社会整合、促进变革、增强协作等。技术和全球市场的融合效应减少了国别媒体系统间的差异，并对新闻业以自由、真理、多样性和秩序等价值为基础的共享的运作规范施加了压力。除了政治家的意愿，公共政策层面也可能带来一些正面的效果，即使并不是从所有立场上看都觉得新闻业在变得更好。其潜力在于对媒体结构进行干预，以代表整个社会强化新闻表现的价值规范。在20世纪，有许多这样的干预成功或有机会成功的例子，包括：建立公共广播，限制所有权集中，设立保护儿童和其他群体的内容规范，利用补贴促进不同类型的媒体发展和促进更广泛的内容供应，向共同监管/自我监管和问责制等方面施加社会压力等。按照这一思路，在未来，互联网作为最新型的媒体，应该成为积极支持的主要对象和受益者，尽管有迹象表明其实施前景不太乐观。

媒体系统层面的最重要的需求是保护和促进新闻和信息在各个方面的真正的多样性，包括渠道、所有权、内容、新闻来源和受众的近用权等等。一个必要条件是直接接受公共干预原则，或在尊重基本自由的基础上接受各种监管，而不是视其为不可能实现的目标。仅依靠媒体所有者和新闻人自身都无法在多样性问题上取得太大成就，即使他们承诺实现上述原则。

尽管存在市场和社会其他力量的阻力，媒体系统治理的当前阶段的显著特点是广泛出现了新的独立的官方部门，负责在国家层面监管媒体，既促进变革也实施控制。不仅是有规划的媒体系统变革可以此推进（其实总会发生些变化），而且颇具争议的是，最终需落实到新闻媒体和新闻人自身的专业实践层面的改进也需要社会对媒体结构给予支持。这在很大程度上有助于增强改进问责制和自律机制的压力，也将切实鼓励旨在推进自由和多样性等价值的创新。

改善媒体结构的具体手段和形式本身必须符合所有上述基本价值，特别是独立性原则。另一个更具普遍性但更包容的术语可能会更好地服务于这一目的，即"共同利益"或"一般利益"。如民主裁决（democratically decided）一样，这一概念可以由其预期受益者乃至整个社会来赋予其意义。既有理论和实践表明，一套旨在为了大多数人而推进社会、文化和信息化发展（以及更多的平等）的广泛目标可以提供一个可行的出发点以及各种设计安排的支撑基础，以满足公民和社会行动者的信息需求，并作为一种替代选择补充单纯的市场化体系所不能及之处。

现有媒体系统的差异性表明了媒体结构层面创新的多种可能性。网络空间的开启也为许多新的出版形式提供了机会，其中一些可能会适合新闻业。其带来的一种新现象是创造出更多受到捍卫或维护的公共"空间"，能让公众更广泛地参与，而无须付出多少直接成本或肩负盈利使命。一项关于"公民公地"的计划已经启动，该提案设想出一套持久的结构和旨在促进公众参与和公众讨论的机制——一个公共领域中多元网络间的会议场所（Coleman，Blumler，2009）。随着曾宣称大有可为的"社交媒体"越来越被垄断，越来越多地以老练甚至剥削的方式为其所有者谋利，而远离服务于公共领域的理念，对这类"公地"的需求也就越来越强烈。为此，一种早期的模式被建议，该模式曾被服务于特定政治或宗教事业的部分媒体采用，由其所面向的公众付费，并有可能依托在线商业模式（基于订阅）而复兴。另一种模式则尝试在小范围内成立独立的信托基金，以非营利模式经营一家或多家媒体。衡量这些替代模式的标准是用户和社会能否更有效地问责，以及其所服务的受众或公众能否更有效地参与公共政策进程。

关于这些以及其他可能改善新闻业地位的建议，我们必须认识到，即使是在最典型的自由主义国家，对变革的态度都可能是很不友好的，而在倾向于威权主义的环境中，变革甚至可能会引发疑虑。

新闻实践层面（职业和角色）中，在新闻机构或新闻专业以及特定新闻媒体的管理领域显然有进行改进的可能性。本书对新闻业的描述支持了这样一种观点，即新闻业本身具有明显的理想主义元素，并对社会为实现某些普遍目标的努力做出了重要贡献。新闻业自主决定的范围通常是有限和不确定的，但在实践层面上做出选择和判断的自由可能对实践者来说最为重要，也最有可能带来创造力和有价值的成果。

对于新闻业所追求的价值观，也有人有不同的看法，且这些价值观有时可能会被腐蚀或扭曲。对社会秩序和和谐的追求可能会变成压迫性的墨守成规；批评政府和政治家的倾向可能导致消极和充满敌意的社会和政治气候；爱国主义者对国家利益的支持可能会最终导致狭隘的种族优越感和偏见；调查性报道的目标可能更多是软弱或微不足道的群体，而不是有权有势的那些。

一方面是各种抱负和期望，另一方面是新闻业的诸多局限和失败案例，两者之间的对比是真实的，尽管这并不令人惊讶，大多数具有崇高目标的人类事业皆是如此。与学术、教育、文学、艺术甚至政治等大多数类似行业相比，新闻业所需要完成的世俗任务的比例可能更高。它必须在没有补贴的情况下仍能维持营生，它与社会的关系也更直接地受到物质环境的影响。

在与业绩表现相关的价值观可能适用的所有层级中，最"基本"的层级是新闻人**作为个人**而非专业或职业一员。尽管自行裁决的范围通常是有限的和不确定的，但仍有一些目标和价值观问题有待新闻人个人做出决策（往往是临时的决定）。个人选择的动机多种多样（除了实现个人职业生涯的提升），从实现专业理想（比如揭露权贵的腐败或错误行为）到实现公共启蒙或社会公益等更为个人化的目标，而这往往是良知和个人价值观影响行为并超越制度和外部压力的限制之处。新闻业中那些最具社会影响和最令人难忘的案例很可能更多出于这些个人抱负，而不仅是为了完成组织分配的任务或专业日常工作，尽管其实现也需要支持性的工作环境。在我们的文化中，那些被当作英雄的新闻人，很可能是受到这种个体目标驱动的人，而非既有制度体系所奖励的专业名人。

9.9　最后的话

从这些总结中可以清楚地看出，新闻与社会之间的关系，尽管似乎是开放和不受约束的（除了某些必要情况之外），也还是可能会受到一些正式的规制、多种形式和程度的价值规范以及从业者个人良知的牵制。新闻从根本上说是一套规范性活动，除在上述已经概述过的诸多方面，任何一个思想开放和诚实的新闻人在观察和理解现实时（即使没有参考上述规范价值），甚至是努力采取中立立场时都会涉及价值规范问题。作为总结，如上所述，将新闻业视为一种由一些世俗行业（secular occupations）有时宣称的"召唤"（calling），也不算牵强。

新闻的最高理想遭遇严峻考验，这种情况通常不是人们所希望看到的，也不是这一职业的常态，但也不算罕见。很难想象还有哪个群体或专业成员仅仅因为其出色的工作而可能被监禁、折磨甚至处决。新闻业不是一项神职，但它有持续不断的殉道者来为之欢庆或祷告，尽管殉道并不是一项专业要求。

延伸阅读

Cammaerts, B. and Carpentier, N. (eds) (2007). *Reclaiming the Media*. Bristol: Intellect.
Capella, J.N. and Jamieson, K.H. (1997). *The Spiral of Cynicism: The Press and the Public Good*. New York: Oxford University Press.
Castells, M. (2001). *The Internet Galaxy*. Oxford: Oxford University Press.
Coleman, S. and Blumler, J.G. (2009). *The Internet and Democratic Citizenship*. Cambridge: Cambridge University Press.
Davis, N. (2011) *Flat Earth News*. London: Vintage.
Just, N. and Puppis, M. (eds) (2012). *Trends in Communication Policy Research*. Bristol: Intellect.

线上阅读

Go to www.sagepub.co.uk/mcquailjournalism for free access to the online readings.

Curran, J., Iyengar, S., Lund, A.B. and Salovaaria-Moring, I.(2009). 'Media system, public knowledge and democracy: a comparative study'. *European Journal of Communication*, 24, 1: 5–25.
Hafez, K. (2011). 'Global journalism for global governance? Theoretical views, practical considerations', *Journalism*, 12, 4: 83–93.
Josephi, B. (2005) 'Journalism in the global age between normative and empirical', *International Communication Gazette*, 67, 6: 575–90.

附录　新闻媒体权利和义务相关文件选编

附录1　国际规范相关示例

1789年人权宣言（Declaration of the Rights of Man 1789）
1789年由法国国民议会批准

第四条

自由在于不做任何伤害他人的事情的自由；因此，除保证社会其他成员享有同样权利外，每个人行使其自然权利应不受任何限制。这些限制只能由法律来确定。

第十一条

思想和观点的自由交流是人类最宝贵的权利之一。因此，每个公民都有言论、写作和出版的自由，但应对法律所规定的滥用这些自由的行为负责。

联合国世界人权宣言（Universal Declaration of Human Rights）

1948年联合国大会通过

第十九条

人人享有言论自由的权利，这一权利包括持有意见而不受干涉的权利，以及通过任何媒介和不分国界地寻求、接收和传播信息和观点的权利。

欧洲人权公约（European Convention on Human Rights）

自1953年起生效，目前得到欧洲理事会（the Council of Europe）47个成员国的认可。以欧洲人权法院（the European Court of Human Rights）为执行单位，后者也是欧洲理事会的一个机构。

第九条 思想、意识和宗教自由

1. 人人有权享有思想、意识和宗教自由，享有改变宗教或信仰的自由，以及单独或集体、公开或私下以礼拜、教义、实践和戒律表达宗教或信仰的自由。

2. 表明自己的宗教或信仰的自由须受法律规定的限制，并且只是为了民主社会的公共安全、维护公共秩序、健康/道德或保护他人的权利和自由所必需的限制。

第十条 表达自由

1. 人人享有言论自由的权利。该权利应包括持有观点以及接收和传递信息与思想的自由，该自由应不受当局干涉，不分国界。但本条并不阻止各国对广播、电视或电影事业实行许可证制度。

2. 对这些自由的行使伴随着相应的责任和义务，需要遵从法律规定的、必要的程序、条件、限制和处罚。

联合国教科文组织媒体宣言(UNESCO Media Declaration)

1978年联合国教科文组织第20次大会通过

关于大众媒体对增进和平和国际理解等方面贡献的基本原则宣言,以促进人权、抵制种族主义和煽动战争。

这项决议是在冷战后期、世界经济比如今更为分裂的背景下通过的。一些成员国认为,对于联合国教科文组织来说,这一决议太有争议,太政治化。主要的问题在于,该决议认为国家有权监督外国记者的工作,并阻止对有关国家具有负面影响的报道。这被认为违反了"信息自由流动"的原则,虽然"信息自由流动"本身就是一个充满政治色彩的概念。无论如何,该决议在明确表达与全球新闻流动有关的原则方面,在过去和现在都具有重要影响。

第一条

为了加强和平与国际理解,促进人权,打击种族主义、种族隔离和煽动战争,需要更自由、更广泛、更均衡的信息传播。在这方面,大众媒体可以发挥重要作用,其所提供的信息内容越能够反映出所涉议题的不同方面,就越能做出更多贡献。

第二条

1. 言论自由、表达自由和信息自由被认为是人权和基本自由的组成部分,对促进和平与国际理解具有重要作用。

2. 公众获得信息的机会应以其可获得的信息来源和信息手段的多样性为保障,从而使每个人都能够检查事实的准确性并客观地评价事件。为此,新闻工作者必须享有报道的自由和获取信息的尽可能充分的便利条件。同样,大众媒体必须对公众或个人的关切做出反应,从而促进公众参与对信息的详尽阐释。

3. 为了增强和平与国际理解、促进人权,反对种族主义、种族隔离和煽动战争,世界各地的大众媒体应从其本职出发,为促进人权做出贡献,尤其是要为那些受到殖民主义、新殖民主义、外国占领以及一切形式的种族歧视和压迫，并且无法在本国有效发声的人们提供表达机会。

4. 如果大众媒体愿意在其行动中推行本宣言中的上述原则，就有必要保障新闻人及其他大众媒体的代表在其本国或国外都能受到应有的保护，以充分行使其职责。

第三条

大众媒体可在增进和平与国际理解以及打击种族主义、种族隔离和煽动战争等方面做出重要贡献。

第五条

为了尊重意见、表达和信息的自由，为了使信息能够反映所有观点，十分重要的一点是，如果有人认为关于其自身的一些信息发布和传播严重损害到了其在促进和平与国际理解，推动人权，打击种族主义、种族隔离和煽动战争等方面所做的努力，他们的这些观点也应被传播。

附录 2　与新闻权利和义务有关的国家法律法规示例

此处将列出几个例子，用以展示各国的做法以及变化的范围。虽然在不同地区的具体解释或详细阐述不同，但是所有例子的基础原则大体相同。值得注意的是上述例子在究竟哪些媒体形式可以享有全面的保护优待这一问题上所表现出的模糊、沉默或不确定态度。

美利坚合众国宪法（Constitution of the United States of America）
第一修正案（1791）

国会不得制定关于确立宗教信仰或禁止信教自由的法律，或剥夺言论和新闻自由，以及人民和平集会和向政府请愿以纠正错误裁定的权利。

德意志联邦共和国基本法（Basic law of the Federal Republic of Germany）
言论自由

1. 人人有权自由地以言论、文字和图片等形式表达和传播自己的观点，而不受一般来源的阻碍。新闻自由和通过广播、电影等进行报道的自由应得到保障。不得设置审查制度。

2. 这些权利应在一般法律的规定、保护青年的规定和个人荣誉权的规定中受到相应限制。

俄罗斯联邦宪法（Constitution of the Russian Federation）
第二章　人与公民的权利与自由
第十七条

1. 俄罗斯联邦和本宪法承认并保障符合公认的国际法原则和规范的基本权利和自由。

2. 人与公民的基本权利和自由是不可剥夺的，从出生起就属于每个人。

3. 人与公民的权利和自由的行使，不得侵犯他人的权利和自由。

第二十三条

1. 人人都应享有隐私权、个人和家庭秘密以及个人荣誉和名誉的保护权。

2. 每个人都享有通信、电话、邮件、电报和其他通信方式的隐私权。只有依据法院的命令才允许对此项权利进行任何限制。

第二十九条

1. 人人享有思想和言论自由的权利。

2. 煽动社会、种族、民族或宗教仇恨和冲突的宣传或活动是不允许的。禁止宣传社会、种族、民族、宗教或语言的优越性。

3. 不得强迫任何人表达或放弃自己的观点和信念。

4. 人人有权以合法的方式寻求、获取、传输、制作和传播信息。构成国家秘密的信息清单须由联邦法律裁定。

5. 大众传媒的自由应得到保障。审查制度应被禁止。

荷兰宪法（The Netherlands: Constitution）
第一章 基本权利
第七条 表达权
1. 在不损害法律规定的个人责任的情况下，任何人无须事先获得许可才能通过媒体发表其思想或意见。
2. 有关广播和电视的规则应由议会法案制定。不得对无线电或广播电视的内容进行事前审查。
3. 除前款规定外，任何人无须经批准后方可提出和传播其思想或意见，但不能妨碍依法所应承担的责任。为了保护良好的道德准则，对16岁以下的人士开放的表演可能会受到议会法案的相应监管。
4. 商业广告不适用前款规定。

瑞典新闻自由法（Sweden: The Freedom of the Press Act）
瑞典可以说是最早颁布保障新闻自由的正式法律的国家（1766年）。下文在几个方面的细节上尤其值得注意。

第一章 新闻自由
第一条
1. 新闻自由是指每个瑞典公民都有权发表任何书面材料的权利，不受中央行政当局或其他公共机构的阻碍，并且不会因此而在法庭上遭到起诉，或受到处罚，除非其内容违反了法律明文规定（该法律的设立旨在维护公共秩序而非向公众隐瞒信息）。
2. 根据第一段规定的面向所有人的新闻自由原则，并为了保障公众意见的自由交流和公众启蒙，每个瑞典公民都应有权以印刷形式发表其思想和意见、传播官方文件，并可就任何主题发表声明和交流信息，但须遵守本法案中关于保护个人权利和公共安全的相关规定。
3. 除本法案另有规定外，所有人同样有权就任何主题向作者或任何被视为类似出版材料的原创者、任何出版物的责任出版人或编辑部（如有），或任何专业向期刊出版物提供新闻或其他信息的机构发出声明或传递信息，以供印刷出版。

4. 此外，除本法案另有规定外，所有人应有权为其印刷出版物获取信息和情报，或以第 3 款所述方式发出声明或传递信息。

第二条

1. 任何出版物在印刷前不得被审查，也不得被禁止印刷。

2. 此外，任何中央行政权威或其他公共机构不得因出版物的内容而采取本法案未授权的任何行动，以阻止该材料的印刷或出版，或在公众中传播。

第三条

1. 除了本法案规定的方式和列出的情况，任何人不得因滥用新闻自由或协助新闻自由而被起诉、根据刑法定罪或承担损害赔偿责任，出版物不得被扣押或没收。

第四条

1. 任何受委托对侵犯新闻自由行为做出判决或以其他方式确保遵守本法的人应始终牢记，新闻自由是自由社会的基础，须将其注意力更多地放在主题和思想的非法性上，而不是表达形式的非法性上，放在目的上而非陈述方式上，且在有疑问之处推定无罪而非定罪。

第五条

1. 本法适用于使用印刷机的所有材料。

2. "出版物"一词包括图片，即使没有附加文字。

第六条

除非印刷品已出版，否则不应视为印刷品。印刷品在交付出售或以其他方式传播后，即视为已出版。

附录3 新闻业协会采用的自愿行为准则和道德规范

美国报纸编辑协会（American Society of Newspaper Editors, ASNE）
原则声明

ASNE的原则声明最初于1922年被采纳为"新闻准则"。该文件于1975年修订并更名为"原则声明"。

前言

第一修正案保护言论自由不受任何法律限制，保障人民通过新闻媒体享有宪法权利，从而赋予报人特殊的责任。因此，新闻人不仅需要勤奋和相关知识，还需要追求与其核心义务相称的诚信水准。为此，美国报纸编辑协会制定了这份原则声明，作为标准鼓励最高道德和专业表现。

第一条 责任

收集和传播新闻和意见的首要目的是让民众了解并对当下问题做出判断，从而为公共福利服务。新闻人为了自私的动机或不值得的目的而滥用职权是对公众信任的背叛。美国媒体被赋予自由，不仅可以作为辩论的论坛，还可以对社会中的权力力量进行独立的调查，包括各级政府官方权力的行使。

第二条 新闻自由

新闻自由属于人民。必须保护其免受来自任何方面（公共或私人）的侵犯或攻击。新闻人必须时刻保持警惕，以确保这项公众的业务是公开进行的。他们必须警惕一切为了私利而利用媒体的人。

第三条 独立性

记者必须避免不当行为和不当行为的表现以及任何利益纠葛或纠葛的

表现。他们不应接受或从事任何可能损害或看似会损害其诚信的活动。

第四条　真实性和准确性

对读者的真诚是好新闻的基础。必须尽一切努力确保新闻内容准确、无偏见且符合上下文，并确保各方都得到公平的呈现。社论、分析性文章和评论应与新闻报道在事实方面保持相同的准确性标准。重大事实错误和遗漏错误，应当及时、突出地予以更正。

第五条　公正

要做到不偏不倚，并不要求媒体不做质疑或克制言论。正确的做法应该是要求读者清楚地区分新闻报道和观点。包含意见或个人解释的文章应进行明确标识。

第六条　公平竞争

新闻人应尊重报道所涉相关人员的权利，遵守共同的礼仪标准，并就其新闻报道的公正性和准确性向公众负责。应尽早给予被公开指控的人做出回应的机会。必须不惜一切代价履行对新闻来源保密的承诺，因此不应轻率地做出承诺。除非有明确和迫切的需要去保密，否则应明确信息的来源。

这些原则旨在维护、保护和加强美国新闻人与美国人民之间的信任和尊重纽带，这种纽带对于维持国家缔造者当初赋予双方的自由至关重要。

附录4　广播电视新闻的国家监管

几乎在所有地方，广播电视传送的新闻都受到了不同方式和程度的限制，其目的是推行客观和公正的准则，如所举例子所示。目前，此类规章（或操作守则）通常由相关广播电视机构或独立的监管机构负责实施。

英国通信办公室广播电视节目准则（UK：Ofcom Code of Broadcasting）

该文本选自20世纪50年代颁布的一些法案中的段落，该法案允许商业电视与公共广播公司 BBC 一起在英国运营。从本质上说，它们也是同样的内部指导方针的形式化，这些指导方针现在仍然适用于 BBC。

第五节 对观点和意见应有的公正性和准确性以及不应做出的凸显处理

相关法案主要包括《2003 年通信法》第 319（2）条和（d）条、第 319（8）条和第 320 条以及《欧洲人权公约》第 10 条。

这部分准则不适用于由牌照费资助的 BBC 服务，牌照费由 BBC 信托基金管理。

基本原则

确保以任何形式报道的新闻都具有应有的准确性和公正性。

确保本法案对公正性的特殊要求得到遵守。

规则

"应有的公正性"（due impartiality）

"应有的"是公正概念的一个重要限定条件。公正本身意味着不偏袒任何一方。"应有"的意思是与所涉项目的主题和性质切合或相称。因此，"应有的公正性"并不意味着必须对每个观点进行平等的时长分配，也不意味着必须呈现每个论点和每个论点的每个方面。实现"应有的公正"的具体方法需根据所涉主题的性质、节目和频道的类型、观众对内容的可能期望以及向观众传达内容的方法的程度而有所不同。准则中第二节"伤害和罪行"中所界定的上下文和具体情境，是重要判断标准。

新闻报道应有的公正性和准确性

5.1 任何形式的新闻报道都必须具有应有的准确性和公正性。

5.2 新闻中的重大错误应迅速以广播的形式进行承认和纠正。更正环节应得到合理安排。

5.3 任何政治人物不得在任何新闻节目中担任新闻评阅人、采访者或记者，除非在编辑有正当理由的例外情况下。在这种情况下，必须向听众表明此人的政治立场。

特殊公正性要求：新闻以及其他节目

政治或产业争议事项以及与当前公共政策相关的事项。

"政治或产业争议事项以及与当前公共政策相关的事项"的含义

政治或产业争议事项是政治家、产业和/或媒体正在辩论的政治或产业问题。这些与当前公共政策相关的事项须进入地方、区域或国家政府或由这些公共机构授权代表其制定政策的机构（例如非政府组织，以及相关的欧洲机构等）的政策讨论或决策程序，而不必成为辩论的主题。

观点和意见排斥

（规则 5.4 适用于广播和电视服务。）

5.4 所提供的内容服务（如上所列）必须避免提供服务的人员就政治或产业争议事项以及与当前公共政策相关的事项发表观点和意见（除非该人员是在立法论坛或法庭上发言）。

保持应有的公正

（规则 5.5 至 5.12 适用于电视节目、国家广播以及国家数字节目服务。）

5.5 提供内容服务的人员（如上所列）必须在政治或产业争议事项以及与当前公共政策相关的事项上保持应有的公正性。这种公正可以在单集节目或者在一个系列节目的整体层面实现。

附录5　全国层面独立的新闻自律

在一些国家，对新闻界的管制举措相当有限（通常只是以一些法规为基础），而更多的是依靠新闻机构的自愿合作。爱尔兰的例子符合这一模式。

爱尔兰新闻委员会业务守则（The Press Council of Ireland：Code of Practice）

序言

出版自由对人民的知情权至关重要。这种自由包括报纸在没有恐惧或偏袒的情况下发表其认为是新闻的内容的权利，以及对其发表评论的权利。

新闻业的自由承载着相应责任。专业新闻人有责任保持最高的专业和道德水准。

本守则为这些水准设置了基准。爱尔兰新闻监察员和新闻委员会有责任确保它在精神上和字面上得到尊重,各出版物也有责任协助他们完成这项任务。

申诉专员及新闻委员会在处理投诉时,会考虑他们认为符合公共利益的事项。他们需要根据具体情况界定公共利益,但一般原则是,公共利益涉及的是那些能够影响广大民众的事项,对于这些事项,人们有权合法地接收,而新闻界也有权合法地提供有关它们的信息。

原则 1　真实和准确

1.1　报纸杂志在报道新闻和信息时,应当始终力求真实和准确。

1.2　发表重大不实、误导性陈述、报告、图片时,应当及时予以重点更正。

1.3　在适当的时候,撤回、道歉、澄清、解释或回复应该及时并以应有的醒目方式公布。

原则 2　区分事实和评论

2.1　报纸杂志有权就一些话题强烈地表达自己的观点。

2.2　评论、猜想、谣言和未经证实的报道不应被当作事实报道。

2.3　读者有权期望出版物的内容反映了编辑和作者的最佳判断,并且没有受到未披露利益的不当影响。如果相关,媒体组织的任何重大经济利益都应予以披露。作者也应向编辑披露重大的潜在利益冲突。

原则 3　公平和诚实

3.1　报纸杂志在获取和发布新闻和信息时,应始终努力做到公平和诚实。

3.2　出版物不得通过虚假陈述或欺骗手段获取信息、照片或其他材料,除非出于公共利益。

3.3 记者和摄影师不得通过骚扰获取信息和照片，除非他们的行为因符合公共利益而具备正当理由。

原则 4　尊重权利

每个人的良好声誉都受到宪法保护。报纸杂志不得故意刊登基于恶意歪曲或无端指责的内容，并必须在刊登前谨慎核查事实。

原则 5　隐私权

5.1 隐私权是一项人权，作为人格权受到爱尔兰宪法和欧洲人权公约的保护，并被纳入爱尔兰法律。每个人的私人和家庭生活、住所和通信都必须受到尊重。

5.2 读者有权获得在尊重个人隐私和情感的前提下发表的新闻和评论。然而，隐私权不应妨碍公共记录或符合公共利益的事项的公布。

5.3 在向处于悲伤或震惊状态的个人寻求信息时，必须始终表现出同情和谨慎。在公布此类信息时，应考虑处于悲痛中的家人的感受。这不应被解释为对报道司法程序的权利的限制。

5.4 公众人物有权享有隐私权。但是，如果一个人担任公职、处理公共事务、从事公共事业、寻求或获得其活动的公开宣传，公布其私人生活和情况的有关细节则可能是合理的，这样做的前提是所披露的信息与该人行为的有效性、其公开声明的可信度、其公开表达的观点的价值有关，这些披露就可以被认为因符合公共利益而具备一定的正当性。

5.5 未经个人同意在公共场所对其拍照是不可接受的，除非出于公共利益的考虑。

原则 6　保护消息来源

新闻工作者应当保护信息的秘密来源。

原则 7　庭审报道

报纸杂志应努力确保庭审报告（包括照片的使用）公正准确，不妨碍公正审判，并尊重无罪推定原则。

原则 8　偏见

报纸杂志不得基于其个人或群体的种族、宗教、国籍、肤色、民族血统、移民群体身份、性别、性取向、婚姻状况、残疾、疾病或年龄，发表有意导致或可能导致严重犯罪或煽动仇恨的材料。

原则 9　儿童

9.1　报纸杂志在收集和呈现有关 16 岁以下儿童的信息或评论时须额外谨慎。

原则 10　发布新闻监察员/新闻委员会的决定

10.1　当新闻申诉专员和/或新闻评议会提出要求时，报纸杂志应以适当的醒目方式公布与对其投诉有关的裁定。

参考文献

Altschull, J.H. (1984). *Agents of Power. The Role of the News Media in Human Affairs*. New York: Longman.
Arcetti, C. (2008). 'News coverage of 9/11 and the demise of the media flows, globalization and localization theories', *International Communication Gazette*, 70, 6: 463–85.
Baker, C.E. (2002). *Media, Markets, and Democracy*. Cambridge: Cambridge University Press.
Bardoel, J. (1996). 'Beyond journalism: between information society and civil society', *European Journal of Communication*, 11, 3: 283–302.
BBC (2007). *World Service Poll: World Opinion on Press Freedom*.
Becker, L., Vlad, T. and Nusser, N. (2007). 'An evaluation of press freedom indicators', *International Communication Gazette*, 69, 1: 5–28.
Bennett, W. L. (1990). 'Towards a theory of press–state relations in the US', *Journal of Communication*, 40, 2: 103–25.
Bennett, W. L. (2003). 'The burglar alarm that just keeps ringing: a response to Zaller', *Political Communication*, 20, 2: 131–38.
Bennett, W.L., Lawrence, R.G. and Livingston, S. (2007). *When The Press Fails*. Chicago: University of Chicago Press.
Bennett, W.L. and Iyengar, S. (2008). 'A new ear of minimal effects? Changing foundations of political communication', *Journal of Communication*, 58(4): 707–31.
Benson, R.D. (2006). 'News media as a journalistic field. What Bourdieu adds to new institutionalism and vice versa', *Political Communication*, 23, 2: 187–202.
Benson, R.D. and Neveu, E. (eds) (2005). *Bourdieu and the Journalistic Field*. Malden MA: Polity Press.
Berkowitz, D. (ed.) (1997). *The Social Meanings of News*. Thousand Oaks, CA: Sage.
Bertrand, J.-C. (2000). *Media Accountability Systems*. Brunswick, NJ: Transaction Books.
Blumler, J.G. (ed.) (1992). *Television and the Public Interest*. London: Sage.
Blumler, J.G. and Gurevitch, M. (1995). *The Crisis of Public Communication*. London: Routledge.

Bourdana, S. (2010). 'On the values guiding the French practice of journalism', *Journalism*, 3: 293–310.
Boyd-Barrett, O. and Rantanen, T. (eds) (1998). *The Globalization of News*. London: Sage.
Brants, K. (1998). 'Who's afraid of infotainment?', *European Journal of Communication*, 13, 3: 315–35.
Brants, K. and de Haan, Y. (2010). 'Three models of responsiveness', *Media, Culture and Society*, 32, 3: 411–28.
Brodasson, T. (1994). 'The sacred side of professional journalism', *European Journal of Communication*, 9, 3: 227–48.
Broersma, M. (2009). 'The unbearable limitations of journalism. On press critique and journalism's claim to truth', *International Communication Gazette*, 72, 1: 21–34.
Cammaerts, B. and Carpentier, N. (eds) (2007). *Reclaiming the Media*. Bristol: Intellect.
Campus, D. (2010). 'Mediatization and personification of politicians in France and Italy: the case of Berlusconi and Sarkozy', *International Journal of Press/Politics*, 16, 1: 215–35.
Capella, J.N. and Jamieson, K.H. (1997). *The Spiral of Cynicism: The Press and the Public Good*. New York: Oxford University Press.
Castells, M. (2001). *The Internet Galaxy*. Oxford: Oxford University Press.
Chalaby, J. (1996). 'Journalism as an Anglo-American invention', *European Journal of Communication*, 11, 3: 303–26.
Chang, T.-K., Himmelboin, I. and Dong, D. (2009). 'Open global networks, closed international flows', *International CommunicationGazette*, 71, 3, 137–59.
Christians, C., Glasser, T., McQuail, D., Nordenstreng, K. and White, R. (2009). *Normative Theories of the Press*. Champaign, IL: University of Illinois Press.
Coleman, S. and Blumler, J.G. (2009). *The Internet and Democratic Citizenship*. Cambridge: Cambridge University Press.
Commission on Freedom of the Press (1947). *Report*. Chicago: University of Chicago Press.
Cook, T. (2006). 'News media as a poitical institution', *Political Communication*, 23, 2: 159–72.
Curran, J., Iyengar, S., Lund, A.B. and Salovaaria-Moring, I. (2009). 'Media system, public knowledge and democracy: a comparative study'. *European Journal of Communication*, 24, 1: 5–25.
Dahlberg, L. (2011). 'Reconstructing digital democracy: an outline of four "positions"', *New Media and Society*, 13, 6: 855–72.
Dahlgren, P. (1995). *Television and the Public Sphere*. London: Sage.
Davis, N. (2011). *Flat Earth News*. London: Vintage.
Dayan, D. and Katz, E. (1992). *Media Events*. Cambridge, MA: Harvard University Press.
Dennis E.E., Gilmore, D. and Glasser, T. (1989). *Media, Freedom and Accountability*. New York: Greenwood.
Deprez, A. and Raeymaeckers, K. (2009) 'Bias in the news? Belgian press coverage of the First and Second Intifida', *International Communication Gazette*, 72, 1: 91–110.
Deuze, M. (2002). 'National news cultures', *Journalism and Mass Communication Quarterly*, 79, 1: 134–49.

Deuze, M. (2005). 'What is journalism? Professional ideals and ideology of journalists reconsidered', *Journalism*, 6: 442–64.
Deuze, M. (2007). *Media Work*. Cambridge: Polity Press.
Domingo, D. and Heinonen, A. (2008). 'Weblogs and journalism: a typology to explore the blurring boundaries', *Nordicom Review*, 29, 1: 3–15.
Downing, J.D.H. (2001). *Radical Media: Rebellious Communication and Social Movements*. Thousand Oaks, CA: Sage.
Dutton, W.H. (2009) 'The Fifth Estate emerging through the network of networks', *Prometheus*, 27, 1: 1–15.
Eide, M. (2007). 'Encircling the power of journalism', *Nordicom Review*, 28: 21–9.
Elvestad, E. and Blekesaune, A. (2008). 'Newspaper readers of Europe', *European Journal of Communication*, 23, 4: 425–47.
Entman, R.M. (1993). 'Framing: towards clarification of a fractured paradigm', *Journal of Communication*, 43, 4: 51–8.
Ettema, J. and Glasser, T. (1998). *Custodians of Conscience: Investigative Journalism and Public Virtue*. New York: Columbia University Press.
Eurobarometer (2010). Standard Survey EB 74.
Fengler, S. and Russ-Mohl, S. (2008). 'Journalism and the information-attention markets', *Journalism*, 9, 6: 667–90.
Fortunati, L. (2005). 'Mediatizing the net and intermediatizing the media', *International Communication Gazette*, 67, 6: 29–44.
Fuchs, C. (2009). 'ICTs and society: a contribution to the critique of the political economy of the internet', *European Journal of Communication*, 24, 1: 69–87.
Gamble, A. and Watanabe, T. (2004). *A Public Betrayed*. Washington, DC: Regnery.
Gans, H.J. (1979). *Deciding What's News*. New York: Vintage.
Glasser, T.L. (ed.) (1999). *The Idea of Public Journalism*. New York: Guilford Press.
Goldberg, J. (2011). 'Rethinking the public/virtual sphere: the problem with participation', *New Media and Society*, 13, 5: 739–54.
Graber, D. (2003). 'The Rocky Road to New Paradigms: Modernizing News and Citizenship Standards', *Political Communication*, 20: 145–48.
Graber, D., McQuail, D. and Norriss, P. (eds) (2005). *The Politics of News: News of Politics*, 2nd edition. Washington, DC: Congressional Quarterly.
Gunaratne, S.A. (2002). 'Freedom of the press: a world system perspective', *Gazette*, 64, 4: 342–69.
Gunther, R. and Mughan, A. (2002). *Democracy and the Media: A Comparative Perspective*. Cambridge: Cambridge University Press.
Habermas, J. (1962/1984). *The Structural Transformation of the Public Sphere*. Cambridge, MA: MIT Press.
Habermas, J. (2007). 'Political communication in media society', *Communication Theory*, 16, 4: 411–26.
Hafez, K. (2011). 'Global journalism for global governance? Theoretical views, practical considerations', *Journalism*, 12, 4: 83–93.
Hall, S. (1977). 'Culture, media and the ideological effect', in J. Curran and M. Gurevitch (eds), *Mass Communication and Society*. London: Arnold, pp. 315–48.
Hallin, D.C. and Mancini, P. (2004). *Comparing Media Systems*. Cambridge: Cambridge University Press.
Hallin, D.C. and Mancini, P. (2012). *Comparing Media Systems: Beyond the Western World*. Cambridge: Cambridge University Press.

Hanitzsch, T. (2007). 'Deconstructing journalism culture: towards a universal theory', *Communication Theory*, 17: 367–85.

Hanitzsch, T. et al. (2011). 'Populist disseminator, detached watchdog, critical change agent: professional milieus, the journalistic field and autonomy in 18 countries', *International Communication Gazette*, 73, 6: 477–94.

Hanitzsch, T. and Mellado, C. (2011). 'What shapes the news around the world? How journalists in 18 countries perceive influences on their work', *International Journal of Press/Politics*, 16: 404–26.

Hardt, H. (1991). *Critical Communication Studies*. London: Routledge.

Hardt, H. (2003). *Social Theories of the Press: Early German and American Perspectives*. Malden, NJ: Rowman and Littlefield.

Herman, E. (2000). 'The propaganda model: a retrospective', *Journalism Studies*, 1, 1: 101–11.

Hills, J. (2008). 'What's new? War censorship and global transition', *International Communication Gazette*, 68, 3: 195–216.

Hjarvard, S. (2008). 'Mediatization of Society', *Nordicom Review*, 29: 105–29.

Hocking, W.E. (1947). *Freedom of the Press: A Framework of Principle*. Chicago: University of Chicago Press.

Hodges, L.W. (1986). 'Defining press responsibility: a functional approach', in D. Elliot (ed.), *Responsible Journalism*. Beverly Hills, CA: Sage, pp. 13–31.

Hutchins, R. (1947). Commission of Freedom of the Press. *A Free and Responsible Press*. Chicago: University of Chicago Press.

Iyengar, S. (1991). *Is Anyone Responsible?* Chicago: University of Chicago Press.

Jakubowicz, K. (2007). 'The East European/post-communist model', in G. Terzis (ed.), *European Media Governance. National and Regional Dimensions*. Bristol: Intellect, pp. 305–15.

Janowitz, M. (1975). 'Professional models in journalism: the gatekeeper and advocate', *Journalism Quarterly*, 52, 4: 618–26.

Josephi, B. (2005). 'Journalism in the global age between normative and empirical', *International Communication Gazette*, 67, 6: 575–90.

Just, N. and Puppis, M. (eds) (2012). *Trends in Communication Policy Research*. Bristol: Intellect.

Keane, J. (1991). *The Media and Democracy*. Cambridge: Polity.

Kim, H.S. (2012). 'War journalism and forces of gatekeeping during the escalation and de-escalation of the Iraq War', *International Communication Gazette*, 7, 4: 323–41.

Klaehn, J. (2002). 'A critical review and assessment of Herman and Chomsky's "Propaganda Model"', *European Journal of Communication*, 17, 2: 148–82.

Kung, L., Picard, R. and Towse, R. (eds) (2008). *The Internet and the Media*. London: Sage.

Laetila, T. (1995). 'Journalistic codes of ethics in Europe', *European Journal of Communication*, 10, 4: 527–46.

Lasswell, H.D. (1948). 'The structure and function of communication in society', in L. Bryson (ed.), *The Communication of Ideas*. New York: Harper, pp. 32–51.

Lemert, J.B. (1989). *Criticising the Media*. Newbury Park, CA: Sage.

Lessig, L. (1999). *Code and Other Laws of Cyberspace*. New York: Basic Books (new edition 2006).

Lichtenberg, J. (1991). 'In defense of objectivity', in J. Curran and M. Gurevich (eds), *Mass Media and Society*. London: Edward Arnold, pp. 216–31.

Livingston, S. and Bennett, W.L. (2003). 'Gatekeeping, indexing and live-event news: is technology altering the construction of news?', *Political Communication*, 20, 4: 363–80.

Lowrey, W., Parrott, S. and Meade, T. (2011). 'When blogs become orgs', *Journalism*, 12, 3: 243–59.

Luhmann, N. (2000). *The Reality of the Mass Media*. Cambridge: Polity Press.

Marliére, P. (1998). 'Rules of the journalistic field', *European Journal of Communication*, 13, 2: 219–34.

McCombs, M. and Shaw, D.L. (1993). 'The evolution of agenda-setting theory: 25 years in the marketplace of ideas', *Journal of Communication*, 43, 2: 58–66.

McGregor, P., Balcytiene, A., Fortunati, L. et al. (2011). 'A cross-regional comparison of selected European newspapers and attitudes to the internet', *Journalism*, 12, 5: 627–46.

McManus, J.H. (1992). 'What kind of commodity is news?', *Communication Research*, 19, 6: 767–85.

McManus, J.H. (1994). *Market-Driven Journalism*. Thousand Oaks, CA: Sage.

McManus, J.H. (2009). 'The commercialization of news', in K. Wahl-Jorgenson and T. Hanitzsch (eds), *Handbook of Journalism Studies*. London: Routledge, pp. 218–233.

McQuail, D. (1992). *Media Performance: Mass Communication in the Public Interest*. London: Sage.

McQuail, D. (1997). 'Accountability of media to society: principles and means', *European Journal of Communication*, 12, 4: 511–29.

McQuail, D. (2003). *Media Accountability and Freedom of Publication*. Oxford: Oxford University Press.

McQuail, D. (2006). 'The mediatization of war', *International Communication Gazette*, 68, 2: 107–18.

Meyer, T. (2002). *Mediated Politics*. Cambridge: Polity Press.

Milioni, D. (2009). 'Probing the online counter-public sphere', *Media, Culture and Society*, 31, 3: 409–33.

Mill, J.S. (1869/1956). *On Liberty*. Oxford: Oxford University Press.

Nerone, J. (1995). *Last Rights: Revisiting Four Theories of the Press*. Urbana, IL: University of Illinois Press.

Noelle-Neumann, (1984). *The Spiral of Silence*. Chicago: University of Chicago Press.

Norstedt, S.S., Kaitatzi-Whitlock, S. Ottosen, R. and Riegert, K., (2000). 'From the Persian Gulf to Kosovo: war journalism and propaganda', *European Journal of Communication*, 15, 3: 383–404.

Papacharissi, Z. (2002). 'The virtual sphere: the internet as public sphere', *New Media and Society*, 4, 1: 9–27.

Park, R. (1940/1967). 'News as a form of knowledge', in R.H. Turner (ed.) *Social Control and Collective Behavior*. Chicago: Chicago University Press, pp. 32–52.

Pasti, S. (2005). 'Two generations of Russian journalists', *European Journal of Communication*, 20, 1: 89–116.

Pasti, S., Chernysh, M. and Svich, L. (2012) 'Russian journalists and their profession', in D. Weaver and L. Wilhoit (eds), *The Global Journalist in the 21st Century: News People Around the World*. New York, Routledge.

Patterson, T.E. (2005). 'Political roles of the journalist', in D. Graber, D. McQuail and P. Norris (eds), *The Politics of News: News of Politics*, 2nd edition. Washington: CQ Press, pp. 23–39.

Peterson, T. (1956). 'The social responsibility theory', in Siebert, F.R. et al. (eds), *Four Theories of the Press*. Urbana, IL: University of Illinois Press, pp. 73–104.

Preston, P. (ed.) (2009). *Making the News: Journalism and News Cultures in Europe*. London: Routledge.

Quandt, T. and Singer, J.B. (2009). 'Convergence and cross-platform content production', in K. Wahl-Jorgenson and T. Hanitzsch (eds) *Handbook of Journalism Studies*. London: Routledge, pp. 130–46.

Ravi, N. (2005) 'Looking beyond flawed journalism. How national interest, patriotism and cultural values shaped the coverage of the Iraq war', *International Journal of Press/Politics*, 11, 1: 45–62.

Richter, A. (2008). 'Post-Soviet perspectives on censorship and freedom of the media: an overview', *International Communication Gazette*, 70, 5: 306–24.

Robinson, J.P. and Levy, M. (1986). *The Main Source*. Beverly Hills, CA: Sage.

Rosengren, K.E. (1987).'The comparative study of news diffusion', *European Journal of Communication*, 2, 2: 227–55.

Schudson, M. (1998). 'The public journalism and its problems', in D. Graber, D. McQuail and P. Norris (eds), *The Politics of News, The News of Politics*. Washington, DC: CQ Press, pp. 132–49.

Schultz, J. (1998). *Reviving the Fourth Estate*. Cambridge: Cambridge University Press.

Schulz, W. (2004). 'Reconstructing mediatization as an analytic concept', *European Journal of Communication*, 19, 1: 87–102.

Shoemaker, P.J. and Cohen, A.A. (2006) *News Around the World: Practitioners, Content and the Public*. New York: Routledge.

Siebert, F.R., Peterson, T. and Schramm, W. (1956). *Four Theories of the Press*. Urbana, IL: University of Illinois Press.

Singer, J.B. (2003). 'Who are these guys? The online challenge to the notion of professionalism', *Journalism*, 5, 4: 139–65.

Singer, J.B. (2007). 'Contested autonomy: professional and popular claims on journalism norms', *Journalism Studies*, 8: 79–95.

Strömbäck, J. (2005). 'Democracy and norms for journalism', *Journalism Studies*, 6, 3: 331–45.

Strömbäck, J. and Danilova, D.L. (2011). 'Mediatization and media interventionism', *International Journal of Press/Politics*, 16, 1: 30–49.

Thompson, J. (1995) *The Media and Modernity*. Cambridge: Polity Press.

Thussu, D. (2000). 'Legitimizing humanitarian intervention', *European Journal of Communication*, 15, 3: 45–61.

Thussu, D. (2007). *News as Entertainment*. London: Sage.

Tichenor, P.J., Donahue, G.A. and Olien, C.N. (1970) 'Mass media and the differential growth in knowledge', *Public Opinion Quarterly*, 34: 158–70.

Trappel, J., Niemenen, H. and Nord, L. (eds) (2011). *The Media Democracy Monitor*. Bristol: Intellect.

Tuchman, G. (1978). *Manufacturing the News*. New York: Free Press.

Tunstall, J. (1971). *Journalists at Work*. London: Constable.

Van Gorp, B. (2005) 'Where is the frame? Victims and intruders in the Belgian press coverage of the asylum issue', *European Journal of Communication*, 20, 4: 487–507.

Vartanova, E. (2012). 'The Russian media model in the context of post-soviet dynamics', in D. Hallin and P. Mancini (eds), *Comparing Media Systems: Beyond the Western World*. Cambridge: Cambridge University Press, pp. 119–142.

Vasterman, P. (2005). 'Media Hype: Self-reinforcing news waves, journalistic standards and the construction of social problems, *European Journal of Communication*, 20, 4: 508–30.

Wahl-Jorgenson, K. and Hanitzsch, T. (eds) (2009). *Handbook of Journalism Studies*. London: Routledge.

Waisbord, S. (2000). *Watchdog Journalism in South America*. New York: Columbia.

Waisbord, S. (2007). 'Democratic journalism and statelessness', *Political Communication*, 24, 2: 143–60.

Weaver, D. (ed.) (1999). *The Global Journalist*. New York: Hampton Press.

Weaver, D. and Wilhoit, C.G. (1986) *The American Journalist*. Bloomingdale: University of Indiana Press.

Weaver, D. and Wilhoit, L. (eds) (2012) *The Global Journalist in the 21st Century*. New York and London: Routledge.

Weber, M. (1948). 'Politics as a vocation', in H. Gerth and C.W. Mills (eds) *Max Weber Essays*. London: Routledge.

Westerstahl, J. (1983). 'Objective news reporting', *Communication Research*, 10, 3: 403–24.

Westerstahl, J. and Johansson, F. (1994). 'Foreign news: values and ideologies', *European Journal of Communication*, 9, 1: 71–89.

Wright, C.R. (1960). 'Functional analysis and mass communication', *Public Opinion Quarterly*, 24: 606–20.

Wu, H.D. (2003). 'Homogenity around the world? Comparing the systematic determinants of news flow between developed and developing countries', *International Communication Gazette*, 65, 1: 9–24.

Zaller, J. (2003). 'A new standard of news quality: burglar alarms for the monitorial citizen', *Political Communication*, 20, 2: 109–30.

Zeno-Zencovitch, V. (2008). *Freedom of Expression*. London: Routledge.

索引

(所注页码为英文原书页码,即本书边码)

A

Accountability 问责制 第七章各处,
  167-169, 184-186, 203-204, 208-210
 definition of 问责制的定义 153-154
 frames of 问责制的框架 164-167
 issues 问责制的议题 149-151
 lines of 问责制的路径 155-157
 means of 问责制的方式 157-163,
  168
 models of 问责制的模式 154-155
 of power, government 政府的权力
  34, 187, 205, 210, 212, 219
 professional 专业问责制 160, 183
Accreditation 认证 81
Adversarial role 对抗式角色 85, 87,
  90, 108, 204-205
Advertising 广告 17, 76, 87, 160,
  176, 178, 198
Agenda-setting 议程设置 139, 177,
  187
Amplification effect 放大效果 140,
  143, 150, 208
Arcetti, C. 阿塞蒂 122, 181
Audience for news 新闻受众
 perspective of 受众视角 8-9, 56
 as producer 作为生产者的受众 181
Authorship 创作者身份、著作权 11

B

Bennett, W. L. 班内特 107, 110, 193
Bertrand, J.-C. 伯特兰 158, 159
Blogs, blogosphere 博客,博客圈
  167, 179, 183
Blumler, J. G. 布鲁姆勒 142
Bourdieu, P. 皮埃尔·布尔迪厄 76-
  77, 121
Broadcasting 广播 30, 100, 102, 171,
  213
 public 公共广播 44-45, 89, 91,
  111, 149, 165, 168, 180, 216
 regulation of 广播规制 164, 165,
  205
Brants, K. 布兰兹 162

Burglar alarm model 防盗警报器模型 110（另见防火警报器模型）

C

Castells, M. 曼纽尔·卡斯特 49，201

Citizen journalists 公民记者 49，81，183

Civic commons for internet 互联网公地 218

Civic journalism 公民新闻 48

Civil society 社会组织 150，178

Clientilism 顾客至上主义 108

Climate of opinion 舆论风潮 140

Codes of conduct 行为准则 43，70，82，159，166

Collaborative role of press 新闻界的协作角色 87，97，203

Commercialisation 商业化 48，91，121，126，169，179

Commission on Freedom of the Press 新闻自由委员会 43，100

Communitarianism 社群主义 46

Competition 竞争 125，133

Competitive parallelism model of press-politics 媒体与政治之间的平行竞争模式 123

Concentration 集中化 125，159

Control, illegitimate 非法的控制，163-164

Convergence 融合 92-93，180，186

Corporate social responsibility 企业的社会责任 168

Council of Europe 欧洲理事会 187

Critical role of journalism 新闻的批判角色 204-205

Critical theory 批判理论 45-47，57，209-210

Curran, J. 詹姆斯·库兰 111，139

D

De-massification 去大众化 178

Democracy, relationship of, with journalism 民主与新闻的关系 20-22，39-41，108-110，112，206-207，215

Democratic corporatist model of press-politics 新闻与政治的民主法团模式 123

Democratic Participant theory 民主参与理论 46，123

De-professionalization 去专业化 92，192-193

Deuze, M. 马克·迪兹 78，85，100，181

Digital divide 数字鸿沟 191

Diversity 多样性 174，176，181
   as a value 作为规范价值的多样性 64-67
   types of 多样性的类型 66-67

E

Economic 经济
   influences on media structure 经济因素对媒体结构的影响 124-128，196
   theory 经济学理论 76-78

Embedding of reporters 记者的嵌入 132

Empathy function 移情作用 67-68

Entertainment function of news 新闻的娱乐功能 8

Entman, R. M. 恩特曼 216

Equality principle 平等原则 64-65

European Convention on Human Rights 《欧洲人权公约》 34

F

Facilitative role of press 新闻的促进角色 97，202

Factuality criterion 事实标准 61，102

Field theory of journalism 新闻场域理论 76-77

Fifth Estate 第五等级 190

Fire alarm model 防火警报器模型 91，110，189

First Amendment（US） 美国第一修正案 35

Fourth Estate theory 第四等级理论 39-41，99，104，106，187，190

Framing 框架 113，133，135，139

Freedom of Press 报刊自由责任论 20，27，31，34-37，55，61-64，101，179-180，204-205，208

Free market place of ideas 意见自由市场 35，57，208

Functionalist theory of media 媒介功能主义理论 37-39，86，97-98，200，202-203

G

Gate-keeping 把关 19，75，88，108，173，177，184，190，209，214

Glasser, T. L. 格拉瑟 89，105

Globalisation 全球化 17-18，100，177，201，214，216

Google 谷歌 177

Governance 治理 157-158

Government influence on journalism 政府对新闻业的影响 21，75，106-107，163-164

H

Habermas, J. 哈贝马斯 41，189

Hallin, D. C. 哈林 39，81，83，123-124，187

Hanitzsch, T. 哈尼克 84-85，98，130，187

Hegemony 霸权，宰制 46，209

I

Ideology 意识形态 24，59，60-61，113，180

　of journalism or news 新闻业或报道的意识形态 84，157，210

Indexation 索引化 107-108

Information Society 信息社会 200-201

Informational 信息的

　role, 信息告知角色 89

　effects 信息的影响 138-140

Infotainment 新闻娱乐化 115，134

International aspects 国际方面 129，157-158，166，181，187

Internet 互联网 13-14，31，46，172-174

 accountability of 互联网问责制 50，158，169

 characteristics of medium 互联网的媒介特性 172-173，182，190

 commercialization of 互联网的商业化 172-175，191

 consequences of 互联网的影响 172-175，191

 effects on journalism and press 互联网对新闻业和报业的影响 13，14，第八章各处，178-180，181-185，186-188，193

 and globalisation 互联网与全球化 157-158

 independence of 互联网的独立 159，173，178-180，191

 mediatisation of 互联网的媒介化 183，190

 news theory 互联网新闻理论 49-50

 normalisation of 互联网的规范化 183

 regulability of 互联网的可治理性 169，180

Irish Press Council, 爱尔兰新闻委员会, code, 爱尔兰新闻委员会准则 159

Investigative journalism, 调查性新闻 57，63，67，89，104

J

Journalism 新闻，新闻的，新闻业

 accountability of 新闻问责制 148-151，153-154，203-204

 adversarial role 新闻业的对抗角色 85，87，90

 Anglo-American model 新闻业的盎格鲁-美国模式 4，83

 codes of conduct 新闻业的行为准则 43，70，82

 culture of 新闻文化 114，116，210

 defined 新闻的定义 1-2，14-15

 diversity of 新闻的多样性 11-12，92-93，103-104，177，183

 effect of new technology 新技术对新闻的影响 13-14，183-184，第八章各处，213-215

 framework of analysis 新闻分析框架 198-199

 ideology of 新闻业的意识形态 84-85，157，210-211

 independence of 新闻业的独立性 81，106-108

 as institution 作为社会制度的新闻 197-198

 liability for effects 为新闻效果所负有的责任 82

 normative theory of 新闻规范理论 第二章各处，210-212，219-220

 as occupation 作为职业的新闻业 74

 organizations of 新闻业的组织机构 185

 origins of 新闻的起源 2-4，11-12

as popular disseminator 作为大众信使的新闻业 90，98-99

as profession 作为专业的新闻业 79-84，第四章各处，193，206-207（另见专业）

as public occupation 作为公共职业的新闻业 86，93

sacerdotal role 新闻业的僧侣角色 84，179，207

Second Law of 新闻业的第二定律 125

self-image 新闻业的自我意识 22-23，89，207-208

regulation of 新闻规制 第七章各处

responsibility to society 新闻业对社会的责任 20-21，28-29，33，151-152，203-204

roles of 新闻业的角色 7，22-23，198-199，207-208

values of 新闻业的价值标准 212

Journalistic 新闻的/新闻业的

　field 新闻场域 85，121，197

　milieu 新闻环境 85

　responsibility 新闻责任 28-29，152

K

Knowledge gap 知识沟 91，139，175，193-194

L

Laetila，T. 莱蒂拉 82，166

Language 语言 127

Law and order 法律与秩序 69

Levels of analysis 分析层次 5-8，199-200，216

Libertarianism 自由主义 31，34，57，123

M

McManus，J. H. 麦克马纳斯 126

Mancini，P. 曼奇尼 39，81，83，123-124，187，216

Marx，K. 马克思 34

Mass society theory 大众社会理论 1-2，42，214

Media 媒体，媒介

　culture 媒介文化 210

　effects 媒介效果 18-20，136-146，208-210

　hype 媒介类型 113，135

　logic 媒介逻辑 114-115

　market 媒体市场 89，164-165

　system influence on journalism 媒介系统对新闻的影响 119-122，28-130，168，176-178，216-218

Media Accountability System（MAS） 媒体问责体系（MAS） 158-159

Media policy 媒体政策 102，215，217-218

Mediation 中介化 99，177

Mediatisation 媒介化 114-116，137，187，198，210

Mill，J. S. 密尔 35

Monitorial role of press 新闻界的监督角

色 38，87，100，106，110-112，第五章各处
Monopoly 垄断 62，214
Moral panic 道德恐慌 135

N

Narrativity 叙事性 15，114，133
Nerone, J.C. 内罗内 35，43，48，96
Network society 网络社会 201
News 新闻/报道
 accuracy 新闻的准确性 58
 bias 新闻偏见 57，59，60，112-113，160，203
 characteristics of 新闻报道的特征 15-16
 comprehensibility 新闻报道的可读性，44，59
 culture of 新闻报道的文化 78，90，169，207
 defined 新闻报道的定义 2，14-15
 diffusion 新闻报道的扩散 139
 ideology of 新闻报道的意识形态 210-211
 impartiality 新闻报道的中立性 103
 learning 新闻报道的学习 110
 presentation 新闻报道的呈现 133
 processing 新闻报道的处理过程 135-136
 relevance as criterion of 作为新闻标准的相关性 59，61，102-103
 selection 新闻报道的选择 131-132
 values 新闻价值 15，65-66，105，113
News agencies 新闻机构 12，129，181
Newspaper 报纸 1-3，30，57，88，174，176，182，192，213

O

Objectivity of news 新闻的客观性 15，57，61，83，89，100-102，114，191，210-211
 criteria of 客观性的标准 101
 as ideology 作为意识形态的客观性 210
 limitations of 客观性的局限 102-103，112-113
Occupational culture 职业文化 84-85
Occupational roles（journalism）（新闻业）职业角色 85-90
Ombudsman 申诉专员 159，161，211
Opinion-forming role of press 新闻界的舆论塑造角色 19
Order as a principle 作为原则的秩序 68-69，85
Organizational influences on journalism 组织机构对新闻业的影响 6-7，56，76，131-135，210-211
Ownership influences 所有权的影响 21，124，211

P

Pack journalism 打包新闻 113
Park, R. 罗伯特·帕克 15
Partisan press/journalism 党派报刊/党

派新闻　111，164，198，218

Pasti　帕斯蒂　90

Patterson, T.　帕特森　78，83，90，101

Personalisation　个性化　78，113-115

Persuasion effects　说服效果　141-142

Political science perspective　政治科学的视角　75

Political system and media system　政治系统与媒体系统　122-123

Popular disseminator role　大众信使的角色　90，98-99

'Press'　新闻界（特指报刊界），1-2，4，16-17，30，184-185，197

　　as institution　新闻界作为社会制度　6，16-18，174，184-185，192-193，197，214

　　power of　新闻界的权力　18-19，136-146，187，193，208-210

　　'prestige' type　新闻界的"声望"类型　85，122，178

　　self-image　新闻界的自我意识　22-24

Preston, P.　普雷斯顿　98，183，187

Press clubs（Japan）　新闻俱乐部（日本）　163

Printing　印刷　1-2，57

Profession of journalism　新闻专业　51-52，76，193

Professionalism, criteria of，专业理念，专业标准　79-80

Propaganda　鼓动　60，187，198

Propaganda model　鼓动模式　46，205

Prosumer concept　产销者概念　181

Pseudo-events　假事件　131

Publication　出版　30，205

Publicity　曝光　6，113

Public interest　公共利益　30-33，35-36，55，83，145，150，198，212，217-218

Public occupation　公共职业　86，93-94

Public opinion　公众舆论　19，37，160

Public relations（PR）　公共关系　126，131，137，142，198

Public sphere　公共领域　41-42，109，189-191，199，216

Puppis, M.　浦皮斯　159

R

Relevance as criterion　作为标准的相关性　101

Representation　表征　104

Responsibility　责任

　　defined　责任的定义　28-9，51-52，152

　　of journalism to society　新闻业对社会的责任　20-22，28-29，51-52，152

Responsiveness（to audience）　响应性（对受众）　162

Right of reply　回应的权利　158-159

Rights of Man　人权　34，158

Rosengren, K. E　罗森格伦　139

Royal Commissions on the Press（UK）皇家新闻委员会（英国）　159

S

Schudson, M.　舒德森　48，92，99

Schulz, W. 舒尔茨 114

Search engines 搜索引擎 99，177

Security issues 安全问题 165

Self-censorship 自我审查 205

Self-regulation 自我规治 6，37，45，166，183

Sensationalism 煽情主义 82，91，134，150

Siebert, F. S. 西伯特 34，96，106

Social cohesion 社会团结 37，165，202-203

Social cultural influences on media and journalism 社会文化对媒体和新闻的影响 78-9，120-122，127-128，201，218

Social media 社交媒体 178，179，218

Social Responsibility Theory 社会责任论 19，38，42-45，51-52，54，57，82，91，100

Social theory of journalism/press 新闻/新闻界的社会理论 9-10，20-22，55，211-212

Socialization of journalists 记者的社会化 162

Sociology, perspective of 社会学的视角 37-39，75-76，86，202

Solidarity as principle 作为原则的团结 56，64-65，67-68

Sound-bite news 简明新闻播报 182

Spiral of silence 沉默的螺旋 140

Surveillance as media function 媒体的监视功能 96，98

T

Tabloidisation 小报化 134，142

Trust 信任 8，144，188-189，214

Trustee model 受托人模式 48-49，92

Truth as principle 作为原则的真实性 54-55，57-61，101

U

User-generated content 用户生成的内容 181

UN Charter 《联合国宪章》 34，187

V

Vasterman, P. 韦斯特曼 113，135

W

Waisbord, S. 威斯伯德 36，109

War reporting 战争报道 114-132

Watchdog role 看门狗角色 11，82，85，87，89，99，104，109，203，209，210

Weaver, D. 韦弗 90，98，187

Weber, M. 韦伯 85

Weblog 网络日志 178，198

West, Western 西方，西方的 4，61-62，94，99

Westerstahl, J. 韦斯特斯塔尔 61，113

Wilhoit, C. G. 威尔霍伊特 90，98

Wikileaks 维基解密 177，180，190，214

Journalism and Society by Denis McQuail

English language edition published by SAGE Publications, Ltd. © Denis McQuail 2013

Simplified Chinese edition © 2023 by China Renmin University Press.

All Rights Reserved. No part of this book may be reproduced or utilized in any form or by any means, electronic or mechanical, including photocopying, recording, or by any information storage and retrieval system, without permission in writing from the publisher.

图书在版编目（CIP）数据

新闻与社会 /（英）丹尼斯·麦奎尔
（Denis McQuail）著；陶文静译 . -- 北京：中国人民
大学出版社，2023.3
（当代世界学术名著 . 新闻与传播学译丛 . 大师经典
系列）
书名原文：Journalism and Society
ISBN 978-7-300-31469-3

Ⅰ. ①新… Ⅱ. ①丹… ②陶… Ⅲ. ①新闻学-社会
学 Ⅳ. ①G210-05

中国国家版本馆 CIP 数据核字（2023）第 025194 号

当代世界学术名著
新闻与传播学译丛·大师经典系列
新闻与社会
［英］丹尼斯·麦奎尔（Denis McQuail） 著
陶文静 译
Xinwen Yu Shehui

出版发行	中国人民大学出版社		
社　　址	北京中关村大街 31 号	邮政编码	100080
电　　话	010 - 62511242（总编室）		010 - 62511770（质管部）
	010 - 82501766（邮购部）		010 - 62514148（门市部）
	010 - 62515195（发行公司）		010 - 62515275（盗版举报）
网　　址	http://www.crup.com.cn		
经　　销	新华书店		
印　　刷	北京昌联印刷有限公司		
规　　格	170 mm×240 mm　16 开本	版　次	2023 年 3 月第 1 版
印　　张	17.25 插页 2	印　次	2023 年 3 月第 1 次印刷
字　　数	257 000	定　价	69.80 元

版权所有　侵权必究　印装差错　负责调换